Jan von Flocken · **111 Geschichten zur Geschichte**

Jan von Flocken

111 Geschichten zur Geschichte
Von Nofretete bis Evita Peron

KAI HOMILIUS VERLAG

Kai Homilius Verlag
www.kai-homilius-verlag.de
Email: home@kai-homilius-verlag.de

Autor: Jan von Flocken
Druck: Printed in E.U.
ISBN: 978-3-89706-912-1

Inhaltsverzeichnis

„Glaubt nicht, es sei so ganz und gar phantastisch
Dies hübsche Lied, das ich euch freundlich biete!
Hört zu: es ist halb episch und halb drastisch,
Dazwischen blüht manch lyrisch zarte Blüte;
Romantisch ist der Stoff, die Form ist plastisch.
Das Ganze aber kam aus dem Gemüte."

Heinrich Heine: *Almansor. Eine Tragödie* (1821)

1. Der geheimnisvolle Tod Nofretetes

Ägyptens schöne Königin Nofretete kennt man durch ihre bemalte Kalksteinbüste in der ganzen Welt. Weit weniger bekannt sind die Umstände ihres Todes. Genau weiß man nur, dass die bis dato mächtigste Frau des Reiches im Jahre 1338 v. Chr. urplötzlich von der Bildfläche verschwand.

Pharao Amenhotep IV. war erst zwölf Jahre alt, als er 1350 den Thron von Ägypten bestieg. Kurz zuvor hatte er seine ältere Cousine Nofretete geheiratet. Anfangs stand der König unter der Vormundschaft seiner Mutter Teje.

Der junge Mann zählte eher zu den Grüblern und Philosophen, als zu den politischen Herrschernaturen. Außerdem litt er an einer außergewöhnlichen Krankheit. Bildnisse zeigen den Pharao mit deformiertem Kopf, unnatürlich verlängertem Hals, Hängebrüsten, Trommelbauch und spindeldürren Beinen. Medizinhistoriker vermuten deshalb, er habe an einem Tumor der Hirnanhangdrüse gelitten.

Diese körperlichen Nachteile hinderten indes Amenhotep nicht, um 1345 eine grundlegende Umwälzung der ägyptischen Religion vorzunehmen. An die Stelle der Vielgötterei unter dem Patronat des Hauptgottes Amun trat ein strikter Monotheismus mit der Sonnenscheibe „Aton" als Mittelpunkt der Verehrung. Dieser Sonnengott offenbarte sich einzig dem Pharaonenpaar und wurde von ihm dem Volk nähergebracht. Das heißt, es bedurfte nicht mehr einer vermittelnden Priesterkaste wie bei dem althergewohnten Kultus. Dies schuf große Spannungen, weil die Priesterschaft – allen voran die des Amun-Tempels in Karnak – um ihre Privilegien fürchtete und massiven Widerstand leistete.

Hinter der Aton-Philosophie steckte ganz offensichtlich Königin Nofretete. Sie beteiligte sich aktiv an dem gesellschaftlichen Wandel Ägyptens und nahm eine Funktion ein, die weit über das übliche Maß hinausging. So wird Nofretete am Aton-Tempel bei Karnak in der Positur eines Pharao dargestellt, der Kriegsgefangene bei den Haaren packt und mit einer Keule erschlägt.

Amenhotep IV. nannte sich inzwischen „Ach-en-Aton" (Diener des Aton), besser bekannt unter dem Namen Echnaton. Um ihre Reform ungestört von den widerspenstigen Priestern zu vollziehen, verließ das Königspaar die Hauptstadt Theben und zog in eine extra zu Ehren von Aton errichtete Palaststadt im Mittelägypten, die „Achet-Aton" (Horizont des Aton, heute Tell el-Amarna) genannt wurde. Alle Tempel der anderen Götter mussten ihre Pforten schließen. Der Pharao verfasste Hymnen an seinen neuen Gott: „Keiner ist, der Dich kennt, außer deinem Sohn Echnaton. Du hast ihn Deine Pläne wissen lassen und ihm Deine Kraft geschenkt."

Nofretete hatte dem Pharao sechs Kinder geboren, allesamt Töchter, was kein Makel war, denn es gab noch mindestens fünf weitere Nebenfrauen. Eine von ihnen, Kija, gebar um 1335 den heute so berühmten Tutanchamun. Es blieb der klugen Pharaonin nicht verborgen, dass der neuartige Aton-Kult vom Volk abgelehnt wurde. Lediglich der Adel und die Spitze der Beamtenschaft nahmen ihn an, häufig aber nur zum Schein, um bei Echnaton keinen Missfallen zu erregen. Vergeblich suchte Nofretete, ihren Gemahl in seinem Elfenbeinturm zu Achet-Aton für realpolitische Probleme zu interessieren.

Als um 1338 die gemeinsame Tochter Maketaton bei der Geburt eines Kindes starb, muß es zu einer Entfremdung zwischen Echnaton und Nofretete gekommen sein. Der geheimnisumwitterte Höfling Semenchkare erlangte großen Einfluss auf den Pharao. Man sagte den beiden ein intimes Verhältnis nach. Nofretete vermutete wohl, dass hinter Semenchkare die Amun-Priesterschaft steckte und wollte ihn quasi per Staatsstreich beseitigen lassen, der aber scheiterte.

Diese Version würde zumindest erklären, warum Nofretete 1338 völlig aus dem öffentlichen Leben verschwand. Echnaton ließ ihre Spuren auslöschen. Er befahl den Abriss aller ihr zu Ehren errichteten Statuen und die Beseitigung ihres Namens auf öffentlichen Gebäuden. Sein früher Tod im Jahre 1334 verhinderte allerdings die landesweite Durchführung dieser Aktion.

Über Nofretetes letzte Jahre gibt es nur spärliche Hinweise. Angeblich soll sie in einer kleinen Festung bei Achet-Aton gehaust haben und im dritten Regentschaftsjahr Tutanchamuns – also 1332 – an den Folgen einer infektiösen Augenentzündung gestorben sein. Zu jener Zeit war der Aton-Kult schon Geschichte. Die Amun-Priester lenkten wieder den jungen Pharao, der seinen ursprünglichen Namen Tutanchaton demonstrativ abgelegt hatte.

2. Die Legende von Caesar und Kleopatra

Man kennt sie aus den Asterix-Heften. Elizabeth Taylor, Sophia Loren und Monica Bellucci gaben ihr ein Spielfilmgesicht. Immer war sie die schwarzhaarige, glutäugige Orientalin, die umgeben von Eunuchen und Bauchtänzerinnen mit den alten Römerfeldherren Orgien feierte. Die Affäre zwischen Caesar und Kleopatra gehört zum allgemeinen Bildungsgut – kurios ist freilich, dass es dafür kaum Belege gibt. Sicher weiß man nur, dass die Ägypterkönigin ganz anders aussah als in sämtlichen Filmen.

Ptolemaios aus Makedonien war einer der fähigsten Feldherren Alexanders des Großen. Nach dessen Tod 323 erkannte er als erster, dass Alexanders gigantisches Reich bald zerfallen würde. In den folgenden Diadochenkämpfen sicherte er sich bis zum Jahr 322 durch geschickte Politik aus der Erbmasse des Königs das klassische Pharaonenreich: Ägypten, Libyen und Südpalästina.

Die Dynastie des Ptolemaios (nach dessen Vater Lagos „Lagiden" genannt) bewahrte in den nächsten 300 Jahren die griechisch-hellenische Kultur. Lagiden-Könige trugen stets den Namen Ptolemaios und heirateten nur enge Verwandte, die Berenike, Arsinoë oder Selene hießen. Man sprach, aß und kleidete sich griechisch. Selbst die Hauptstadt Alexandria war eine 331 gegründete hellenistische Metropole mit Theater,

Museion, Gymnasion und Poseidon-Tempel. Nur zu besonders feierlichen Anlässen kostümierten sich die Lagiden als altägyptische Götter, um dem Volk zu imponieren.

Als C. Iulius Caesar im Herbst 48 nach der Verfolgung seines Rivalen Pompeius in Ägypten landete, schwelte hier ein Thronstreit zwischen dem minderjährigen König Ptolemaios XII. Dionysos und seiner älteren Schwester Kleopatra. Caesar erkannte rasch die günstige Gelegenheit, sich zum Schiedsrichter aufzuschwingen und Ägypten damit römischen Interessen dienstbar zu machen. Da die Entourage des jungen Ptolemaios aus zwielichtigen, intriganten Höflingen bestand, entschied er sich zugunsten Kleopatras, wurde aber unerwartet von ägyptischen Truppen im königlichen Palast belagert.

Nun wuchern die Legenden. Vor allem jene mit dem Teppich darf in keinem Film fehlen. Demnach habe Kleopatra sich von ihrem treuen Diener Apollodoros mit einem Nachen zum Kanal von Alexandria rudern lassen, wurde dort in einen Teppich gewickelt und so in den Palast geschmuggelt, wo sie sich vor Caesar effektvoll und spärlich bekleidet aus dem Bodenbelag wickelte.

Diese Anekdote kann schon deshalb nicht stimmen, weil der Fußweg vom Kanal durch die Gassen Alexandrias bis ins Innere des Palastes mindestens ein halbe Stunde dauerte – ein fest in Teppiche gewickelter Mensch übersteht so etwas kaum lebendig. Vielleicht ist die Version des Historikers Plutarch richtig, der von einem schlichten Bettüberzug spricht, aus dem man sich zwar nicht erotisch herausrollen kann, aber wenigstens am Leben bleibt. Womöglich verlief die erste Begegnung der 21-jährigen Kleopatra mit dem 52 Jahre alten Caesar auch ganz unspektakulär.

Tatsache bleibt, dass beide Gefallen aneinander fanden, vor allem politischen. Kleopatra war keine exotische Schönheit. Ihre wenigen authentischen Bildnisse zeigen eine Frau mit eher herben Gesichtszügen und einer ziemlich ausgeprägten Nase. Aber sie verstand geistreich zu plaudern wie eine Athener Salondame (auch Caesar beherrschte die damals übliche Verkehrssprache Griechisch); sie besaß Charme, Witz und Schlagfertigkeit sowie das „gewisse Etwas", welches viele Männer fasziniert.

Caesar wiederum gehörte zu jenen wenig wählerischen Schürzenjägern, vor deren Begierden kaum eine Frau sicher ist. Seine Soldaten sangen Spottverse über ihn wie:

„Männer versteckt schnell eure Weiber,
unser geiler Kahlkopf zieht jetzt ein!"

Es könnte auf Caesar einen unwiderstehlichen Reiz ausgeübt haben, seine Trophäensammlung mit einer regierenden Königin zu komplettieren. Der gewissenhafte Plutarch berichtet, dass „auch sonst ihr Umgang und ihre Reize großen Eindruck auf ihn machten". Nach unsterblicher Liebe klingt das nicht.

Auf einer mehrwöchigen Nilreise zeigte Kleopatra ihrem Gast die Schätze und Wunder des Landes. Die dabei abgehaltenen Orgien fanden tatsächlich erst zehn Jahre später statt, als Kleopatra in dem Römer Marcus Antonius den Mann ihres Lebens fand. Dass auf dieser Reise Caesar mit Kleopatra einen „Kaisarion" genannten Sohn zeugte, ist sehr zweifelhaft. Der dreimal verheiratete, unzählige Liebschaften pflegende Mann hatte Zeit seines Lebens kein Kind in die Welt gesetzt und war höchstwahrscheinlich steril. Selbst der keiner Klatschgeschichte abgeneigte antike Biograf Suetonius bemerkt sehr zurückhaltend: „Er willigte auch ein, einem Sohn, den sie geboren hatte, seinen Namen zu geben." Dem widerspricht jedoch der Fakt, dass in Caesars Testament nirgendwo ein Sohn erwähnt wird.

Als Caesar im April 47 Ägypten und Kleopatra verließ, schieden beide als gute Freunde. Aus politischen Erwägungen lud er sie im Jahre 46 zum Staatsbesuch nach Rom ein. Allerdings zog die Königin dort nicht, wie im Liz Taylor-Film zu sehen, durch den Triumphbogen des Constantin. Der wurde erst 350 Jahre später erbaut.

3. Ovid – Roms galanter Liebeskünstler

Er war Roms lebenslustigster Aristokrat, der 43 v. Chr. geborene Dichter Publius Ovidius Naso. Seine erotischen Ratgeber wurden im ganzen Römischen Imperium begierig gelesen. Doch als er es auch mit einer Enkeltochter des Kaisers trieb, schlug das Schicksal zu.

Die „Metamorphosen" sind zweifellos das Hauptwerk des Ovid. Darin schildert er etwa 250 körperliche Verwandlungen aus der griechisch-römischen Götter- und Heroenwelt. Da wird etwa der dreiste Spanner Aktäon, der die nackte Jagdgöttin Diana begafft, zur Strafe in einen Hirsch verwandelt und von den Hunden der Göttin zerrissen. Oder der liebestolle Zeus nähert sich der Königstochter Antiope in Gestalt eines Satyrs.

Weit häufiger wurden aber im beginnenden Kaiserreich Ovids erotische Schriften gelesen. Der Mann aus alter Familie nebst in Athen empfangener Bildung erwies sich als feiner Psychologe und glänzender Erzähler. Seine „Amores" (Liebesaffären) handeln vorrangig von einer aufreizenden Dame namens Corinna, in die Ovid unsterblich verliebt war. Seine „Remedia amoris" (Heilmittel gegen die Liebe) sind eine Art Lehrbuch über Herz- und Seelenschmerz. Sogar ein „Gedicht über die Gesichtspflege" veröffentlichte der weltgewandte Poet.

Einen Skandal löste er mit dem um die Jahrtausendwende geschriebenen Buch „Ars amatoria" (Die Liebeskunst) aus. Darin schildert er nicht nur, wie Männer am geschicktesten Frauen verführen und umgekehrt, sondern gibt ganz konkrete sexuelle Ratschläge wie: „Was Lust bringt, sollen Laute und Keuchen des Mundes bezeugen" oder „Auch du, der die Natur den Sinn für Venus versagt hat, täusche süße Freuden mit unwahren Lauten vor".

Ovid zählt die erogenen Zonen der Frau auf und gibt Tipps: „Lass das Licht nicht durch die ganzen Fenster in das Schlafzimmer strömen, es ist passender, dass an euren Körpern manches verborgen bleibe." Auch die verschiedenen Stellungen beim Sex sind für Ovid kein Tabu. Frauen mit runzligem Bauch, so seine Empfehlung, sollten sich am besten von hinten beglücken lassen.

Doch Ovid war kein Pornograf. Ein großer Teil seiner Liebeskunst befasst sich mit Psychologie und Körperpflege. So warnt er z. B. „vor dem widrigen Bocksgeruch in den Achselhöhlen" oder schreibt: „Auch im Schreiten liegt ein beträchtlicher Reiz, es lockt fremde Männer oder stößt sie ab." Ganz eindeutig vermerkt Ovid: „Lust, die aus Pflicht gegeben wird, ist mir nicht willkommen; eine Pflichtleistung will ich von keinem Mädchen haben." Er rät darüber hinaus, man solle Frauen nie nach ihrem Alter fragen, vor allem nicht die reiferen. Bemerkenswert ist sein Fazit: Körperliche Reize sind ohne „ingenium" (Geist) und „mores" (gute Sitten) wertlos.

Das freizügige Opus „Liebeskunst" wurde rasch zum Politikum. Der regierende Kaiser Augustus war fest entschlossen, die laxe Moral vor allem in der Stadt Rom durch Sittengesetze zu reglementieren und die alten Römertugenden wiederherzustellen. Ehebruch wurde mit schweren Strafen belegt, unverheiratete Männer durften kein Erbe antreten. In dieser Situation schien Ovids sinnenfrohes Buch dem Kaiser kontraproduktiv. Zähneknirschend mußte er mit ansehen, wie seine äußerst freizügige Tochter Julia ein Verhältnis mit dem Dichter anfing. Schließlich verbannte Augustus 2 v. Chr. Julia auf eine unbewohnte Insel im Mittelmeer.

Nach einigen Jahren kamen sich Ovid und Julias gleichnamige Tochter näher. Immer, wenn Augustus Einwände erhob, wurde er ironisch darauf hingewiesen, dass er einst in ganz Rom als Schürzenjäger berüchtigt war. Schließlich wurde es dem alternden Kaiser zu bunt. Im Jahre 8 n. Chr. verbannte er auch seine Enkelin; Ovid wies er den entferntesten Winkel des Imperiums als Exil zu: die Stadt Tomis am Schwarzen Meer (heute Constanza in Rumänien).

Der verwöhnte Großstädter Ovid fühlte sich todunglücklich in dem gottverlassenen Nest. Seinen Kummer schrieb er in den „Tristia" (Klageliedern) nieder. Immer wieder flehte er den Kaiser um Rückkehr nach Rom an. Doch je mehr man in der Hauptstadt hinter kaum vorgehaltener Hand über seine Sittengesetze spottete, desto unnachgiebiger reagierte Augustus. Ovids Bitten verhallten ungehört.

Im Jahre 17 oder 18 n. Chr. starb der Dichter in Tomis. Seine Werke waren aus allen öffentlichen Bibliotheken entfernt worden. Ihre Unsterblichkeit hat das nicht verhindert.

4. Nero – ein kaiserlicher Brandstifter?

„Es war schlimmer und schrecklicher als alles, was je über diese Stadt durch Feuersbrunst gekommen ist." So beschrieb der antike Historiker Tacitus eine Brandkatastrophe, die im Juli 64 n. Chr. Rom heimsuchte. Bald machten Gerüchte die Runde, das Feuer sei auf Befehl des Kaisers Nero gelegt worden.

Roms exzentrischer Herrscher Nero besaß nach zehn Jahren Regierungszeit einen höchst unguten Ruf. Man wusste, dass er bei der Ermordung seiner Mutter Agrippina ebenso die Hände im Spiel hatte wie bei der Beseitigung seines Stiefbruders Britannicus. Im Jahre 62 n. Chr. ließ er auch seine 20-jährige Gemahlin hinrichten.

Zumindest befremdlich wirkten seine öffentlichen Auftritte als Schauspieler und Sänger. Ob er tatsächlich so talentlos agierte, wie Buch und Film „Quo vadis?" suggerieren, sei dahingestellt. Aber damals wie heute war es schlicht lächerlich, wenn ein Staatsoberhaupt geschminkt und kostümiert von der Bühne herab den Possenreißer spielt. Nero hingegen fand seine Berufung im Künstlertum und zeigte sich außerordentlich empfindlich gegenüber jeder Kritik. Ein Senator, der es während seines Gesanges wagte, in Schlaf zu versinken, entging nur knapp der Todesstrafe.

Nachdem Nero im Frühjahr 64 in Neapel aufgetreten war und ihm der Applaus des Publikums nicht frenetisch genug dünkte, kündigte er eine Tournee durch Griechenland an. Im Gegensatz zu den römischen Banausen würde man ihn im Land der Hellenen besser würdigen. Mehrfach hatte sich der Kaiser in diesem Zusammenhang abfällig über die Hauptstadt Rom geäußert – ein schmutziges Nest voll jämmerlicher Elendsquartiere. Hier könne man nicht menschenwürdig leben, klagte der Tyrann.

Anfang Juli 64 weilte Nero in der Hafenstadt Antium. In der Nacht vom 18. zum 19. Juli galoppierten der Konsul M. Licinius Crassus und der Prätorianertribun Subrius Flavus ins kaiserliche Hauptquartier. Sie brachten eine bestürzende Nachricht: Rom stand seit mehreren Stunden in Flammen. Der Brand war am Fuße des Caelius-Hügels südlich des hölzernen *Circus maximus* ausgebrochen. „Dieser Feuersturm durchraste zuerst die ebenen Teile der Stadt, dann fraß er sich in die höhergelegenen hinauf, verheerte dann wieder die Niederungen und kam infolge der Schnelligkeit, mit der das Unheil um sich griff, allen Abwehrmaßnahmen zuvor", berichtete Tacitus. Und weiter: „Denn die Stadt mit ihren engen Straßen und den hin und her sich windenden riesigen Häuserreihen… wurde eine leichte Beute des Feuers."

Nero eilte aus dem 60 Kilometer entfernten Antium herbei, was drei bis vier Stunden dauerte. In Rom angelangt, bemühte er sich nach Kräften, die Katastrophe einzudämmen. Öffentliche Gebäude und Tempel wurden als Quartiere geöffnet, in den kaiserlichen Parkanlagen errichtete man Notunterkünfte, aus benachbarten Städten kamen Hilfsgüter, Kleidung und Hausrat. Den insgesamt sechs Tage wütenden Brand konnte man nicht effektiv bekämpfen, obwohl Rom über eine Truppe von 7000 Feuerwehrmännern, Pionieren und Abrißspezialisten verfügte. Am Ende sank mehr als ein Drittel der 1,2-Millionen-Stadt in Schutt und Asche.

Kurz nach dem Unglück entstand das Gerücht, Nero habe die Stadt absichtlich anstecken lassen, damit ihn der Anblick eines lodernden Flammenmeeres künstlerisch inspiriere. Dafür gibt es nur zwei Quellen. Cornelius Tacitus schreibt in seinen *Annales* von einem „Unglück, bei dem es ungewiss ist, ob es auf Zufall oder auf die Heimtücke des Kaisers zurückzuführen war". Wesentlich weniger vorsichtig formuliert Suetonius in seiner Kaisergeschichte: „Er zündete die Stadt an und zwar ganz offenkundig."

Wie wahrscheinlich ist es aber, dass der Kaiser seine eigene Hauptstadt in Brand setzen ließ? Angeblich habe Nero das Flammenspektakel gebraucht, um sich für seine Ballade vom Brand Trojas begeistern zu lassen. Tacitus und Sueton berichten, dass er während des Brandes, angetan mit Theatergarderobe, Lieder deklamiert habe. Laut Sueton geschah das auf dem Maecenas-Turm. Der befand sich aber auf dem Esquilinus-Hügel, der bei Neros Ankunft schon von den Flammen bedroht war. Tacitus Version von der kaiserlichen „Haustribüne" auf dem Palatinus ist noch weniger glaubhaft, denn dieser Hügel brannte bereits lichterloh.

Wenn Nero tatsächlich den Anblick einer brennenden Stadt benötigte, warum hielt er sich dann im 60 km entfernten Antium auf? Und warum wählte er ausgerechnet eine helle Vollmondnacht für sein Vorhaben? Lodernde Flammen wirken bei dichter Finsternis wesentlich imposanter. Außerdem waren Großbrände in Rom keine Seltenheit. Der Caelius-Hügel stand schon 27 und 36 n. Chr. in Flammen. Im Jahre 54 n. Chr. wütete ein Brand zwei Tage und Nächte. Drastisch beschrieb der Dichter Juvenalis, wie damals „viele arme Kerle geröstet wurden".

Dass Nero auf den eingeebneten Trümmern Roms sich einen ebenso gigantischen wie prunkvollen Palast, das *Domus aurea* (goldenes Heim), errichten ließ, wurde als zusätzliches Indiz seiner Schuld gewertet. Aber dem mächtigen Monarchen hätten natürlich weit einfachere städtebauliche Mittel zur Verfügung gestanden, als unbedingt seine Hauptstadt zu vernichten. Überdies brach das Feuer nicht in den vom Kaiser so sehr verabscheuten Elendsvierteln aus, sondern in der Nähe seines eigenen Palastes.

Dennoch wollten die Verdächtigungen nicht verstummen. Schließlich machte der Kaiser die kleine Christengemeinde Roms für die Katastrophe verantwortlich. Hunderte Unschuldige wurden deswegen grausam hingerichtet. Darin bestand die eigentliche und bewiesene Schuld des Tyrannen Nero.

5. Elagabalus – ein dekadenter Junge blamiert Rom

Roms jungem Kaiser war im Jahre 221 wieder nach einem seiner grotesken Scherze zumute. Ein Chronist berichtet: „In seinem Speisesaal ließ Elagabalus eine umkippbare Decke einbauen und so viele Veilchen und andere Blumen auf seine Gäste stürzen, dass einige umkamen, weil sie sich aus der Blütenlawine nicht mehr an die Luft emporarbeiten konnten." Roms Senatoren schüttelten sich vor Abscheu. Wie konnte es geschehen, dass ihr fast 1000 Jahre altes Reich von einem weibischen Jüngling aus Syrien tyrannisiert wurde?

Das Römische Weltreich steuerte im 3. Jahrhundert n. Chr. in eine schwere Staatskrise. Schon 193 waren in Rom binnen weniger Monate drei Kaiser hintereinander inthronisiert worden. 218 meuterten mehrere Legionen gegen den erst im Vorjahr ausgerufenen Kaiser Macrinus. Dahinter steckten zwei Frauen – Julia Maesa und ihre Tochter Julia Soaemias. Sie stammten aus Syrien und hatten in höchste römische Kreise eingeheiratet. Soaemias' Sohn Varius Avitus war schon als Kind zum Oberpriester des Sonnengottes Elagabalus im syrischen Tempel zu Emesa (heute Homs) ernannt worden. Gemeinsam mit ihrem Liebhaber Gannys bestach Soaemias die Soldaten der III. Legion, den erst 15-jährigen Varius zum Kaiser zu proklamieren. Das geschah am 16. Mai 218.

Julia Maesa, die in der Hauptstadt großen Einfluss besaß, schilderte den römischen Politikern die Vorzüge ihres Enkels in schillernden Farben. Der Knabe hatte inzwischen den Namen geändert und nannte sich nach seinem Sonnengott Elagabalus. Das sollte nicht die einzige Skurrilität bleiben. Nachdem der neue Kaiser im Frühjahr 219 nach Rom übergesiedelt war, begann eine Kette von Exzessen, welche selbst das Treiben von Tyrannen wie Nero und Caligula in den Schatten stellte.

Der frühreife Elagabalus hielt seinen Einzug in Rom geschminkt wie eine Zirkusdirne und in edelsteinbesetzten Gewändern. Das Symbol seines Sonnengottes, ein heiliger Meteorstein, wurde in prunkvoller Prozession in einen eigens errichteten Tempel überführt. Der Kaiser schritt rückwärts vor ihm her, um seinen Götzen keinen Moment aus den Augen zu verlieren. Innerhalb von drei Jahren heiratete Elagabalus drei Frauen und verstieß sie wieder. Dann „vermählte" er sich mit einem Athleten, der den bezeichnenden Namen „Zoticus" trug. Als Präfekten der Garde berief er den ehemaligen Tänzer Comazon.

Im Jahre 220 führte Elagabalus eine chaotische Religionsreform durch. Sein orientalischer Sonnengott sollte oberster Beherrscher des Götterhimmels sein und noch über Jupiter stehen. Der Historiker Cassius Dio berichtet von den barbarischen Riten und Opfern, die der Kaiser seinem Gott darbrachte, „indem er Knaben erschlug und Zaubermittel benutzte."

Rief das schon große Empörung hervor, so sorgte das bizarre private und öffentliche Leben des Kaisers für dauernde Skandale. Er ließ Giftschlangen sammeln und abends im Theater freilassen. Je größer die Panik, desto besser amüsierte er sich. Einmal spannte er Löwen vor seinen Wagen, dann Tiger, dann Elefanten. Als er davon genug hatte, ließ er schöne junge Mädchen einfangen, spannte sie nackt vor seinen Karren und kutschierte mit ihnen unter irrsinnigem Gelächter durch Roms Straßen. Seinen Sklaven befahl er eines Tages, sie sollten 1000 Pfund Spinnweben herbeischaffen und setzte dafür Belohnungen aus.

Wie der zeitgenössische Historiker Aelius Lampridius berichtet, „hatte er nichts Besseres zu tun, als überall nach Männern fahnden zu lassen, die übergroße Geschlechtsteile hatten, und sie in den Palast zu bringen, um ihre Liebeskünste zu genießen." Laut Aurelius Victor, einem weiteren Chronisten, ließ der Kaiser „die obszönsten Menschen aus dem ganzen Erdkreis zu sich kommen."

221 wurde offensichtlich, dass Elagabalus verrückt geworden war. Nachts schlich er sich mit einer Perücke kostümiert in die übelsten Tavernen und bot sich als Prostituierte an. Seine Gelage im Palast endeten oft tödlich. Einmal schloss er seine betrunkenen Gäste ein und ließ plötzlich im Dunkeln Löwen, Leoparden und Bären auf sie los. Niemand wusste, dass diese Tiere gezähmt und zahnlos waren. In der wilden Panik kamen mehrere Menschen ums Leben.

Nun galt es, diesen geschminkten Lüstling möglichst bald loszuwerden. Als Alternative bot sich sein Cousin Alexander an und Elagabalus versuchte prompt, den erst 13jährigen ermorden zu lassen. Die damit beauftragte Prätorianergarde verweigerte den Befehl. Der Kaiser, ein notorischer Feigling, der nur an der Hand seiner Großmutter Maesa wagte, das Senatsgebäude zu betreten, mußte reagieren. Am 11. März 222 begab er sich mit seiner Mutter Soaemias ins Prätorianerlager. Doch die Gardesoldaten ließen ihn kaum zu Wort kommen. Elagabalus rannte schließlich davon und versteckte sich in einer Latrine. Hier wurde er gemeinsam mit seiner Mutter erschlagen und geköpft. Ihre Leichen warf man in den Tiber.

Die nur drei Jahre während Herrschaft des Elagabalus hatte großen Schaden angerichtet und das geheiligte Kaiseramt für lange Zeit seines Nimbus' beraubt. Die sechs Imperatoren, die bis 244 auf Elagabalus folgten, wurden allesamt ermordet.

6. Germanen und Gallier befreien Europa

Im Sommer des Jahres 451 n. Chr. stand ein riesiges Hunnenheer mitten im Herzen Frankreichs. Es schien nur noch eine Frage der Zeit, bis sein berüchtigter Anführer Attila ganz Europa unter seine Knute bringen würde. Doch auf den Katalaunischen Feldern, unweit der Stadt Troyes, stellten sich ihm zwei todesmutige Männer entgegen: der römische Feldherr Aëtius und Theoderich, König der Westgoten.

Von der südrussischen Steppe bis an die mittlere Donau erstreckte sich im 5. Jahrhundert n. Chr. ein sonderbares Reich. Die Hunnen, ein nomadisches Reitervolk mit mongolischen Wurzeln, beherrschten dieses Gebiet. Da sie selbst kaum Ackerbau oder Handwerk betrieben, waren sie auf Tributzahlungen der unterworfenen Völker und Beutezüge angewiesen. Letztere waren von schauerlichen Terrormaßnahmen geprägt. Der Ruf „Die Hunnen kommen!", war das schlimmste Menetekel, was Germanen, Byzantinern, Weströmern oder Galliern zustoßen konnte. Hunnische Raubzüge hinterließen eine Spur der Verwüstung.

Das geschwächte Weströmische Reich bildete ein letztes Bollwerk gegen die Hunnengefahr. Nach der Ermordung seines Bruders Bleda im Jahre 445 rief sich Attila zum alleinigen König der Hunnen aus. Er gab sich den Beinamen „Geißel Gottes" und war ein ebenso zielstrebiger wie grausamer Herrscher. Sein Plan bestand in der vollständigen Unterwerfung Mittel- und Westeuropas. Zu diesem Zweck überschritt ein fast 100.000 Mann starkes Hunnenheer im Frühjahr 451 bei Koblenz den Rhein und eroberte zunächst die lothringische Stadt Metz.

In Gallien regierte seit 425 der Römer Flavius Aëtius als „Magister militum" (Heermeister). Diesem erfahrenen Soldaten gelang es, ein Bündnis mit Theoderich, König der germanischen Westgoten, zu schließen. Ohne dessen Krieger hätte Aëtius gegen die Hunnen auf verlorenem Posten gestanden. Nach Theoderich schlossen sich weitere germanische Stämme den Römern an, so die Alanen unter ihrem Führer Sangibanus, die Burgunder und die Franken. Auch auf Attilas Seite kämpften unterworfene Völker, wie die Ostgoten unter ihrem König Velamir; es waren allerdings sehr unsichere Verbündete.

Vor Orléans konnte Aëtius die hunnischen Reiterscharen erstmals aufhalten; sie vermochten es nicht, die Stadt einzunehmen. Attila wandte sich nun nach Norden. Hier stand Ende Juni 451 auf den Katalaunischen Feldern nahe Troyes die Hauptstreitmacht des Aëtius. Berichte, wonach 100.000 Hunnen gegen 50.000 Verbündete kämpften, sind mit Vorsicht zu genießen, aber es dürfte stimmen, dass Attila seinem Gegner numerisch fast doppelt überlegen war.

Er eröffnete den Kampf, indem seine Truppen versuchten, den Westgoten Theoderichs eine taktisch wichtige Anhöhe zu entreißen. Doch die Germanen wehrten sich mit äußerster Tapferkeit. Der Historiker Jordanis berichtet: „Es kam zum Handgemenge, zu einem fürchterlichen, ausgedehnten, maßlosen und erbitterten Ringen. Wir kennen keinen Kampf, den wir auch nur entfernt diesem gleichzustellen vermöchten." Theoderich fiel im Getümmel und noch auf dem Schlachtfeld erhoben die Westgoten dessen Sohn Thorismund zum neuen König.

Nun wollte Attila die Ostgoten gegen den Feind schicken, aber sie weigerten sich, gegen ihre germanischen Brüder zu kämpfen. Dies ermöglichte es Aëtius, mit den Alanen und seinen gallo-romanischen Kriegern das Zentrum der Hunnen anzugreifen. Attila sah sich inmitten seiner Reiterei isoliert und befahl den Rückzug in das von Bogenschützen verteidigte Hauptlager.

Eine der erbittertsten Schlachten aller Zeiten ging nach zwei Tagen zu Ende. Der Legende nach sollen die Seelen der gefallenen christlichen Soldaten aus ihren erstarrten Körpern gefahren sein, um weiter gegen die Hunnen zu kämpfen. Denn eine leuchtende Himmelserscheinung habe ihnen versichert, dass Gott auf ihrer Seite stehe. Als Geisterkämpfer seien sie unverwundbar gewesen und hätten die Entscheidung gebracht. Das zeigt auch, wie unerwartet der gallisch-germanische Sieg über die Hunnen kam.

Unter strategischen Gesichtspunkten war die Schlacht auf den Katalaunischen Feldern kein Glanzlicht, sondern eher eine wüste Keilerei. Berichte, wonach die Hunnen sich nach dem Kampf fluchtartig Richtung Osten zurückzogen, sind erfunden. Aber Attilas registrierte sehr wohl, dass er zum ersten Mal in seiner Laufbahn keinen Sieg erfochten und horrende Verluste erlitten hatte. Deshalb hielt er eine demonstrative Geste für nötig. Jordanis notierte: „Er ließ Waffengetöse und Tubaklänge erschallen und drohte mit einen neuen Angriff. Attila glich einem von Jagdspießen verwundeten Löwen, der vor dem Eingang seiner Höhle auf- und abgeht." Die Krieger des Aëtius sahen diesem Treiben mit stoischer Ruhe zu und am Folgetag zogen die Hunnen sich Richtung Köln zurück.

Dies war das Signal für alle Verbündeten, den König zu verlassen. Der Ruf von Attila Unbesiegbarkeit schwand dahin und bald flohen die Hunnen tatsächlich bis nach Ungarn. Auf den Katalaunischen Feldern wurde Europa vor einer riesigen Gefahr errettet. Der Hunnenkönig starb bereits zwei Jahre später und sein Reich zerfiel endgültig.

7. Karl Martell – Retter des Abendlandes

Südlich der Stadt Tours an der Loire scheint im Herbst 732 eine neue Völkerwanderung im Gang zu sein. Ein Haufen von fast 80.000 bewaffneten Arabern wälzt sich entlang des Flussufers, großenteils beritten und schier unaufhaltsam. Doch am 3. Oktober kommt der Heereswurm plötzlich zum Stehen. Hinter einer Brücke über den Bach Vienne sind stumm und drohend fränkische Panzerreiter aufgetaucht. Abd er-Rachman, Feldherr des mächtigen Kalifen von Damaskus, ist kein Dummkopf. Aus zahlreichen Schlachten weiß er, dass bei diesen schweren Kavalleristen Vorsicht geboten ist. Doch als seine Späher ihm melden, das Frankenheer sei mit allenfalls 15.000 Mann lächerlich klein, entschließt er sich zum Angriff. Schließlich haben die Truppen der Moslems noch nie eine Niederlage im Feld erlitten. Was Abd er-Rachman unterschätzt: Ihm steht Karl Martell (um 688 – 741) gegenüber, der größte Heerführer des fränkisch-germanischen Reiches.

Die Araber sind gefürchtete Krieger; binnen weniger Jahrzehnte haben sie den Nahen und Mittleren Osten sowie Nordafrika erobert. Ihr Kalif ist der bedeutendste Herrscher seiner Zeit und will auch Europa dem Halbmond unterwerfen. Im Jahr 711 setzen seine Truppen bei Gibraltar übers Mittelmeer und zerschlagen sämtliche Heere der spanischen Westgoten. Nur drei Jahre später ist fast die gesamte iberische Halbinsel erobert. Über das Pyrenäen-Gebirge geht die Invasion nordwärts.

725 wird das Heer des Herzogs Eudo von Aquitanien (Südfrankreich) geschlagen. Er selbst flieht nach Paris. Dort residiert Karl, den man „Martell" (der Hammer) nennt, weil er seine Feinde schonungslos zur Strecke bringt. Karl führt als „Maiordomus" die Staatsgeschäfte für den völlig lethargischen Merowingerkönigs Theuderich IV. Was er von Herzog Eudo hört, ist beunruhigend: Die wilden Reiter aus dem Morgenland sind pfeilschnell, grausam und zahllos. Sie verspeisen mit Vorliebe

Herz und Leber ihrer gefallenen Gegner. Darüber hinaus plündern und sengen sie, so dass ganz Südfrankreich einer Wüstenei gleicht.

Karl Martell erkennt die tödliche Gefahr, weiß aber, dass er sich auf sein kampferprobtes Heer verlassen kann. Da ist zum einen das Fußvolk, bewaffnet mit Spieß, Schwert, Schild und der „francisca". Es ist die Spezialwaffe seiner Männer – eine einfache oder doppelschneidige Streitaxt. Mit einer daran befestigten Schnur schleudern die Krieger sie auf kurze Distanz gegen den Feind. Für den Zustand der Waffe ist ihr Träger persönlich verantwortlich und muß für Nachlässigkeit hohe Geldstrafen zahlen.

Karls entscheidende Streitkraft bilden die schweren Reiter. Sie tragen einen Panzer aus kleinen, schuppenförmigen Eisenplatten, einen visierlosen Helm und Beinschienen. Im Kampf sind sie nur schwer zu verwunden. Eine Ausfuhr der fränkischen Panzerhemden ist bei Todesstrafe verboten. Ein weiterer Trumpf dieser Kavallerie ist die Benutzung von Steigbügeln und holzverstärkten Ledersätteln, die dem Reiter einen sicheren Sitz auf seinem Roß ermöglichen.

Normalerweise sind die arabischen Heere jener Zeit allen anderen an Beweglichkeit weit überlegen. Doch auf ihrem Raubzug 732 haben sich die leicht bewaffneten und berittenen Soldaten derart mit Beute bepackt, dass sie diesen Vorteil einbüßen. Karl Martell hingegen läßt nur wenig Gepäck zu und kann die Araber ausmanövrieren. Bei Tours verlegt er ihnen den Weg. Abd er-Rachman hat nur zwei Möglichkeiten: Kampf oder Rückzug. Letzteres ist für den stolzen Moslem undenkbar, also wählt er am 10. Oktober 732 die Offensive.

Die Schlachtordnung der Araber besteht aus drei Linien, welche jeweils allegorische Titel tragen: Die erste „Morgen des Hundegebells" wird von ausgeschwärmten Reitern gebildet; die zweite „Tag der Hilfe" und die dritte „Abend der Erschütterung" bestehen aus dichten Reiter- und Fußvolkkolonnen. Die unaufhörlichen Angriffe der arabischen Kavallerie prallen an dem Fußvolk der Franken ab. Der spanische Chronist Isidorus Pacensis berichtet: „Die Männer aus dem Norden standen bewegungslos wie eine Mauer. Wie ein zu Eis erstarrter Gürtel wichen sie nicht und erschlugen ihre Feinde mit dem Schwert."

Karl Martell beschließt nun, diesen Erfolg auszunutzen und läßt seine Panzerreiter eingreifen. Er durchbricht an ihrer Spitze die feindlichen Reihen, dringt bis zum arabischen Hauptlager vor und vernichtet alles, was sich den Franken in den Weg stellt. Dass er persönlich seinen Widersacher Abd er-Rachman erschlagen hat, ist eine fromme Legende – der Feldherr kommt während der regellosen Flucht ums Leben.

Die Niederlage der Araber ist so eklatant, dass sich nur noch einmal (737) eines ihrer Heere über die Pyrenäen wagt und wieder vernichtend geschlagen wird. Zu Recht feiert das christliche Abendland Karl Martell als Erretter. 68 Jahre nach der Schlacht bei Tours erreicht sein Werk einen postumen Höhepunkt: Sein Enkel Karl der Große wird in Rom zum Kaiser der europäischen Christenheit gekrönt.

8. Wie Karl der Große Kaiser wurde

Jedermann war überzeugt, dass Papst Leo III. gestorben sei. Die schweren Misshandlungen konnte er unmöglich überlebt haben. An diesem Apriltag 799 war eine Rotte römischer Adliger während einer Prozession über den Pontifex hergefallen, riß ihn zu Boden und attackierte ihn mit Knüppeln und Messern. Einige beherzte Diakone konnten den Papst zum Lateranpalast schleppen. Hier geschah ein Wunder: Leo III. überlebte den Anschlag, fühlte sich aber in Rom seines Lebens nicht mehr sicher. Kaum genesen, floh er über die Alpen nach Deutschland, wo der Frankenkönig Karl gerade in Paderborn sein Hoflager hielt. In dieser westfälischen Stadt heckten Leo und Karl einen genialen Plan aus.

Karls fränkisch-germanisches Königtum war das größte Reich des Mittelalters. Es umfasste nach heutigen Maßstäben Westdeutschland, Frankreich, die Benelux-Staaten, Oberitalien, Österreich und die Schweiz. Große Teile Mittelitaliens hatte Karls Vater Pippin dem Papst als „Kirchenstaat" geschenkt. Wenn es gelang, diese beiden Komponenten zu verbinden, eine Vermischung des Geistlich-Päpstlichen mit dem Politisch-Weltlichen zu erreichen, käme das einer Umwandlung des Abendlandes gleich.

Im Sommer 800 zog der Papst mit einer starken fränkischen Leibwache zurück nach Rom. Ihm war klar, dass er in Kürze zwei entscheidende Probleme lösen konnte: die aufsässigen Adligen Roms bändigen und seine Kirche unabhängig vom oströmisch-byzantinischen Reich machen.

Schon Leos Vorgänger Papst Hadrian I. kooperierte eng mit Karl. 774 empfing er ihn erstmals in Rom, salbte sieben Jahre später dessen Söhne zu Königen der Langobarden (Oberitalien) und Aquitanien (Südfrankreich). Hadrian führte eine neue Zeitrechnung ein. Päpstliche Urkunden wurden nicht mehr nach den Regierungsjahren des Kaisers von Byzanz datiert, sondern nach den Jahren seines eigenen Pontifikats. Außerdem ließ er Münzen mit seinem Bildnis prägen, nicht mehr mit dem Antlitz des oströmischen Kaisers. Diese Los-von-Byzanz-Bewegung durch Ausrufung eines westeuropäischen Kaisertums zu zementieren, kam freilich weder Hadrian I. noch Karl in den Sinn. Es schien ihnen wohl zu revolutionär.

Nach Hadrians Tod 795 setzte Papst Leo III. dessen Politik fort. Der anfangs geschilderte Mordanschlag veranlasste ihn, letzte Konsequenzen zu ziehen. Im Winter 800 kam Karl der Große, 58 Jahre alt, mit umfangreichem Gefolge nach Rom. Nun begann Teil eins des Planes. Am 23. Dezember überreichten Gesandte des Patriarchen von Jerusalem Schlüssel und eine Fahne an Karl als Symbol der Übergabe aller geweihten Stätten im Heiligen Land an ihn als Schutzherrn der Christenheit.

Am Weihnachtstag 800 geschieht dann etwas, das bis auf einen kleinen Kreis Auserwählter ganz Europa überrascht. Nachdem Karl sich in der

Petersbasilika vom Gebet erhoben hat, setzt Leo ihm eine goldene Krone auf und salbt ihn anschließend zum römischen Kaiser. Die Versammlung ruft: „Karl dem Erhabenen, dem von Gott gekrönten und friedebringenden Kaiser der Römer, Leben und Sieg!"

Karls Biograf Einhard berichtet, dem Monarchen sei diese Zeremonie „zuerst sehr zuwider" gewesen. Das ist unwahrscheinlich. Sicher hegte er Bedenken, Byzanz könnte seine Krönung als Staatsstreich interpretieren, gewiß war ihm der Gedanke fatal, als christlicher Herrscher Nachfahre der heidnisch-römischen Kaiser zu werden, aber zuwider war ihm das Ereignis in der Basilika des Heiligen Petrus bestimmt nicht. Anderenfalls hätte er vor der Prozedur wohl kaum zum ersten und einzigen Mal in seinem Leben statt der altgewohnten fränkischen Kleidung (Leinenwams und Bundhose) das Purpurgewand eines antiken Römerkaisers angelegt.

Der Coup vom 25. Dezember 800 brachte beiden Seiten Vorteile. Leo III. wusste sich von nun an sicher unter dem Schutz fränkischer Waffen und trennte sich von der byzantinischen Oberherrschaft. Für die germanischen Völker, die Karl der Große erobert hatte, war dessen Krönung die heilsrichtige, göttliche Bestätigung dafür, dass er rechtmäßiger Sieger war.

Die Papst-Attentäter vom April 799 wurden dingfest gemacht und zum Tode verurteilt, doch Leo begnadigte sie zur Verbannung aus Rom. Das Kaisertum sollte als politische Institution Europas Geschichte für die nächsten 1.000 Jahre prägen.

9. Skandal in Rom:
Die Päpstin Johanna

Im April des Jahres 858 geschah zu Rom etwas Ungeheuerliches. In einer Gasse nahe dem Lateran-Palast stockte die von Papst Johannes VIII. geleitete Prozession. Der Pontifex stürzte zu Boden und gebar ein Kind. Zwei Jahre und sieben Monate hatte eine Frau auf dem Stuhl Petri gesessen. Wahrheit oder Legende?

Die Geschichte ist rasch erzählt. Das aus Mainz stammende Mädchen Johanna soll von ihrem Vater, einem Kleriker, solide ausgebildet worden sein und als junger Mann verkleidet in Athen studiert haben. „Durch die dortigen Gelehrten gelangte sie zu einem so hohen Wissensstand, dass sie nach ihrer Ankunft in Rom nur wenige traf, die sich mit ihr messen konnten", heißt es. Nach einer brillanten Karriere an der römischen Kurie unter dem Namen „Johannes Anglicus" sei sie als Nachfolger von Papst Leo IV. im September 855 zum Papst erwählt worden und nannte sich hinfort Johannes VIII.

Während ihres Pontifikats pflegte Johanna angeblich mehrere heimliche Liebschaften und wurde schließlich schwanger. Nach ihrer Eingangs geschilderten Sturzgeburt soll sie – hier widersprechen sich die Berichte – entweder von der aufgebrachten Menge gelyncht oder in ein Kloster verbannt worden sein.

Ein so spektakulärer Vorfall müsste mit hoher Wahrscheinlichkeit in den zeitgenössischen Chroniken vermerkt worden sein. Doch es dauerte mehr als 400 Jahre, bis der Name einer Päpstin Johanna auftaucht. Der Dominikanermönch Martin von Troppau erwähnt 1278 in seiner „Chronik der Päpste und Kaiser" erstmals ausführlich diesen Kasus, verschweigt aber leider seine Quellen. Vermutlich geht sein Bericht auf eine anonyme zeitgenössische Satire über den tatsächlichen Papst Johannes VIII. zurück, der von 872 bis 882 regierte. In einem religiösen Streit mit dem byzantinischen Patriarchen Photios zeigte er sich so nachgiebig und kompromissbereit, dass ein Satiriker ihm „weibische" Eigenschaften andichtete.

Martins Erzählung wurde im Laufe der Zeit immer mehr ausgeschmückt, gerade weil die Beweise so dürftig ausfielen. 1479 schrieb der italienische Humanist Bartolomeo Sacchi über Johanna: „Man sagt, dass sie durch teuflische Machenschaften auf den Papststuhl gelangte." Bei ihrer Niederkunft sei ein Teufel in der Luft erschienen und habe triumphierend gerufen:

Papa, pater patrum,
Pererit papissa papellum.

(Der Papst, Vater der Väter, gebar als Päpstin einen kleinen Papst).

Um dem Johanna-Stoff ein gewisses Maß an Glaubwürdigkeit zu verleihen, erfand man reizende Legenden. So habe nach 858 jeder neugewählte Papst auf einem Stuhl mit durchbrochener Sitzfläche, der „Sella stercoria", Platz nehmen müssen. Darunter hockte ein Priester, der dem Papst zwischen die Beine griff. Erst wenn er rief „Habet!" (Er hat es), erlangte die Papstwahl Gültigkeit. Die Tatsache, dass kirchliche Prozessionen in Rom den „Vicus papessa" (Päpstin-Gasse) vermieden, wurde als Indiz dafür gewertet, dass hier Johannas peinliche Niederkunft stattgefunden habe.

So nett dies alles klingt, für eine Päpstin Johanna bleibt schon aus Zeitgründen kein Platz. Es ist mehrfach verbürgt, dass Papst Leo IV. am 17. Juli 855 starb und zwei Monate später Benedikt III. gewählt wurde. Das beweist u. a. die päpstliche Korrespondenz mit dem Patriarchen von Konstantinopel. Durchbrochene Stühle waren bereits 100 Jahre vor dem Johanna-Fall allgemein gebräuchlich. Und jene Gasse, die zur Kirche San Clemente führt, erwies sich für die immer umfangreicheren Prozessionen einfach als zu eng. „Vicus papessa" bedeutet auch nicht Päpstin-Gasse, sondern schlicht Gasse der Familie Papés.

1649 untersuchte der Niederländer David Blondel den Fall wissenschaftlich und kam zu dem Schluss, dass es keinerlei sichere Beweise für die Existenz einer Päpstin Johanna gibt. Blondel war ein besonders unverdächtiger Zeuge, denn es handelte sich nicht um einen Katholiken, der evtl. das Papsttum reinwaschen wollte, sondern um einen protestantischen Geistlichen aus Amsterdam.

Damit wäre die Johanna-Legende erledigt, hätte nicht 1866 der griechische Schriftsteller Emmanuel D. Rhoidis sich des Stoffes bemächtigt. In einem heute noch amüsant zu lesenden Buch gibt er sich den Anstrich höchster Wissenschaftlichkeit. Tatsächlich ist sein Buch ein Schelmenroman über eine sehr moderne, mit allen Wassern gewaschene Frau. Die griechisch-orthodoxe Kirche beging jedoch den Fehler, Rhoidis wegen seines ironischen Untertons zu exkommunizieren und den weiteren Druck zu verbieten. Derart aufgewertet, wurde die Schrift Ende des 19. Jahrhunderts zum authentischen Klassiker.

1996 war dann die US-Amerikanerin Donna Cross mit ihrem Buch „Die Päpstin" sehr erfolgreich. Redlicherweise kennzeichnet sie das Werk als Roman, doch viele Leser halten es bis heute für ein historisches Sachbuch. Und das, obwohl Cross ihre Heldin u. a. Mais verspeisen lässt – eine Körnerfrucht, die erst 700 Jahre nach der fiktionalen Johanna auf den europäischen Kontinent gelangte.

10. Tiefpunkt des Christentums – Die „Leichensynode"

Päpste waren durchaus nicht immer fromme oder gar heilige Männer. An ihren Höfen machten sich zuweilen Laster und Vetternwirtschaft breit. Was allerdings der Pontifex Stephan VI. im Jahre 897 veranstaltete, steht in der 2.000-jährigen Geschichte des Christentums ohne Beispiel da – die Gerichtsverhandlung gegen ein vermodertes Skelett, auch „Leichensynode von Rom" genannt.

Die Spoleto-Familie beherrschte Ende des 9. Jahrhunderts Rom und große Teile Italiens. Ihr Oberhaupt, Herzog Guido von Spoleto, hegte das ehrgeizige Ziel, König von Italien, ja sogar Nachfolger der römischen Kaiser zu werden. Deshalb mischte er sich massiv in die Papstwahl ein, denn nur das Oberhaupt der Christenheit besaß die Vollmacht, einen

Kaiser zu ernennen. 891 war es dann soweit. Guidos Wunschkandidat, der aus Korsika stammende Formosus, Bischof von Porto, wurde am 6. Oktober zum Papst gewählt.

Im folgenden Jahr rief Formosus Herzog Guido und seinen Sohn Lambert zum „friedenstiftenden Imperator und Augustus" (Kaiser) aus. Ende 894 starb Guido und dessen junger Sohn benahm sich danach derart anmaßend und herrisch, dass der Papst ihn loswerden wollte. 895 wandte er sich an den deutschen König Arnulf von Kärnten um Hilfe. Der zog daraufhin mit einem Heer nach Rom, wo Formosus in der Engelsburg von den Spoletos belagert wurde. Die Mauern der Stadt waren so baufällig, dass Arnulf im Februar 896 binnen 24 Stunden Rom besetzen und Lambert von Spoleto vertreiben konnte. Am 22. Februar salbte der Papst den Deutschen zum wahren Kaiser.

Nachdem Arnulf wieder abgerückt war, starb Formosus hochbetagt am 4. April 896. Sein Nachfolger Bonifatius VI. war bereits 14 Tage nach der Wahl tot. Im Mai erschien der rachedurstige Lambert wieder in Rom und ließ eine seiner Kreaturen als Stephan VI. zum Papst ausrufen. Die beiden heckten einen monströsen Plan aus, wobei bis heute unklar ist, wer die treibende Kraft war.

Im Juni 897 wurde der verweste Leichnam des Formosus aus seinem Grab gerissen, in päpstliche Gewänder gehüllt und auf einen Thron gesetzt. Während einer dreitägigen Prozedur, die als „Leichensynode" in die Annalen der Geschichte einging, klagte Stephan VI. seinen Vorgänger unter anderem des Eidbruches und des Wahlbetrugs an. Pro forma übernahm ein Diakon die Verteidigung. Das Ziel dieser makaberen Veranstaltung bestand darin, alle gespendeten Weihen und Amtshandlungen des Formosus für ungültig zu erklären, also auch die Absetzung Lamberts von Spoleto als Kaiser.

Als Vorwand der Anklage diente die kurzzeitige Versetzung Formosus' vom geistlichen in den Laienstand, eine Maßnahme, die schon 883 vom damaligen Papst rückgängig gemacht worden war. Das Verdikt indes stand von vornherein fest. Nach seiner Verurteilung wurden dem Leichnam die Kleider abgezogen. Dann ließ Stephan VI. dem Toten wegen seines angeblichen Eidbruchs die Schwurfinger der rechten Hand abhacken und ihn anschließend in den Fluss Tiber werfen.

Das Verfahren gegen Formosus löste unter der Bevölkerung Roms Entsetzen aus. Als wenig später eine Kuppel der Lateran-Basilika einstürzte, sah man das als Beweis für den Zorn Gottes. Das Volk stürmte die Papstresidenz und warf Stephan in den Kerker, wo er im August 897 erdrosselt wurde. Auch Lambert von Spoleto überlebte die „Leichensynode" nicht lange. Er starb am 15. Oktober 898 im Alter von nur 23 Jahren bei einem Jagdunfall.

Die Oberen der Kirche merkten schnell, wie sehr das Vorgehen gegen den Ex-Papst Formosus ihrem Ruf geschadet hatte. Noch 897 wurden deshalb sämtliche Beschlüsse der „Leichensynode" aufgehoben und Formosus, dessen Überreste man aus dem Tiber gefischt hatte, ehrenvoll in der alten Peterskirche beigesetzt. Im Jahre 898 rehabilitierte Papst Johannes IX. seinen Vorgänger in offizieller Form.

11. Ein schicksalhaftes Königstreffen in Bonn

Mitten auf dem Rhein, bei der Stadt Bonn, war ein klobiges Schiff vertäut. Am Vormittag des 7. November 921 fuhr vom linken Flussufer eine Delegation mit dem westfränkisch-französischen König Karl III. an der Spitze und vom rechten Ufer eine vom deutschen König Heinrich I. geführte Abordnung. Auf beiden Seiten des Rheins waren Heere aufmarschiert. Doch es kam zu keiner kriegerischen Auseinandersetzung. Vielmehr erreichte der erst seit zwei Jahren regierende Heinrich einen großen außenpolitischen Erfolg für das Deutsche Reich.

Acht Jahre lang hatte sich der aus Franken stammende König Konrad I. vergeblich bemüht, die Einheit in seinem Reich herzustellen. Immer wieder durchkreuzten die mächtigen Herzöge von Bayern, Sachsen und Lothringen seine Pläne. Als Konrad Anfang 919 sein Ende nahen sah, tat er etwas politisch sehr Kluges. Er veranlasste die deutschen Hochadligen, dem Herzog Heinrich von Sachsen die Königskrone anzubieten. Dieser Herr war bisher Konrads ärgster Widersacher und Plagegeist gewesen. Nun mochte Heinrich am eigenen Leib erfahren, was es bedeutete, König zu sein.

Da es über die näheren Umstände der Königswahl keine gesicherten Überlieferungen gibt, hat sich eine Anekdote des Falls bemächtigt. Herzog Heinrich soll bei Quedlinburg im Harz vor einer Scheune gesessen und Singvögel in einem Netz gefangen haben. Bei dieser für Adlige unstandesgemäßen Tätigkeit habe ihn eine Delegation angetroffen und feierlich die Königskrone angeboten. Heinrich „der Vogler", damals 42 Jahre alt, hat sich angeblich lange geziert, ehe er die Wahl annahm.

Das Ungewöhnliche bestand wohl eher darin, dass mit Heinrich I. am 14. April 919 der Herzog eines Volkes gewählt wurde, welches erst 100 Jahre zuvor gewaltsam dem Frankenreich Karls des Großen und dem Christentum unterworfen worden war. Die einst so widerspenstigen Sachsen (gemeint ist das heutige Niedersachsen) waren unversehens zum Vorreiter der deutschen Einheit geworden.

Heinrich I. hatte es schwer. Nur die Franken und Sachsen erkannten ihn als König an. Namentlich Herzog Arnulf „der Böse" von Bayern rebellierte. „Was will der Sachse in unserem Land, wo seine Väter keinen Fußbreit Landes besessen haben?", schimpfte er. Es war damals wie heute – wenn es innenpolitisch kriselt, muss ein außenpolitischer Erfolg her. Einen besonders sensiblen Punkt bildete damals die Rheingrenze. Die westlich des Flusses residierenden Karolinger erhoben Ansprüche auf das gesamte – also auch das deutsche – Erbe Karls des Großen. Es war deshalb mehrfach zu militärischen Konflikten gekommen.

Offensichtlich war Heinrich I. ein geschickter Diplomat, denn es gelang ihm, den französischen König Karl III. zu einer Übereinkunft zu veranlassen. Anfang November 921 trafen die beiden sich in Bonn und schlossen einen Vertrag. Karl verzichtete darin auf sämtliche Erbansprüche seiner Dynastie das deutsche Territorium betreffend. Damit konnte die Westgrenze von Heinrichs Reich für die nächsten 250 Jahre gesichert werden, was auch daran lag, dass Frankreichs Könige ein zerstrittenes Land regierten und weitgehend zur Ohnmacht verurteilt waren.

Frankreichs Chronisten haben Karl seine Nachgiebigkeit nie verziehen und gaben ihm wenige Jahre nach seinem Tod den giftigen Beinamen „Le Simple" (der Einfältige). Dabei war er wohl eher ein friedfertiger Realpolitiker. Böse Zungen behaupteten auch, der als trinkfest bekannte Deutsche habe seinen französischen Amtskollegen in Bonn einfach unter den Tisch gesoffen. Wie dem auch sei, Heinrich mehrte durch den Bonner Vertrag sein Ansehen beträchtlich. Die Widersacher im Lande zeigten sich jetzt kompromissbereit. Selbst Bayernherzog Arnulf, der den König noch Monate zuvor zum ritterlichen Zweikampf gefordert hatte, gab seinen Widerstand auf.

In den folgenden 15 Jahren legte Heinrich I. den Grundstein zum „Regnum teutonicum", dem frühfeudalen Deutschen Reich. Er eroberte große Teile des heutigen Bundeslandes Brandenburg, gründete 929 Burg und Stadt Meißen. Die immer wieder nach Westen vordringenden räuberischen Ungarn schlug er im März 933 beim Dorf Riade an der Unstrut zurück.

Einen weiteren Erfolg feierte er im September 929. Die deutschen Herzöge stimmten der „Quedlinburger Hausordnung" zu, wonach Heinrichs damals 17-jähriger Sohn Otto als sein Nachfolger in der Königswürde bestimmt wurde.

936 starb Heinrich, und sein Sohn, Kaiser Otto I., der Große, baute die Machtstellung des Reiches mit großem Erfolg weiter aus.

12. Marozia und die „Pornokratie" am Papsthof

Als im März 931 ein 19jähriger Jüngling den Stuhl Petri bestieg, löste das in Rom kaum Verwunderung aus. Denn dieser Alexander von Tusculum, der als Papst Johannes XI. in die Geschichte einging, war Sohn der Marozia. Und diese resolute Dame dominierte seit fast 20 Jahren die Politik Roms. Es war eine Epoche, welche spätere Historiker „Pornokratie" (Hurenherrschaft) nannten. Auch wenn Marozia keineswegs eine Hure war, so zählt die erste Hälfte des 10. Jahrhunderts zu den wohl peinlichsten Episoden der Kirchengeschichte.

Der abgesetzte Papst Christophorus starb Anfang 904 in einem Kloster durch Mörderhand. Beschweren durfte er sich nicht darüber, denn mit seinem Vorgänger hatte er es ein Jahr zuvor genauso machen lassen. Päpste starben damals nur selten eines natürlichen Todes. Mit dem neuen Pontifex Sergius III. begann eine Ära, die Kirchenhistoriker als „Dunkles Jahrhundert" bezeichnen. Dominiert wurde es anfangs durch zwei Frauen – Theodora und Marozia. Theodora war die Gemahlin des Herzogs Theophylakt von Tusculum, Herr von Mittelitalien, Marozia war ihre um 892 geborene Tochter. Diese Tusculanerfamilie machte das Papsttum zum Spielball ihrer Privatinteressen.

Glaubt man dem zeitgenössischen Chronisten Luitprant von Cremona, ein intimer Kenner der römischen Verhältnisse, dann führte Theodora ihre Tochter schon im zarten Alter von 16 Jahren dem Papst Sergius III. als Gespielin zu. Nachdem im April 911 Sergius gestorben war, erreichte es Theodora, dass man einen ihrer früheren Liebhaber, Giovanni di Tossignano, als Johannes X. zum Papst ausrief.

Zu Ehren von Johannes muss gesagt werden, dass er ein tüchtiger Mann war. Als 915 ein Araberheer in Italien einfiel, stellte er sich an die Spitze seiner Truppen und besiegte die Sarazenen in der Schlacht am Garigliano. Weiterhin versuchte Johannes, sich von der Bevormundung durch die Tusculaner zu befreien. Nachdem Theophylakt und Theodora zwischen 917 und 921 gestorben waren, schien die rechte Zeit gekommen. Gemeinsam mit seinem Bruder und engsten Ratgeber Petrus plante er eine Entmachtung der stolzen Familie.

Doch beide unterschätzten Ehrgeiz und Schlagkraft der Marozia. Die 30-jährige kommandierte das toskanische Söldnerheer ihres Vaters, ernannte sich zur „Senatrix" (Senatorin) und war überdies „Vestaratrix" (weiblicher Kämmerer). Damit besaß sie die Kontrolle über sämtliche Finanzen des Vatikans. Ende 927 organisierte sie einen Aufstand. Ihre toskanischen Mörderbanden stürmten den Lateranpalast und erschlugen Petrus vor den Augen seines entsetzten päpstlichen Bruders. Johannes X. wurde im Mai 928 abgesetzt und in der Engelsburg eingekerkert. Wenig später starb er – von Mördern mit einem Kissen erstickt.

Nun plante Marozia, ihren Sohn aus erster Ehe, Alexander zum Papst zu machen. Allerdings war er kaum 16 Jahre alt, und ein halbes Kind auf dem Heiligen Stuhl hätte das Papstamt wohl den letzten Rest Glaubwürdigkeit gekostet. Statt dessen wurde im Dezember 928 Stephan VII. als Platzhalter eingesetzt, ein würdiger, frommer Mann, der als willenloses Werkzeug von Marozia handelte.

Nachdem Alexander volljährig geworden war, ließ die Senatrix Stephan VII. Anfang 931 absetzen. Nachdem er seine Schuldigkeit getan hatte, wurde er im Gefängnis erdrosselt und Marozias Sohn bestieg als Johannes XI. den Papstthron.

Doch die Freude währte nicht lange. Alberich von Tuscien, ein Sohn aus Marozias zweiter Ehe, war erbost über die Karriere seines Halbbruders, der überdies einer nach kanonischem Recht ungültigen dritten Ehe seiner Mutter den päpstlichen Segen erteilte. Im Dezember 932 stürmte er mit einer bewaffneten Truppe die Papst-Residenz, ließ Johannes und Marozia verhaften. Beide wanderten ins Gefängnis. Der Ex-Papst wurde 935 ermordet; seiner Mutter widerfuhr höchstwahrscheinlich dasselbe Schicksal, jedenfalls tauchte sie nie wieder auf.

Damit war die „Pornokratie" vorbei, nicht aber die Gewaltherrschaft der Tusculaner. Alberich ließ zwischen 936 und 954 fünf verschiedene Päpste ein- und absetzen, bis sein Sohn Octavian 18 Jahre alt war und Ende 955 als Johannes XII. zum Papst ernannt wurde. Das Beispiel der Marozia wirkte also weiter.

Johannes XII. war ein würdiger Vertreter seiner Familie, er wurde wegen Mordes, Eidbruchs, Ämterkaufs und Unzucht angeklagt. 961 rief er den deutschen König Otto I., den Großen, zu Hilfe. Der zog nach Rom und stellte kurzfristig die Ordnung wieder her. Als Gegenleistung krönte der

Papst ihn zum Kaiser. Johannes XII. starb im Mai 964. Langsam ging das „Dunkle Jahrhundert" zuende. In Gestalt der Reformbewegung von Cluny entstand ein moralisches Gegengewicht.

Die dominierende Rolle zweier so markanter Frauen wie Marozia und Theodora am Papsthof trug erheblich zur Legendenbildung um eine angebliche Päpstin Johanna bei. Für ihre Existenz gibt es keinerlei stichhaltige Beweise. Aber wie so oft ist auch hier die Legende mächtiger als die Realität.

13. Lechfeld 955 – Geburt der deutschen Nation

Seit dem Jahr 899 war das Reitervolk der Magyaren aus der ungarischen Tiefebene 32mal in deutsches Gebiet eingefallen. Anders als Hunnen oder Mongolen, die wie ein Feuersturm erschienen und rasch wieder verschwanden, erwiesen sich die Magyaren als Aggressor, der niemals Ruhe geben würde. Im Jahre 955 trafen sie allerdings auf einen Gegner, der ihnen für immer den Weg nach Westen versperrte: Otto der Große, König der nun geeinten deutschen Stämme.

Eben noch hat der 65-jährige Bischof Ulrich von Augsburg am Ost-Tor im geistlichen Gewand, nur mit einem Schwert bewaffnet, gegen die Ungarn gekämpft. Nun liegt er im Dom und bittet die Heilige Maria flehentlich um Befreiung der Stadt. Seit vier Tagen bestürmt der Feind die Mauern. Man schreibt den 9. August 955. Da werden Ulrichs Gebete erhört, denn plötzlich zieht die Hauptstreitmacht der Ungarn in Richtung auf den Fluss Lech ab.

Was dem wackeren Bischof Ulrich wie ein Wunder erschien, war tatsächlich Resultat kühner Strategie. Otto I., seit 936 König des fränkisch-deutschen Reiches, hatte sein von Stammesfehden zerrissenes Land durch zähe Beharrlichkeit zu einigen vermocht. Aber diese Einheit zerfiel immer wieder. Erst 20 Jahre nach seinem Machtantritt geschah auf dem Lechfeld bei Augsburg das Schlüsselereignis.

Anfang Juli 955 waren die Ungarn unter ihrem Heerführer Horka Bulcsu wieder in Bayern eingefallen. Sie hofften, auf einen zerstrittenen und daher schwachen Gegner zu treffen. Doch Otto, den man mit Recht den Großen nennt, nutzte dieses Unglück zur Wahrung der deutschen Einheit. Er betonte vor allem die religiöse Seite des bevorstehenden Kriegszuges, indem er die Magyaren als „Hostes antiqui Christi", als Erbfeinde Gottes und des Christentums bezeichnete. Binnen vier Wochen sammelte er ein geeintes Reichsheer bei Ulm, während die Ungarn Augsburg belagerten.

Otto plante – ungewöhnlich für die damalige Zeit – eine Vernichtungsschlacht und zog dem Feind von Norden entgegen, um ihm den Rückzug abzuschneiden. Aber er wusste, dass nur wenig Zeit blieb. Wenn er wartete, bis die weit entfernten Lothringer und Sachsen eintrafen, wäre Augsburg womöglich schon gefallen. Also zog er mit weniger als 8.000 Berittenen los. Sein Heer bestand aus acht Abteilungen. Die ersten drei stellten die Bayern unter Führung des Grafen Eberhard., die vierte kam aus Franken, die fünfte, zahlenmäßig stärkste, befehligte Otto selbst. Er ritt unter dem Reichsbanner, das den Erzengel Michael im Kampf gegen den Drachen zeigte. Dann folgten zwei Abteilungen aus Schwaben unter Herzog Burkhard und schließlich die Böhmen, welche den Troß bewachen sollten.

Vor der Schlacht ermahnte Otto seine Männer zur unbedingten Eintracht. Der Chronist Widukind von Corvey berichtet: „Da versöhnten sich alle Krieger, die miteinander feind gewesen, und jeder gelobte zuerst seinem Anführer, dann seinem Nebenmann, seine Pflicht zu tun."

Es waren vor allem ritterliche Pflichten, denn Ottos Heer bestand ausschließlich aus berittenen freien Männern in Kettenhemden, die den pfeilschnellen Reitern der Ungarn an Geschwindigkeit ebenbürtig, an Bewaffnung aber überlegen waren. Was die Masse der ungarischen Krieger betrifft, so schreibt ein Zeitzeuge: „So zahlreich waren sie, dass man meinte, ihre Rosse könnten alle Flüsse und Seen austrinken."

König Otto ist intelligent genug, solchen Übertreibungen zu misstrauen. Am 10. August 955 lässt er die Ungarn ungerührt sein Lager am Fuße des Hügels Gunzenle östlich von Augsburg plündern. Die böhmischen Bewacher laufen davon. Siegesgewiss fällt die ungarische Reiterei nun der schwäbischen Abteilung in den Rücken. Darauf hat Otto nur gewartet. Seine längs des Lechs aufmarschierten Ritter nehmen den Gegner in die Zange. Von Norden reiten die Bayern an, von Süden der König selbst mit Schwert in der Rechten und Lanze in der Linken, hinter ihm seine fränkische Elitetruppe.

Hoffnungslos eingekeilt, ergeben sich viele Magyaren. Wer über den Lech fliehen will, rennt in die Lanzen der dort postierten Ritter. Unter den Gefangenen befindet sich auch der Anführer Horka Bulcsu. Die erbitterten Bayern, seit Jahrzehnten bevorzugtes Opfer der magyarischen Raubzüge, knüpfen ihn und seine Gefolgsleute auf.

Die Niederlage der Ungarn auf dem Lechfeld war so eklatant, dass sie nie wieder nach Deutschland einfielen, sondern sesshaft wurden und sich zum Christentum bekehrten. 955 hatte bei Augsburg der „Deus teutonicus", der deutsche Gott, seinen Segen durch den Sieg in der Schlacht bezeugt, so der damalige Erzbischof von Mainz. Otto der Große führte sein Einigungswerk weiter fort und wurde 962 in Rom zum Kaiser gekrönt.

14. Keine Angst vorm Weltuntergang

Der burgundische Mönch Rudolfus Glaber wusste vom Jahr 999 Schreckliches zu berichten: „Die Angst der Menschen war so groß wie nie zuvor. Blutrote Kometen drohten am Himmel…. Manch einer glaubte, Heere von Teufeln in den Wolken zu erspähen. Weil sich zu dieser Zeit die Geburt unseres Herrn Jesus Christus zum tausendsten Male gejährt hatte, wurden all diese Erscheinungen als Zeichen für den nahen Untergang der Welt genommen. Überall füllten verstörte Christen die Kirchen, verkauften ihr Hab und Gut, bereuten ihre Sünden." Ist es wahrscheinlich, dass die Christenheit 999/1000 vor dem Weltuntergang zitterte? Alle Fakten sprechen dagegen.

Die heute allgemein verwendete Zeitrechnung „nach Christi Geburt" setzte sich erst relativ spät durch. Bis zum 6. Jahrhundert wurde in Europa meist die römische Zeitrechnung „ab urbe condita" verwendet; das Jahr der Gründung Roms 753 v. Chr. galt als Fixpunkt. Ebenso gebräuchlich war der recht ungenaue römische (Julianische) Kalender. Er bereitete stets Schwierigkeiten bei der wichtigen Berechnung des beweglichen Osterfesttermins.

Im Jahre 525 veröffentlichte der römische Abt Dionysius Exiguus sein „Liber de paschale" (Oster-Register). Darin verwendete er auch eine neue Zeitrechnung, welche besser in die nun christliche Ära passte. Als Ausgangspunkt setzte er die Geburt Christi, die er (wahrscheinlich vier bis fünf Jahre zu spät) auf den 25. Dezember des 754. Jahres römischer Zeitrechnung festlegte. Für Dionysius war dies das Jahr 1 n. Chr.

Die Methode des Abtes setzte sich aber nur sehr langsam durch. Erst im 8. Jahrhundert verschaffte ihr der große Gelehrte Beda Venerabilis in seiner Schrift „De sex aetatibus mundi" (Über die sechs Zeitalter der Welt) weitere Geltung, allerdings vorrangig in Gelehrtenkreisen. Zu diesen darf man zwei bemerkenswerte Männer rechnen, die 999/1000 an der Spitze der Christenheit standen: Papst Silvester II. und Kaiser Otto III.

Der 999 gewählte Silvester, ein gebürtiger Franzose, betätigte sich als Astronom und Philosoph, Mathematiker und Dichter. Als er noch Gerbert von Aurillac hieß, berief ihn Otto III. 996 als persönlichen Lehrer und politischen Berater. Beide planten eine Erneuerung des gesamteuropäischen Christentums.

Für das Jahr 1000 dachte sich Otto, ein schwärmerisch veranlagter Mensch, den man wegen seiner frühreifen Bildung „Mirabilis mundi" (Wunder der Welt) nannte, etwas Spektakuläres aus. Es war das 200. Jahr nach der Kaiserkrönung Karls des Großen. Am 19. Mai ließ Otto dessen Gruft in der Pfalzkapelle zu Aachen öffnen, um mit dem großen Kaiser einsame Zwiesprache zu halten. Es gibt jedoch keinerlei Anzeichen, dass Otto III. und der Papst mit Besorgnis oder gar Angst auf das Jahr 1000 geblickt hätten.

Wie sah es im einfachen Volk aus? Der mittelalterliche Mensch lebte in dem Glauben, Weltuntergang, Jüngstes Gericht oder Apokalypse könnten jeden Tag hereinbrechen, nicht an einem ganz bestimmten Datum. Die kirchlichen Würdenträger hüteten sich, ein genaues Jahr zu nennen – es wäre ja höchst blamabel für sie gewesen, wenn dieses Ereignis dann nicht eingetroffen wäre.

Die fast ausschließlich auf dem Lande lebende, meist analphabetische Bevölkerung rechnete weniger in Kalenderjahren als in Jahreszeiten. Eine Zählung nach Christ Geburt hatte sich überdies in weiten Teilen Europas (Spanien und der orthodoxe Osten) noch nicht durchgesetzt. Selbst wenn man die christliche Zeitrechnung zugrundelegt, stellt sich die Frage, warum ausgerechnet ein freudiges, hoffnungsvolles Ereignis wie die Geburt des Heilands als Ausgangspunkt einer Weltkatastrophe dienen soll. Logischer wäre es, dafür den 1000. Jahrestag des Kreuztodes Jesu Christi (also etwa die Jahre 1034/35) als Anlass zu nehmen.

Was die Sache weiter kompliziert: Wann genau fing das Jahr 1000 an? Heute ist es selbstverständlich der 1. Januar. Aber dieses Datum wurde allgemein verbindlich erst 1691 durch Papst Innocenz XII. festgelegt. Zuvor begann das Kirchenjahr in der Adventszeit Ende November/Anfang Dezember. Im Bereich der Ostkirche war es der 1. September, nach römischem Kalender der März.

All dies weist darauf hin, dass es eine allgemeine Furcht vor dem Weltuntergang 999/1000 nicht gegeben hat. Der eingangs erwähnte, offenbar sehr phantasiebegabte Rudolfus Glaber hielt sich deswegen auch ein Hintertürchen offen. So schrieb er: „Erst dann, wenn das Jahr 2000 zu seinem Ende gekommen ist, hat die Menschheit Grund zu zittern."

15. Wilhelm der Eroberer – ein Franzose auf Englands Thron

Ende April 1066 erscheint über Englands Himmel der Halleysche Komet. Solche Schweifsterne verkünden laut mittelalterlicher Auffassung den Tod eines Königs oder die Vernichtung eines Reiches. Für Harald Godwinson, seit drei Monaten Herrscher von England, sollte es beides bedeuten. Das Jahr 1066 markiert gleichzeitig den Beginn einer neuen Epoche für die britische Insel.

Eigentlich kann Harald zufrieden sein an diesem 25. September 1066. Soeben haben seine Truppen in der Schlacht von Stamford Bridge bei York ein norwegisches Invasionsheer geschlagen und aufs Meer zurückgejagt. Mitten in die Siegesfeier platzt eine beunruhigende Nachricht. Herzog Wilhelm von der Normandie ist 350 Kilometer südlich mit einem Heer gelandet. Die Brüder des Königs raten dazu, dem Feind die Versorgungslinien abzuschneiden. Doch Harald will den Erfolg von Stamford Bridge wiederholen. Am 13. Oktober erreicht er nach Gewaltmärschen Richtung Küste den Hügel Senlac unweit von Hastings. Hier wird sich das Schicksal Englands für die nächsten Jahrhunderte entscheiden.

Der Mann, mit dem es Harald zu tun bekam, zählte zu den markantesten Persönlichkeiten seiner Zeit. Als unehelicher Sohn eines französisch-normannischen Herzogs mit dem bezeichnenden Namen „Robert der Teufel" verstand er es, all seine Rivalen durch List, Tücke und Gewalt beiseite zu schaffen. Was nichts an der Tatsache ändert, dass Wilhelm ein ausgezeichneter Organisator, begabter Feldherr und gewiefter Politiker war. Seit 1047 Herzog der Normandie, eroberte er bis 1063 die gesamte Bretagne. Kaum war das erreicht, trieb ihn der Ehrgeiz zu neuen Plänen.

Mit bemerkenswerter Dreistigkeit behauptete Wilhelm, anlässlich eines England-Besuches 1051 habe ihm der kinderlose damalige König Edward die Thronfolge zugesichert. Durch intensive Propaganda bewog der Normanne sogar den Papst, ihm seinen Segen für den künftigen Feldzug zu erteilen.

Am 18. September 1066 landet Wilhelms Invasionsflotte in Südengland. Seine schweren Transportschiffe, bestückt mit 7.500 Mann und 2.000 Pferden, konnten nur durch Segel, nicht durch Ruderkraft über den Ärmelkanal vorwärts getrieben werden. Widrige Winde haben die Überfahrt sechs Wochen lang verhindert und genau das ist Wilhelms unverhoffter Vorteil. Denn im September 1066 ist König Harald im Norden mit den Norwegern beschäftigt und kann nicht sofort reagieren.

England scheint eine leichte Beute. Seit Jahrzehnten wird das Land mit seiner germanisch-angelsächsischen Bevölkerung von Überfällen der skandinavischen Wikinger heimgesucht. Bis 1042 besetzt ein Dänenkönig den Thron. Mit seinen normannischen Reitern, Bogenschützen und flämischem Fußvolk glaubt Wilhelm sich dem Gegner überlegen. Die

Hauptkampfeinheit des Invasionsheeres, der „conroi", besteht aus 20 bis 30 Reitern, die in zwei Reihen angreifen. Jeder conroi besitzt eine eigene kleine Fahne, den „gonfalon", wodurch Orientierung und Kontrolle sehr erleichtert werden.

Doch die normannische Kavallerie muss am Vormittag des 14. Oktober gegen den Senlac-Hügel aufwärts angreifen, was die Pferde schnell ermüdet. Wilhelm kommandiert seine Ritter mitten im Kampf. Neben seinem Schwert trägt er eine schwere Holzkeule, den „baculus", der aber keine Waffe, sondern ein Autoritätssymbol halbheidnischen Ursprungs ist. Dreimal wird ihm das Pferd unter dem Sattel getötet. So verbreitet sich das Gerücht, der Herzog sei gefallen. Sein Halbbruder, Bischof Odo von Bayeux, fordert ihn auf, sein Gesicht zu zeigen. Wilhelm reißt das Kettenvisier herunter, gibt sich seiner Umgebung zu erkennen und schreit: „Ihr verschenkt den Sieg!"

Umsonst, die Normannen beginnen zu weichen; und wären Haralds Elitekämpfer, die mit langstieligen Äxten bewaffneten „Huskarls" nicht von den vorangegangenen Gewaltmärschen ausgepumpt gewesen, hätte Wilhelm die Schlacht verloren. Doch er wartet klug ab, bis die gegnerische Infanterie sich auflockert, zu weit vorwagt. Dann lässt er sie von seinen Bogenschützen, gutausgebildeten Berufssoldaten, unter Beschuss nehmen. König Harald bekommt einen Pfeil ins Auge und stürzt. Wie auf Kommando macht die normannische Reiterei kehrt, ein Manöver, das jahrelange Übung erfordert, und dezimiert die fliehenden Angelsachsen. Ihr verwundeter König wird von vier Rittern gestellt und getötet. Nach acht Stunden hat Wilhelm, nun „der Eroberer", einen vollständigen Sieg erfochten.

Die normannischen Truppen zogen nach der Schlacht bei Hastings zunächst Richtung Dover und besetzten dann London. Hier ließ sich Wilhelm der Eroberer am Weihnachtstag 1066 zum König von England krönen. Zwei Jahre später beherrschte er fast das gesamte Land. Innerhalb von zwei Jahrzehnten wechselten 90 % des englischen Bodens den Besitzer, weil Wilhelm seine normannischen Barone durch Landverleihungen an sich binden will. Die Gegensätze zwischen der angelsächsischen Bevölkerung und der aus Frankreich stammenden Oberschicht waren noch mehr als 100 Jahre präsent und lieferten Walter Scott reichlich Stoff für seinen Roman „Ivanhoe".

Wilhelm der Eroberer ließ 1086 erstmals ein Grund- und Steuerkataster für das ganze Land erstellten. Die Herausgabe dieses „Domesday Book" gilt bis heute als Geburtsstunde Großbritanniens.

16. El Cid – Spaniens großer Nationalheld

Anfang Oktober 1072 geschah in Kastiliens Hauptstadt Burgos etwas Ungeheuerliches. Ausgerechnet der königliche Bannerträger, Rodrigo Diaz de Vivar, weigerte sich, dem neuen König Alfonso VI. seinen Treue-Eid zu leisten. Es sei denn, der Monarch würde dreimal auf die Bibel schwören, dass er nicht an der Ermordung seines Bruders Sancho beteiligt gewesen sei. Zitternd vor Wut kam Alfonso diesem demütigenden Verlangen nach, aber er vergaß dem Ritter seine Handlungsweise nie. Es war die Geburt einer bitteren Feindschaft und des Mythos' von „El Cid".

Spanien war Ende des 11. Jahrhunderts ein unglückliches, zerrissenes Land. Im Norden kämpften die christlichen Königreiche Kastilien, Aragón und Navarra gegeneinander. Im Süden hielten es die arabischen Emirate von Granada, Toledo, Valencia, Cordoba und Saragossa nicht anders. Jeder kämpfte gegen jeden, nicht nur Mauren gegen Christen, wie häufig angenommen wird.

In dieser ambivalenten Situation wurde um 1043 Rodrigo Diaz de Vivar geboren, Sohn eines kastilischen Kleinadeligen. Er diente seinem König Fernando als Krieger, eroberte die Stadt Calahorra und wurde schon in jungen Jahren Bannerträger, also erster Ritter Kastiliens.

Nachdem Fernando 1065 gestorben war, regierte dessen ältester Sohn Sancho II., ein persönlicher Freund Rodrigos. Letzterer stand ihm nicht nur in zahllosen Gefechten zur Seite, sondern auch als juristischer Berater. Anders als viele Ritter jener Zeit konnte Rodrigo lesen, schreiben und beherrschte sogar Fremdsprachen. All das wurde von seinem kriegerischen Ruhm überstrahlt. Er verlor keinen einzigen Kampf; die Mauren nannten ihn „El Cid" (Der Herr), die Spanier sprachen nur von „Campeador" (der Kämpfer).

1072 wurde König Sancho II. bei der Belagerung von Zamora hinterrücks ermordet. Es spricht vieles dafür, dass sein ehrgeiziger Bruder Alfonso dabei die Hände im Spiel hatte. Deshalb verlangte der Cid von ihm den eingangs geschilderten Unschuldseid. König Alfonso VI. hegte seitdem einen finsteren Groll gegen ihn, konnte aber dem populären Ritter zunächst nichts anhaben. Er erlaubte sogar, dass der Cid eine entfernte Verwandte des Königshauses, Jimena de Oviedo, heiratete.

Erst eine Hofintrige gab dem König 1081 Vorwände, seinen Bannerträger aller Güter zu berauben und des Landes zu verweisen. Der Cid schwur, sich solange nicht mehr zu rasieren, bis er begnadigt sei. Sein einziges Kapital bestand nun in seinen Führungsqualitäten und in der Treue seiner Männer. Als freier Kriegsunternehmer trat er mit einigen hundert ritterlichen Söldnern in die Dienste des Al-Mutamin, Emir von Saragossa. Auf seinem weißen Schlachtross „Babieca" kämpfte der Cid gegen Mutamins aufsässigen Bruder und wenn es sein musste, auch gegen christliche Truppen.

1085 trat eine entscheidende Wende ein. Kastilische Ritter eroberten Toledo, eine der bedeutendsten Städte Spaniens. Dadurch alarmiert, begingen die maurischen Emire einen verhängnisvollen Fehler: Sie wandten sich um Waffenhilfe an die nordafrikanischen Almoraviden, fanatische und straff organisierte islamische Glaubenskrieger. Diese schwarz gekleideten Berber kamen der Einladung gern nach, landeten 1086 in Spanien und fügten König Alfonso bei Sagrajas eine schwere Niederlage zu. In der Folgezeit besetzten sie wichtige strategische Stützpunkte, entthronten die einheimischen Machthaber und bedrohten sogar das kastilische Kernland. Nun konnte nur noch der Cid helfen. Mit seinen gepanzerten Rittern schlug er die zahlenmäßig weit überlegenen Almoraviden in mehreren Gefechten.

Nachdem die größte Gefahr vorüber war, beschloss Rodrigo, den Krieg auf eigene Faust zu führen. 1093 zog er mit einem Heer vor die Stadt Valencia an der Mittelmeerküste, die im Vorjahr von den Almoraviden erobert worden war. Während einer Schlacht versetzte er dem feindlichen Feldherren mit seinem Schwert „La Tizona" einen Hieb „so mächtig, dass die Rubine auf dem Helm aus ihrer Fassung sprangen, Helm und Kopf wurden gespalten und dann sein ganzer Körper bis hin zur Hüfte".

1094 kapitulierte Valencia. Eine fromme Legende behauptet, El Cid habe die Krone der Stadt seinem ehemaligen Herrn Alfonso von Kastilien angetragen. Tatsächlich dachte er nicht daran, seine wertvolle Eroberung einem Mann auszuhändigen, der ihn entehrt und enteignet hatte. Vielmehr regierte Rodrigo als „Herr und oberster Richter" selbst in Valencia – übrigens wegen seiner Strenge und Raffgier wenig beliebt bei der moslemischen Bevölkerung.

Im Juli 1099 stirbt der Cid, nicht an einer maurischen Pfeilwunde, sondern ganz unspektakulär im Bett. Seine Frau Jimena verteidigt Valencia noch drei Jahre gegen die anstürmenden Araber. Dann muss sie 1102 die Stadt aufgeben. Der Leichnam des Cid wird in seine Heimat Kastilien überführt.

17. König Heinrichs Diplomatie im Büßerhemd

Drei Tage lang stand König Heinrich IV. Ende Januar 1077 vor den Mauern der Burg Canossa – barfuß, im wollenen Gewand ohne die Insignien seiner Würde. Er fastete und wartete in eisiger Kälte auf die Entscheidung des Papstes. Viele sehen bis heute im Gang nach Canossa die tiefste Demütigung eines Herrschers. Aber war das wirklich so?

Am 22. April 1073 bestieg in Rom der deutsche Mönch Hildebrand als Papst Gregor VII. den Stuhl Petri. Er gehörte zu den Kirchenreformern und hatte schon mehrfach sein heftiges und jähzorniges Temperament offenbart. Gregor vertrat die Auffassung, als Nachfolger des Heiligen Petrus sei er nicht nur Richter in geistlichen Dingen, sondern auch oberster Fürst aller irdischen Königreiche. Diese Anmaßung stieß vor allem in Deutschland auf Widerstand, wo König Heinrich IV. regierte, ein Herr von ebenfalls wenig gezügelter Leidenschaft.

Der Streit entzündete sich an der Stellung von Deutschlands Bischöfen. Heinrich betrachtete sie als seine Lehensleute, während Gregor behauptete, sie unterstünden seiner Herrschaft. Auch sprach der Papst dem König das Recht ab, Bischöfe in seinem Reich zu ernennen, die sogenannte Investitur. Am 8. Dezember 1075 sandte Gregor einen ausgesprochen beleidigenden Brief ab, in dem er den König aufforderte, sich dem päpstlichen Gebot zu unterwerfen und Buße zu tun.

Dieses Schreiben traf zu einem denkbar ungünstigen Zeitpunkt ein. Soeben hatte Heinrich IV. einen beeindruckenden militärischen Erfolg über die Opposition mehrerer Fürsten errungen. Im Hochgefühl seines Sieges reagierte er so schroff wie möglich. Er berief eine Reichsversammlung nach Worms, die am 24. Januar 1076 den Papst für abgesetzt erklärte. Dem fügte Heinrich einen Brief bei, gerichtet „an Hildebrand, nicht mehr Papst, sondern den falschen Mönch" und forderte darin: „Steige herab, der du in Ewigkeit verdammt sein sollst."

So durfte man mit Gregor VII. nicht sprechen. Der Papst fuhr sofort sein schwerstes Geschütz auf, verhängte am 15. Februar 1076 den Kirchenbann über Heinrich und entband dessen Untertanen von ihrem Treueid. Er wurde für abgesetzt erklärt – ein bis dato unerhörter Akt. Sogleich erhob die deutsche antikönigliche Opposition wieder ihr Haupt. Ein exkommunizierter Monarch war nahezu handlungsunfähig. Papst Gregor wurde deshalb zu einem Fürstentag Anfang Februar 1077 nach Augsburg eingeladen, um dort sein endgültiges Urteil über den König zu fällen.

Dieses angestrebte Bündnis zwischen Rom und den Fürsten wäre Heinrichs politisch-moralisches Ende gewesen. Also trat er die Flucht nach vorn an. Mit einem kleinen Gefolge zog er über die Alpen dem Papst entgegen, der schon Richtung Deutschland unterwegs war. Der völlig überraschte Gregor fürchtete, er solle gefangengenommen werden und flüchtete sich auf die am Nordhang des Apennins gelegene Burg Canossa. Hier residierte die Markgräfin Mathilde von Tuscien, eine außergewöhnlich kluge und selbstbewusste Frau.

Nachdem Heinrich am 25. Januar 1077 seinen geschilderten Büßergang antrat, hätte dieses Schauspiel noch wochenlang dauern könne, wenn es nach Gregors Willen gegangen wäre. Doch Mathilde von Tuscien führte ihm nach drei Tagen die unhaltbare Lage vor Augen: ein Papst, der einem Bußfertigen die Absolution verweigerte, handelte wider Gottes Geboten. Die Markgräfin bot sich als Vermittlerin an. In den folgenden Gesprächen am 28. Januar spielte Mathilde die diplomatische Dolmetscherin, was angesichts des überbordenden Temperaments der beiden Kontrahenten (ein 60-jähriger Greis gegen einen 26-jährigen Jüngling) gewiß nicht einfach war.

Schließlich musste der Papst Heinrich vom Kirchenbann lösen. Der verpflichtete sich im Gegenzug zum Gehorsam gegenüber Rom und sicherte Gregor freies Geleit für eine eventuelle Deutschland-Visite zu. Das heikle Thema der Bischofsinvestitur wurde mit keinem Wort erwähnt.

Bis heute steht „Canossagang" als Synonym für eine demütigende Niederlage. Tatsächlich hatte Heinrich IV. im Januar 1077 einen diplomatischen Erfolg errungen. Dem sich für unfehlbar haltenden Papst blieb nichts anderes übrig, als eine seiner wichtigsten Maßregeln rückgängig zu machen, der König hingegen erlangte seine Handlungsfreiheit im Reich wieder.

Die folgenden Jahre zeigten symbolisch, wer letztlich als Sieger hervorging. 1084 setzte der König Gregor VII. in Rom ab und ließ sich vom Gegenpapst Clemens III. zum Kaiser krönen. Ein Jahr später starb Gregor einsam und verbittert in Salerno.

18. Die Geburtsstunde der Mark Brandenburg

Im Frühjahr 1157 geschah in Brandenburg an der Havel etwas Unerhörtes. Gleich nach der Schneeschmelze war ein slawisches Heer vor den Stadtmauern aufmarschiert. An seiner Spitze stand der aus Polen stammende Jacza von Copnic. Die Besatzung der Festung Brandenburg, seit 1150 hier stationiert, hätte sofort Maßnahmen zur Gegenwehr treffen müssen, doch statt dessen zogen die Krieger, die großenteils selbst Slawen sowie Niedersachsen waren, frohgemut davon. Dieser Erfolg hatte Jacza nur einige Beutel mit Dukaten gekostet. Aus Brandenburg war unversehens wieder die Slawenfestung Brennabor geworden. Nur e i n Mann konnte das rückgängig machen: Albrecht der Bär.

Das Gebiet der Mark Brandenburg war im 12. Jahrhundert von Deutschen und Slawen besiedelt. Im heutigen Großraum Berlin wohnten die Stämme der Heveller und Sprewanen. Der Westteil um Magdeburg und Brandenburg an der Havel gehörte als „Nordmark" zum Deutschen Reich. 1134 ernannte Kaiser Lothar III. auf dem Reichstag zu Halberstadt den anhaltinischen Fürsten Albrecht zum Markgrafen der Nordmark. Albrecht war Kriegsmann und Diplomat gleichermaßen. 1137 eroberte er die in Nordbrandenburg gelegene Priegnitz, schloss aber auch ein Bündnis mit dem Hevellerfürsten Pribislaw, der 1147 mit seiner Gemahlin zum Christentum übertrat und sich danach Heinrich nannte.

Seinen Beinamen „der Bär" verlieh Albrecht der Chronist Helmold von Bosau, um ihn auf gleiche Höhe mit seinem berühmten Zeitgenossen, dem Welfenherzog Heinrich den Löwen zu stellen. Nach 1134 setzte in Ostelbien eine rege Kolonisation ein. Zahlreiche Dörfer entstanden „aus wilder Wurzel", das heißt mitten in gerodeten Wäldern. Albrecht holte niederrheinische, friesische und sächsische Siedler ins Land und stellte sie unter den Schutz deutscher Ritter aus seiner anhaltinischen Heimat. Siedler aus Flandern brachten Erfahrungen bei Deichbau und Flussregulierungen sowie die Kunst des Backsteinbaus in die Mark. Städte wie Stendal, Havelberg und Spandau entstanden.

1150 starb Pribislaw-Heinrich und vererbte dem Bären das Territorium der Zauche in Südbrandenburg. Damit schien das Land befriedet und konsolidiert. Albrecht half nun als Reichsfürst dem Kaiser Friedrich I., bekannt als „Barbarossa", bei seinen Kriegszügen in Oberitalien. Die Abwesenheit Albrechts nutzt Jacza von Copnic aus. Seine Operationsbasis war die alte Sprewanenburg Copnic, weitgehend identisch mit dem heutigen Berliner Stadtbezirk Köpenick.

Jaczas Handstreich drohte sämtliche Errungenschaften Albrechts zu vernichten. Die Slawen richteten als Zeichen des Sieges die 1147 gestürzte Statue ihres dreiköpfigen Gottes Triglaw wieder in der Stadt auf. Dadurch alarmiert, eilte der Markgraf sofort nach Norden und stellte gemeinsam mit dem Magdeburger Erzbischof Wichmann von Seeburg ein Heer auf.

Im Juni 1157 belagerten die Deutschen Brandenburg an der Havel. Gleich nach ihrem ersten Ansturm kapitulierten Jaczas Männer am 11. Juni; der Slawenfürst konnte sich im letzten Moment aus der Burg retten. Um diesen Erfolg augenfällig zu dokumentieren, legte Albrecht der Bär seinen Titel als Markgraf der Nordmark ab und nannte sich hinfort Markgraf von Brandenburg. Er war nun bis zu seinem Tod im Jahre 1170 oberster Grund-, Gerichts- und Kriegsherr des Landes.

In einer Urkunde vom 3. Oktober 1157 nannte sich Albrecht erstmals offiziell „Dei gratia marchio in Brandenborch" (von Gottes Gnaden Markgraf von Brandenburg). Dieses Ereignis vor 850 Jahren gilt heute als Geburtsstunde der Mark Brandenburg.

19. Ein Kniefall mit historischen Folgen

Die Stadt Chiavenna nördlich vom Comer See gehörte 1176 zum deutschen Herzogtum Schwaben. Hier trafen Anfang Februar die beiden mächtigsten Männer Europas zusammen: Kaiser Friedrich I., genannt „Barbarossa", und Heinrich der Löwe, Herzog von Sachsen und Bayern. Es fand eine dramatische Unterredung statt, wobei Friedrich den Herzog um Waffenhilfe bat. Die Szenerie endete damit, dass der Kaiser sogar auf seine Knie fiel. Es sollte ein Kniefall mit historischen Konsequenzen werden.

Als Heinrich der Löwe in Chiavenna eintraf, war er 46 Jahre alt und konnte auf eine erfolgreiche politische Laufbahn zurückblicken. Seit 1142 Herzog von (Nieder-) Sachsen und seit 1156 von Bayern, hatte er seine Ländereien klug regiert, die Wirtschaft gefördert, Städte wie Lübeck gegründet, andere wie München oder Schwerin ausgebaut und Kreuzzüge gegen die heidnischen Wenden im heutigen Mecklenburg geführt. Sein Territorium reichte in Sachsen von Dortmund bis Rostock und von Hamburg bis Quedlinburg. Bayern erstreckte sich von Nürnberg bis Südtirol.

Der Herzog aus dem Welfengeschlecht erwies sich als getreuer Reichsfürst und ging mit seinem Cousin Friedrich 1154/55 und 1159 auf Kriegszug nach Italien. Der 1152 zum König erwählte Rotbart lag in ständigem Streit mit dem Papst und einem mächtigen Bund oberitalienischer Städte wie Mailand und Florenz. Seine Ritter erlitten etliche Schlappen und Friedrich mußte mehrfach über die Alpen nach Deutschland fliehen.

Sinn und Zweck dieser Feldzüge leuchteten Heinrich immer weniger ein. Ihm ging es darum, sein Territorium ökonomisch zu stärken und Neuland im Osten zu erschließen. 1172 unternahm er eine Pilgerfahrt nach Jerusalem. Von dort brachte er als Symbol seines Beinamens einen zahmen Löwen mit in seine Hauptstadt Braunschweig und ließ ihm dort ein vergoldetes Bronzedenkmal errichten.

Kaiser Friedrich befand sich derweil wieder in argen militärischen Schwierigkeiten. Während des Winters 1174/75 hatte er die ihm besonders verhasste Stadt Alessandria vergeblich belagert. Nun begann ihm das Geld auszugehen und er war gezwungen, den größten Teil seiner Streitmacht über die Alpen nach Norden zu entlassen. In höchster Not bat Friedrich den Herzog Heinrich um eine Zusammenkunft. Der Welfe befand sich gerade in Bayern und folgte dem Ruf nach Chiavenna.

Hier hielt Friedrich zunächst eine hymnische Lobrede auf Heinrich den Löwen und schilderte ihm dann seine eigenen Verhältnisse in den düstersten Farben, er sprach sogar vom „Reich, welches jetzt zu wanken beginnt". Am Ende verlangte er von dem Welfen, dieser solle ihm an der Spitze eines neu aufgestellten Heeres Waffenhilfe leisten. Heinrich antwortete, er sei „zu jeder Dienstleistung bereitwillig" und würde dem Kaiser Gold, Silber und alles sonst Nötige für eine Streitmacht zur Verfügung stellen. Allein er werde weder aktiv in die Kämpfe eingreifen, noch seine Ritter und Knechte für einen erneuten Feldzug aufbieten. Als der leicht erregbare Barbarossa ihn an seinen Lehenseid erinnerte, verwies Heinrich kühl auf die bestehende Rechtslage, wonach er außerhalb der deutschen Lande zu keiner Unterstützung des Kaisers verpflichtet sei.

Je hartnäckiger sich Heinrich weigerte, desto exaltierter wurde Friedrich; schließlich fiel er auf seine Knie und flehte den Herzog um Beistand an. Diese theatralische Geste kam für den Löwen wohl so unerwartet, dass er es versäumte, seinen kaiserlichen Herrn wieder auf die Beine zu stellen. Laut einem Chronisten soll erst die anwesende Kaiserin Beatrix gesagt haben: „Erhebe Dich, mein Gebieter und gedenke dieses Hochmuts, an den sich auch Gott erinnern möge!"

Heinrich verließ Chiavenna und zog zunächst wieder nach Bayern. Am 25. Mai 1176 erlitt Friedrich Barbarossa mit seinen viel zu wenigen Rittern in der Schlacht bei Legnano nordwestlich von Mailand eine weitere Niederlage gegen das lombardische Fußvolk. Ein Jahr später mußte er Frieden schließen und kehrte 1178 rachedurstig nach Deutschland zurück.

Im folgenden Jahr berief er drei Fürstentage, auf denen sich Heinrich rechtfertigen sollte. Doch der stolze Welfe blieb diesen Veranstaltungen demonstrativ fern. Das war der willkommene Anlass für den Kaiser, ihn 1180 zu ächten und seiner Länder verlustig zu erklären. Er zog sämtliche Truppen aus Italien ab, verbündete sich mit Heinrichs kirchlichen Gegnern wie dem Erzbischof von Köln und zog nach Sachsen. Zwei Jahre konnte der Herzog Widerstand leisten, dann mußte er ins Exil nach England, der Heimat seiner Gemahlin, gehen.

Dieses Ereignis war nicht nur für Heinrich den Löwen bedeutsam, sondern für die gesamte deutsche Geschichte. Kaiser Friedrich I. teilte nämlich dessen Territorium als Belohnung unter seine Vasallen auf, die ihm Waffenhilfe geleistet hatten. Die Zersplitterung des deutschen Landes nahm hier ihren Anfang. Im Norden wurde aus Heinrichs stolzem Reich ein territorialer Flickenteppich von Anhalt bis Braunschweig, von Mecklenburg bis Cleve und Holstein. Vom Herzogtum Bayern wurden Kärnten und die Steiermark abgetrennt und Österreich zugeschlagen. Die künftig oft gegensätzlichen politischen Kernräume um Wien und München bildeten sich heraus. All das war Folge eines wahrhaft historischen Kniefalls.

20. Ein Kaiser ertrinkt – Friedrich Barbarossa

Der Legende nach war es ein alter Sterndeuter, der Kaiser Friedrich I. „Barbarossa" warnte: Wenn er zum Kreuzzug ins Morgenland marschiere, werde der Monarch den Tod durch Ertrinken finden. Sicherheitshalber vermied Friedrich 1189 den Seeweg und zog zu Lande gen Osten. Seinem Schicksal konnte er dennoch nicht entrinnen.

Für die Christenheit war die Meldung ein Schock: 1187 hatte der ägyptische Sultan Saladin Jerusalem erobert. Die Heilige Stadt wieder in moslemischen Händen – das durfte nicht sein! Papst Clemens III. rief zum 3. Kreuzzug auf. Trotz seines vorgerückten Alters verpflichtete sich der Römisch-Deutsche Kaiser Friedrich I., genannt „Barbarossa" (Rotbart), auf einem Hoftag zu Mainz im Mai 1188 zum Kriegszug in den Orient.

Friedrich hatte damals seine wichtigsten Gegner – die oberitalienischen Städte und Herzog Heinrich den Löwen – ausgeschaltet. Die politische Lage im Reich war ruhig, also sollte ein Kreuzzug den krönenden Abschluss von Barbarossas Lebenswerk bilden. Im Mai 1189 brach das Heer von Regensburg Richtung Osten auf. Zu seinen Führern zählten viele deutsche Hochadlige wie Markgraf Hermann von Baden und der Landgraf Ludwig III. von Thüringen. Nach einer Überwinterung im südlichen Bulgarien setzte das Kreuzfahrerheer Mitte März 1190 bei Gallipoli nach Kleinasien über.

Warum Friedrich den beschwerlichen Landweg nahm, ist nicht klar. Zur See hätten seine Truppen ihr Ziel mehrere Monate früher erreicht. In Kleinasien mussten sich die Männer hingegen über zahlreiche Bergkämme quälen, wo sie große Teile ihrer Ausrüstung verloren. Hinzu kam die feindselige Haltung der moslemischen Bevölkerung.

Im Mai 1190 griff der Sarazenensultan Kylydsch Arslan die Kreuzfahrer bei Ikonion (heute Konya) an. Es kam zur Schlacht, bei der die Deutschen anfangs in Nachteil gerieten. Schon wandten sich einige zur Flucht, da griff der charismatische Kaiser persönlich ein. „Was zögert ihr, was jammert ihr, die ihr aus der Heimat gezogen seid, mit eurem Blut das Himmelreich zu erkaufen", schrie er. „Christus befiehlt! Christus siegt!" An der Spitze seiner Reiter schlug Barbarossa den Feind in die Flucht, der 3.000 Mann verlor.

Der Sieg von Ikonion festigte zwar die Moral der Krieger, aber der Weg nach Osten gestaltete sich immer mühseliger. Krankheiten grassierten, mehrere Bischöfe starben an Erschöpfung, die festgelegte Marschordnung löste sich auf. Extreme Hitze nebst Wassermangel lähmten Ritter und Knechte. Manche „stiegen von ihren Rossen und krochen wie Tiere auf Händen und Füßen die Berghänge hinab", heißt es in einem Bericht.

Am 10. Juni 1190 kamen die Kreuzfahrer am Fluss Saleph im südlichen Anatolien bei der Stadt Seleukia an. Hier ereilte Friedrich I. sein prophezeites Schicksal: vor den Augen des entsetzten Heeres ertrank er. Wie konnte das geschehen?

Eine Version berichtet davon, dass der Vormarsch über die schmale Saleph-Brücke nur sehr langsam vonstatten ging. Voller Ungeduld habe der Kaiser seinem Pferd die Sporen gegeben und sei durch den Fluss ans andere Ufer geritten. Dabei soll er von den wild strömenden Fluten erfasst und hinweggerissen worden sein. Doch ist es plausibel, dass der fast 70-jährige Monarch sich wegen weniger Minuten Zeitgewinn einem so tödlichen Risiko aussetzte? Viel wahrscheinlicher scheint die zweite Version.

Demnach schlug Friedrich am Flussufer ein Lager auf und nahm sein Mittagsmahl ein. In der glühenden Junihitze verspürte er danach das Verlangen, sich abzukühlen. Der klare Bergfluss bot sich an. Vielleicht spielte auch eine Rolle, dass schon 1.500 Jahre zuvor ein bedeutender

Herrscher hier Ähnliches getan hatte. Als Alexander der Große gegen die Perser zog, soll er der Überlieferung nach seinen erhitzten Körper in diesem damals „Kalykadnos" genannten Fluss gebadet haben. Offenbar wollte Friedrich es dem Makedonen gleichtun. „Die dringenden Abmahnungen seines Gefolges waren vergeblich; Friedrich hörte nicht darauf, wusste er sich doch des Schwimmens kundig", heißt es.

In der Tat konnten die meisten Menschen des Mittelalters nicht schwimmen, aber seine ungewöhnliche Fertigkeit nutzte Friedrich wenig. Im Wasser sackte er zusammen, was darauf schließen lässt, dass er wegen des jähen Temperaturwechsels einen Herzschlag erlitt.

Um den kaiserlichen Leichnam vor Verwesung zu schützen, trennte man die Gebeine durch Kochen vom Fleisch, das in Antiochia (Syrien) bestattet wurde. Das Skelett sollte in der Grabeskirche von Jerusalem beigesetzt werden, doch kein Kreuzfahrer gelangte mehr in die Nähe dieser Stadt. So fand Friedrich I. seine letzte Ruhestätte in der Kirche Johannes des Täufers bei der libanesischen Stadt Tyros.

Das Ende des Kaisers löste in Deutschland große Trauer aus. Die Bevölkerung tröstete sich schließlich mit einer Sage. Demnach sei Friedrich gar nicht gestorben, sondern warte schlafend im thüringischen Kyffhäuser-Gebirge, um eines Tages die Deutschen aus ihrer Not zu befreien.

21. Beleidigungen rächen sich manchmal

Groß war der Jubel unter den Teilnehmern des 3. Kreuzzuges, als am 12. Juli 1191 die Festung Akkon im Nahen Osten erobert wurde. Herzog Leopold V. von Österreich hisste sein Banner auf den Zinnen des Hauptturms. Die Begeisterung der Christen wich blankem Entsetzen, als der englische König Richard I. diese Fahne herunterriss, durch den Kot schleifen ließ und dafür sein rotes Banner mit den drei goldenen Löwen aufpflanzte. Diese Beleidigung sollte einschneidende Folgen für Englands Geschichte haben.

Als der moslemische Sultan Saladin 1187 die Stadt Jerusalem zurückeroberte, schien die Sache der Christenheit in Palästina verloren. Um zu retten, was noch zu retten war, formierte sich 1189 ein dritter Kreuzzug, der unter Führung des deutschen Kaisers Friedrich I. „Barbarossa" stand. Doch der alte Mann ertrank 1190 bei einem Bad im anatolischen Fluss Saleph und nun beanspruchte König Richard I. von England die Führung des Kreuzzuges.

Dieser Monarch, den seine Anhänger wegen zahlreicher Beweise der Tapferkeit „Löwenherz" nannten, zählt zu den schillerndsten Gestalten des Mittelalters. Seit 1189 König, verbrachte er die zehn Jahre seiner Regierung fast nur im Ausland, wo er zahlreiche Kriege führte. Ganze sechs Monate weilte er in England, aber wenn er kam, dann ging es hoch her und „der Wein floss in Strömen über das Pflaster und die Wände des Palastes herab".

Anfang Juni 1191 traf das Kreuzfahrerheer in Palästina ein und eroberte schon einen Monat später die Festung Akkon im heutigen Nordisrael. Hier machte sich Richard die Deutschen unter Herzog Leopold von Österreich zu Todfeinden. Sein Prestige freilich wuchs, als er am 7. September bei Arsuf einen großen Sieg über Sultan Saladin errang und den an die Moslems verlorenen Splitter vom Wahren Kreuz Christi wiedererlangte. Als Saladin sich weigerte, 3.000 Gefangene freizukaufen, ließ Richard sie kurzerhand massakrieren.

Richard Löwenherz

Nach weiteren Erfolgen über arabische Truppen bei Jaffa und Askalon zog der englische König Anfang Oktober 1192 wieder ab. Schwere Unwetter tobten über dem Mittelmeer, so dass sich Richard im Dezember gezwungen sah, seine Schiffsreise im norditalienischen Aquileja abzubrechen und auf dem Landweg weiterzuziehen. Seine Route führte auch durch Österreich. In Erdberg bei Wien geschah am 21. Dezember 1192 das Malheur. Richard saß als schlichter Kreuzfahrer getarnt in einer Schenke. Dort fiel dem Wirt sein kostbarer Siegelring auf. Durch diskrete Nachfragen erfuhr er Richards wahre Identität und ließ das sofort seinem Fürsten melden.

Leopold V. war überglücklich, jenen Mann zu verhaften, der ihn bei Akkon so schwer beleidigt hatte. Er ließ Richard auf der niederösterreichischen Festung Dürnstein internieren. Hier saß der König drei Monate in Haft, dann lieferte ihn Leopold an den Stauferkaiser Heinrich VI. aus, der den Engländer in die Burg Trifels nahe der rheinpfälzischen Stadt Annweiler steckte.

Richards Haft ist von einer rührenden Legende umwoben. Sein Troubadour Blondel soll von Burg zu Burg gezogen sein, um vor den Toren des Königs Lieblingslied zu singen. Als er bei Trifels den ersten Vers anstimmte, antwortete Richard mit der zweiten Strophe. So erfuhr Blondel, dass sein Herr noch am Leben war und verkündete das in England. Erstmals tauchte diese Sage um 1260 auf.

Ebenso legendär ist die Behauptung, Richard habe in einem finsteren Kerker schmachten müssen. Dafür war er als Faustpfand viel zu wertvoll. Er wurde nur nachts weggeschlossen. In einem Bericht heißt es: „Die größte Belustigung gewährte ihm, mit den Wärtern sein Spiel zu treiben, sie im Ringkampf mit meisterhafter Gewandtheit zu besiegen oder im Zechgelage sie sämtlich trunken zu machen und allein obenauf zu bleiben."

Weit weniger erfreulich war Richards Haft für England. Der Kaiser und Herzog Leopold verlangten ein Lösegeld von 100.000 Mark Silber, vom Gewicht her entspricht das etwa 22 bis 23 Tonnen und verkörperte die königlichen Einkünfte Englands von zwei Jahren. Die Königinmutter Eleonore mußte das Land geradezu schröpfen, um diese Summe aufzubringen. Englands Wirtschaft stand dadurch in den nächsten 50 Jahren hart am Ruin.

Anfang 1194 traf das Lösegeld endlich ein, nachdem Richard 13 Monate gefangen war. Heinrich und Leopold waren damit aber noch nicht zufrieden. Der englische König mußte die Oberhoheit des römisch-deutschen Kaisers anerkennen und ihm den Lehenseid schwören. In England notierte ein erbitterter Chronist, Richards Regierung sei „schlecht für alle, schlechter noch für seine Freunde, am schlechtesten aber für ihn selbst".

Erstaunlicherweise wurde Richard Löwenherz nach seiner Rückkehr im März 1194 wie ein Held gefeierte. Das lag wohl daran, dass sein Bruder Johann – der spätere König „Ohneland" – sich als hartherziger Despot aufgeführt hatte, während Richard die Aura des heldenhaften Kreuzritters umgab.

Nur zwei Monate hielt es den König, der kaum ein Wort Englisch sprach und das nasskalte Klima seiner Heimat verabscheute, im Lande. Dann ging er wieder auf Kriegszug nach Frankreich. Hier, vor der Festung Chalus, traf ihn ein Armbrustbolzen. Am 6. April 1199 starb der Mann mit dem Löwenherzen 41-jährig an einer Wundinfektion.

22. Beginn des Rechtsstaates – die „Magna Charta"

König Johann von England war sein Unwille deutlich anzumerken, als er am 15. Juni 1215 auf der Themse-Insel Runnymede unweit von Windsor eintraf. Drei Tage später mußte er eines der wichtigsten Dokumente in der Geschichte des Mittelalters unterschreiben – den Großen Freiheitsbrief, bekannt als „Magna Charta libertatum". Darin stehen Sätze, die ihre Gültigkeit bis heute behalten haben: „Das Gesetz ist unveräußerlich und niemandem werden wir sein Recht auf gerechte Behandlung vorenthalten."

Zweifellos ist König Johann eine der traurigsten Gestalten in Englands Geschichte. Sein Vater, König Heinrich II. nannte den zänkischen Knaben scherzhaft „John Lack-land" (Johann Ohneland), ein Spitzname, der zeitlebens an ihm kleben blieb, auch als er größter Grundherr des Landes wurde. John stand ganz im Schatten der faszinierenden Persönlichkeit seines älteren Bruders Richard, genannt „Löwenherz". Dieser ritterliche Kreuzfahrer, seit 1189 König von England, war ungeheuer populär. Heute verwundert das, denn während seiner zehn Jahre währenden Regierungszeit weilte Richard ganze sechs Monate im Land; überdies sprach er kaum ein Wort Englisch.

Während König Löwenherz im Orient und in Frankreich kriegerische Lorbeeren sammelte, mußte Prinz Ohneland daheim Verwaltung und Finanzen regeln. Weil ihm das ungerecht schien, versuchte John mehrfach, seinem Bruder die Krone zu entreißen. Diese Tatsache sowie ein ständig steigender Steuerdruck zur Finanzierung der auswärtigen Kriege machten ihn äußerst unbeliebt im Lande. Kein Wunder, dass just zu jener Zeit die Legende von Robin Hood und seiner munteren Räuberschar im Sherwood Forrest entstand, die gegen Willkür und Unterdrückung kämpften. Der böse Sheriff von Nottingham fungierte dabei als Werkzeug von John, der nach dem Tod seines Bruders 1199 König geworden war.

Halsstarrig und verschlagen suchte John seine Besitzungen in Frankreich zu erweitern. 1202 ließ er den Herzog Arthur von der Bretagne als Kriegsgefangenen hinrichten, woraufhin fast alle französischen Vasallen von ihm abfielen. Schließlich überwarf er sich auch mit Innocenz III., einem der größten Päpste des Mittelalters, wurde von ihm 1209 mit dem Kirchenbann belegt. John sah sich genötigt, sein Reich dem Papst abzutreten und von ihm im Mai 1213 kleinlaut als Lehen zurückzubekommen.

Diese Situation einer öffentlichen Demütigung des Monarchen nutzten Englands Adlige aus, um John zur schriftlichen Bestätigung ihrer Privilegien zu zwingen. Der König hatte sich mittlerweile Feinde im ganzen Land gemacht: unter der Kirche, den Bauern und Kaufleuten. Was ursprünglich nur als eine Festschreibung bestehender Zustände gedacht war, wuchs sich zu einem Grundgesetz aus. Unter Führung des Erzbischofs von Canterbury Stephen und des William Marescall, Graf von Pembroke, wurde ein aus 63 Paragraphen bestehendes Schriftstück formuliert, dessen zentrale Aussage sich im Artikel 46 fand: „Kein freier Mann soll verhaftet, gefangen gesetzt, seiner Güter beraubt, geächtet, verbannt oder sonst angegriffen werden; noch werden wir ihm etwas zufügen oder ihn ins Gefängnis werfen lassen, als durch das gesetzliche Urteil von Seinesgleichen oder durch das Landesgesetz."

Dieses „Magna Charta libertatum" genannte Dokument vereinigte die alten Grundsätze der persönlichen Freiheit der Angelsachsen mit den ständischen Rechten des normannischen Lehensstaates. Steuereintreibungen durften nur noch mit Zustimmung einer Reichsversammlung, dem Parlament, vorgenommen werden. Kaufleute wurden vor willkürlichen Zöllen und jüdischen Wucherern geschützt, die kommunalen Freiheiten der Städte bekräftigt. Im Paragraphen 9 hieß es sogar: „Keine Witwe soll gezwungen werden, sich zu verheiraten, so lange sie es vorzieht, ohne Mann zu leben." Nicht zuletzt legte die „Magna Charta" auch einheitliche Maße und Gewichte für England fest.

Man kann dieses Dokument als Grundlage des englischen Parlamentarismus und als Meilenstein des europäischen Verfassungsrechts bezeichnen. Bemerkenswert ist auch, dass die Charta in mehr als einem Dutzend Originalexemplaren, für jede Grafschaft eine, ausgefertigt wurde. Dadurch wollte man sichern, dass ihre Bestimmungen einheitlich in allen Teilen des Landes durchgesetzt werden konnten.

König John betrachtete den Erlass dieses Gesetzes nicht unzutreffend als große Schmälerung seiner persönlichen Macht. Kaum hatte der die Charta zähneknirschend unterzeichnet, sann er auf Rache. Er stellte eine Söldnertruppe auf und ließ vom Papst den Freiheitsbrief für ungültig erklären. Bevor der König England in einen verheerenden Bürgerkrieg stürzen konnte, starb er am 19. Oktober 1216 im Alter von 48 Jahren. Alle seine Nachfolger hielten sich in den kommenden Jahrhunderten an die Gebote der „Magna Charta".

23. Eine wahre Heilige – Elisabeth von Thüringen

Sie wurde nur 24 Jahre alt, prägte aber durch ihre barmherzige Religiosität die folgenden Jahrhunderte. Die ungarische Königstochter Elisabeth soll viele Wunder vollbracht haben. Das größte Wunder war wohl ihre asketische Lebensführung. Schon vier Jahre nach ihrem Tod wurde die außergewöhnliche Frau 1235 heilig gesprochen.

Elisabeth kam 1207 wahrscheinlich in Preßburg (heute Bratislava) als Tochter des ungarischen Königs Andreas II. und dessen deutschstämmiger Gemahlin Gertrud von Andechs zur Welt. Schon als Kleinkind verlobte sie ihr Vater mit dem späteren Landgrafen Ludwig IV. von Thüringen. 1211 zog sie an den lebenslustigen Hof von Eisenach, wo sie sehr bald eine streng kirchliche, entsagungsvolle Frömmigkeit entfaltete. Das Vorbild setzte für Elisabeth die Schwester ihrer Mutter, die Heilige Hedwig von Meran.

Als 14-jährige heiratete Elisabeth 1221 den Landgrafen Ludwig. Aus der durchaus glücklichen Ehe entsprossen drei Kinder (der spätere Landgraf Hermann II., Sophia und Gertrud). Allerdings ging die Landgräfin entschlossen ihren ganz eigenen Weg. Sie kümmerte sich um das einfache Volk, um Kranke und Hungernde, zog von der Wartburg in die Elendsviertel von Eisenach, um die Armen mit Körben voller Brot zu beschenken.

Eines Tages soll sie unterhalb der Wartburg ihrem Ehemann begegnet sein, der fragte, was sie denn in ihrem Korb trage. Als sie daraufhin ein Tuch entfernte, das sie über den Korb gelegt hatte, waren aus den Brotlaiben Rosenblätter geworden. Dieses „Rosenwunder" ist die wohl bekannteste Legende über Elisabeth. Sie verwirklichte konsequent den von ihr aufgestellten Kanon der sieben Werke der Barmherzigkeit: Die Hungrigen speisen; die Durstigen tränken; die Nackten bekleiden; die Heimatlosen beherbergen; die Gefangenen trösten; die Kranken pflegen und die Toten begraben.

Manchmal zeigte Elisabeths Wirken auch bizarre Züge. So legte sie einen Leprakranken in ihr Bett, der daraufhin gesundete und die Gesichtszüge von Jesus Christus annahm, als der Landgraf das Schlafgemach betrat. Regelmäßig zur Fastenzeit ließ sie sich von ihren Dienerinnen auspeitschen.

Elisabeths Verhalten stieß am Hof von Eisenach auf Missfallen. Sie benehme sich unstandesgemäß und verschwende das Vermögen des Landgrafen, lauteten die Vorwürfe. 1227 starb Ludwig IV. in Italien auf dem Weg zu einem Kreuzzug ins Morgenland. Der neue Landgraf, Elisabeths Schwager Heinrich, forderte sie auf, sich entweder den Sitten des Adels anzupassen, oder ohne das ihr zustehende Erbteil mit ihren Kindern die Wartburg zu verlassen. Es heißt sogar, Heinrich habe sie vertreiben lassen und ihr einen Schweinestall als Wohnung zugewiesen. Tatsächlich fand sie Zuflucht bei ihrem Onkel Bischof Eckbert von Bamberg.

Der Bischof handelte für Elisabeth eine größere Abfindung aus. Mit diesem Geld versehen, zog sie auf Wunsch ihres Beichtvaters Konrad von Marburg in dessen hessische Heimatstadt. Hier gründete sie vor den Toren der Stadt ein Hospital, das sie zu Ehren ihres großen Vorbilds „Franz von Assisi" nannte. An dieser Stätte wurden all jene Patienten gepflegt, die wegen ihrer ansteckenden Krankheiten oder ihrer Armut in den anderen Krankenhäusern Marburgs keine Aufnahme fanden.

1229 legte Elisabeth als Franziskanerin die Gelübde der Armut, Demut und Weltentsagung ab. Sie widmete sich jetzt nur noch der Krankenpflege. Beim damaligen Stand der Hygiene war es fast unvermeidlich, dass sie sich eines Tages infizierte. Am 17. November 1231 starb die junge Frau, wohl auch an körperlicher Erschöpfung. Nur vier Jahre später erfolgte ihre Heiligsprechung durch Papst Gregor IX. Das geschah auch, weil Elisabeth von Thüringen in einem Jahrhundert beginnender christlicher

Glaubenskämpfe das Beispiel unerschütterlichen Gottvertrauens gab. Ab 1235 wurde über ihrem Grab die Marburger Elisabethkirche errichtet.

Bis heute ist die Heilige Elisabeth Patronin von Thüringen und Hessen. Meist als junge Frau mit einem Korb voller Rosen, Brotlaiben oder einem Wasserkrug dargestellt, zählt sie auch als Beschützerin von Witwen und Waisen, Bettlern, Kranken und unschuldig Verfolgten.

24. Mongolenschlacht – Opfergang der Schlesier bei Liegnitz

„In diesem Jahr drang zu uns die Kunde von einem verderbenschwangeren Unheil, das über das christliche Volk kam: dem Einbruch der Mongolen, von deren Grausamkeit uns die Ohren klingen und die Herzen beben." So steht es in der Kölner Königschronik. 1241 stand Mitteleuropa vor der größten Gefahr seit der Hunnen-Invasion. Doch kein Kaiser und kein Papst unternahm etwas gegen den Mongolensturm. Nur der deutsche Herzog Heinrich II. von Schlesien stellte sich mit ein paar Tausend Männern dem übermächtigen Feind entgegen. Ihr Untergang war besiegelt.

Nach dem Tod des Mongolenherrschers Dschingis Chan 1227 wurde sein Reich durch Thronstreitigkeiten erschüttert. Diese dauerten mehrere Jahre, ehe Ögödei, einer von Dschingis' Enkeln, sich durchsetzte. Wenig später begannen wieder die Aggressionen der Mongolen Richtung Westen, verbunden mit Massenterror gegen die Zivilbevölkerung. 1237 wurde der letzte Rest von Russland erobert; 1240 stieß ein riesiges Korps auf Polen vor, überrannte Krakau und Sandomierz. Mehrere Aufgebote des polnischen Kleinadels erlitten vernichtende Niederlagen.

Anfang 1241 lag nur noch das Herzogtum Schlesien zwischen Mitteleuropa und den Mongolen. Der in Liegnitz regierende Herzog Heinrich II., genannt „der Fromme", erkannte die tödliche Gefahr. Nicht nur fromm, sondern auch mutig und selbstbewusst, war der 49jährige ganz auf sich allein gestellt. Der Kaiser residierte in Unteritalien und kümmerte sich nicht um die Belange des Reiches. Ungarn stand selbst vor einer gewaltigen Mongoleninvasion und die Böhmen begannen eben erst, Heere aufzustellen.

Die asiatischen Truppen, deren erstes Ziel das Oder-Ufer bildete, wurden von Baitar Chan, einem erfahrenen Feldherren, kommandiert. Sein Heer umfasste mehr als 10.000 Krieger. Herzog Heinrich konnte dagegen kaum 4000 Mann aufstellen. Er rief die schlesische Ritterschaft zu den Fahnen und bekam Unterstützung von einigen Dutzend Ordensrittern der Johanniter, Templer und Deutschordenskrieger. Auch die Trümmer des polnischen Heeres schlossen sich ihm an. Schwachpunkt war das Fußvolk. Es bestand hauptsächlich aus bewaffneten Zivilisten – Stadtbürger von Liegnitz, Bauern und Bergknappen aus den Minen des nahegelegenen Goldberg. Sie wurden von einigen gepanzerten Söldnern zusammengehalten.

Angesichts dieser Unterlegenheit hätte Heinrich nach Süden ausweichen können, wo unter König Wenzel von Böhmen eine 5.000-köpfige Armee anrückte. Aber dann wären die flinken Mongolen womöglich bis zur Oder und noch weiter vorgestoßen – mit schlimmsten Folgen für die Bevölkerung. Heinrich entschloss sich, den Kampf aufzunehmen und gleichsam als heiligen Kreuzzug zu führen. Fast alle seine Kämpfer befestigten ein Kreuz an ihrer Kleidung, um dies zu dokumentieren.

Am 9. April 1241 stießen die beiden Heere auf der „Wahlstatt" genannten Anhöhe südöstlich von Liegnitz zusammen. Herzog Heinrich hörte am Morgen die Messe, Baitar Chan ließ die Blutfahne des mongolischen Kriegsgottes mit den schwarzen Roßschweifen aufrichten. Nach den spärlichen Überlieferungen war die christliche Streitmacht in zwei

Reihen aufgestellt: vorn das Fußvolk, flankiert von den polnischen Reitern und einigen Dutzend Kreuzrittern. Dahinter stand die schlesische Ritterschaft, verstärkt durch deutsche und böhmische Berufskrieger zu Pferd.

Gewöhnlich begannen die Mongolen als erste den Angriff unter wildem Kriegsgeheul. Stießen sie auf hartnäckigen Widerstand, wichen sie einem weiteren Kampf aus, zogen sich in eine andere Richtung zurück oder machten kehrt, um neue Angriffe zu starten. Dabei konnten diese trainierten Steppenkrieger sich auf die Schnelligkeit ihrer Pferde und die Treffsicherheit ihrer Bogenschützen verlassen. Diese besaßen zwei Arten von Bögen: kurze mit leichten Pfeilen für Weitschüsse sowie Langbögen mit schweren breitspitzigen Pfeilen für den Nahkampf.

Genauso geschah es bei Liegnitz. Das vorderste Kontingent von Heinrichs Heer überrannte die mongolische Vorhut. Nach schneller Flucht formierten sich die Asiaten mit ihrer Hauptmacht neu und wandten eine ihrer berüchtigten Kriegslisten an. Als sie einige der weiß-roten polnischen Fahnen erspähten, sprengten die Mongolen in vollem Galopp auf den Gegner zu und schrien aus Leibeskräften in polnischer Sprache: „Ratujcie sje! Ratujcie sje!" (Rettet euch!) Den Polen lag der Mongolenschreck noch so sehr in den Knochen, dass sie voller Panik das Feld verließen.

Damit war das schlesische Heer entscheidend geschwächt. Jetzt blieb Heinrichs Männern nur noch der Kampf bis zum letzten Blutstropfen. Mitten in den mongolischen Pfeilregen hinein stürmten die Ritter. Herzog Heinrich kämpfte im dichtesten Gewühl. „Er focht hoch in den Bügeln stehend und das Langschwert mit beiden Händen führend im Namen Gottes bis zum Tode", so wird berichtet. „Eine Lanze traf ihn beim Erheben des Schwertes in die linke Achselhöhle und warf ihn sterbend vom Pferd. Mit ihm ging alles zu Ende."

Der deutsche Blutzoll des Kampfes war ungeheuer. Sämtliche höheren Kommandeure kamen ums Leben, allein der Babenberger Herzog Friedrich der Streitbare von Österreich konnte sich retten. Sechs schlesische Adelsfamilien verloren bei Liegnitz nahezu alle ihre Väter und Söhne. Die späteren Grafen von Strachwitz beklagten 14 Gefallene. Von der Familie Rothkirch starben sämtliche männlichen Familienmitglieder, bis auf einen nach der Schlacht geborenen Knaben. Schwere Verluste erlitten auch die Familien Nostitz, Seydlitz, Prittwitz und Zedlitz.

Doch die Einbußen der Mongolen waren ebenfalls außerordentlich. Nach einem vergeblichen Versuch, Liegnitz zu erobern, stoppte Baitar Chan den Marsch nach Westen und zog mit seinen Truppen zur Hauptmacht nach Ungarn. Als Ende 1241 Großchan Ögödei starb, zogen die mongolischen Führer ab, um einen neuen Herrscher zu wählen.

Es kam nach 1241 nie mehr zu einem Versuch der Mongolen, in deutsches Territorium einzudringen, was sich auch aus den schweren Verlusten bei Liegnitz erklärt. Es ist das seltene Beispiel einer total verlorenen Schlacht, die sich langfristig als Sieg erweist.

25. Tragischer Untergang einer Dynastie

„Wie darfst du frecher, ungerechter Schurke es wagen, einen so großen und herrlichen Ritter zum Tode zu verurteilen?", schrie Graf Robert von Flandern. Er bekam keine Antwort. Charles d'Anjou lächelte nur höhnisch. Der Richtblock auf der Piazza de Mercato in Neapel erfüllte an diesem 29. Oktober 1268 seinen grausigen Zweck. Mit den Worten: „Mutter, welche Schreckensnachricht wirst du von mir hören!" starb der erst 16-jährige Kaisersproß Konradin von Hohenstaufen unter dem Schwert des Henkers.

Konradin auf der Jagd

Noch 18 Jahr zuvor hatte das Imperium der Staufer nach außen einen glänzenden Eindruck vermittelt. Kaiser Friedrich II., genannt „stupor mundi" (das Staunen der Welt), beherrschte ein Reich, das sich von der Nordsee bis zum Mittelmeer erstreckte. 100 Jahre lang hatten die Hohenstaufer-Kaiser um die Vorherrschaft in Italien gekämpft. Friedrich I. „Barbarossa" und seine Nachkommen besaßen zwei mächtige Gegner: Oberitaliens Städte wie Mailand und Florenz, die ihre wirtschaftliche Unabhängigkeit gefährdet sahen und den Papst in Rom, dessen Kirchenstaat fast die Hälfte Italiens umfasste. Erst unter Friedrich II. kam es zur Konsolidierung der deutschen Oberherrschaft. Doch als der Kaiser Ende 1250 starb, zeigte sich schnell, wie brüchig sein politisches Gebäude war. Die Italiener verweigerten seinem Sohn Konrad IV. die Gefolgschaft und es brachen wieder Kämpfe aus. Der Papst mußte aus Rom fliehen und belegte den Deutschen mit einem Bannfluch. Doch schon 1254 starb Konrad, erst 26 Jahre alt.

Friedrichs Erbe wurde nun von dessen unehelichen Söhnen Enzio und Manfred verteidigt. Da die Italiener militärisch zu schwach waren, wandten sie sich um Hilfe nach Paris. Charles d'Anjou, Bruder des Königs von Frankreich, zog mit einem Heer nach Unteritalien und wurde hier 1265 zum König von Neapel und Sizilien gekrönt. Die Italiener merkten rasch, dass sie in Gestalt französischer Truppen nur die Cholera mit der Pest vertauscht hatten, aber ihre Aversion gegen die deutschen Besatzer war so groß, dass sie vorerst alle Gegensätze übertünchte.

Charles gelang es, den Staufer Manfred 1266 in der Schlacht von Benevent zu besiegen, der im Kampf fiel. Alle seine Kinder wurden ermordet. Enzio war auf Nimmerwiedersehen hinter Kerkermauern verschwunden.

Jetzt lebte nur noch Konrads IV. gleichnamiger Sohn, den die Italiener Corradino/Konradin (der kleine Konrad) nannten. Er war bei Manfreds Tod erst 14 Jahre alt und hielt sich am Hof seines Onkels auf, dem Bayernherzog Ludwig dem Strengen. Alle Zeitgenossen beschreiben Konradin als bildhübschen Jüngling, gewandten Ritter und anmutigen Dichter. Mit seinem Freund und Vetter Markgraf Friedrich von Baden führte er am Ufer des Bodensees oft militärische Übungen durch.

Als Anfang 1267 einige italienische Adlige zu Konradin kamen, über das Regime der Franzosen klagten und ihn aufforderten, sein Erbe zu erkämpfen, zögerte er nicht lange. Mit einem Heer, das allerdings nur

3000 Mann zählte, zog Konradin über die Alpen nach Verona und marschierte auf Rom. Papst Clemens IV., ein gebürtiger Franzose, floh zu Charles d'Anjou und prophezeite: „Einer Rauchwolke gleich wird Konradins Unternehmen vergehen, gleich einem Opfertiere geht er zur Schlachtbank."

Der Papst sollte Recht behalten, denn Konradins Heer wurde am 23. August 1268 bei Tagliacozzo vernichtend geschlagen. Ein römischer Adliger, Giovanni Frangipani, verriet gegen üppige Bezahlung den Franzosen die Fluchtroute Konradins, der mit seinen Gefolgsleuten auf dem Meer vor Pisa gefangen wurde. Um den Schein des Rechts zu wahren, berief Charles d'Anjou einen Gerichtshof, der den Staufer als Hochverräter aburteilen sollte. Doch die Rechtsgelehrten erklärten bis auf einen den Angeklagten für unschuldig, so dass Charles persönlich das Todesurteil verhängte.

Der Legende nach soll Konradin das Verdikt während eines Schachspiels mit seinem Freund Friedrich von Baden gehört und danach die Partie seelenruhig zu Ende gespielt haben. Am folgenden Tag wurden er und ein Dutzend Edelleute hingerichtet. Das ruhmreiche Geschlecht der Hohenstaufer war damit für immer untergegangen.

Papst Clemens IV. starb genau einen Monat danach am 29. November 1268. Charles d'Anjou machte sich bei den Italienern so verhasst, dass 1282 ein großer Aufstand ausbrach. Während dieser „Sizilianischen Vesper" wurden nahezu 20.000 Franzosen erschlagen. Anjous Heer und Flotte erlitten eine schmähliche Niederlage. Er selbst mußte nach Frankreich fliehen und hat nie wieder italienischen Boden betreten.

26. Fiasko eines Heiligen – der 7. Kreuzzug

Ludwig IX., auch „Saint Louis" genannt, war einer der fähigsten Könige von Frankreich. Während seiner fast 40-jährigen Regentschaft setzte er viele wichtige Neuerungen durch. Nur in einem Punkt irrte der Monarch. Er glaubte, durch Kreuzzüge den Orient erobern zu können. Das kostete ihn erst die Freiheit und schließlich 1270 auch noch das Leben.

Seit seiner Alleinregierung im Jahre 1236 ging Ludwig IX. daran, die Macht des Königtums systematisch zu stärken – mit beachtlichem Erfolg.

Er betrieb eine zentralisierte Innenpolitik mit Hilfe eines ständig kontrollierten Beamtenapparats, gründete den französischen Rechnungshof und führte Stadträte ein. Erledigte Lehen vergab er nicht wieder, sondern schlug sie dem Kronbesitz zu, wie zum Beispiel die Grafschaft Toulouse.

Ludwig war aber nicht nur Realpolitiker, sondern auch außerordentlich fromm. Als einziger christlicher Monarch hielt er noch an der Kreuzzugsidee fest. Waren diese Unternehmen anfangs eine multinationale Angelegenheit und weitgehend von Glaubensfragen dominiert, hatte sich der Kreuzzugsgedanke 1204 nach der Eroberung des christlichen Konstantinopel durch ein Kreuzritterheer diskreditiert.

Gleichwohl rief Ludwig 1248 den 6. Kreuzzug aus. Er landete im Juni 1249 mit mehreren tausend Mann bei der ägyptischen Stadt Damiette nahe dem Nildelta. Hier stieß er auf die schnellen Truppen des Sultans der Mameluken. Dessen Kamelreiter fügten den Franzosen im Februar 1250 bei al-Mansura eine schwere Niederlage zu. Der König geriet in Gefangenschaft, aus der er sich erst nach drei Monaten durch ein immenses Lösegeld freikaufen konnte.

Diese unliebsame Erfahrung heilte Ludwig zunächst von seiner Kreuzzugsmanie. Doch im Jahre 1265 änderten sich die Verhältnisse. Karl von Anjou, ein jüngerer Bruder Ludwigs IX., war zum König von Neapel und Sizilien proklamiert worden. Die Verlockung, dessen Reich durch Eroberung Nordafrikas zu einem großen Mittelmeer-Königtum zu erweitern, war groß. Hinzu kam, dass der mächtige Mamelukensultan Baibars 1268 die Städte Jaffa und Antiochia erobert hatte, letzte wichtige Stützpunkte des Christentums im Nahen Osten. Durch einen Angriff auf Nordafrika konnte man Baibars in den Rücken fallen.

Anfang 1270 organisierte Ludwig den 7. Kreuzzug. Es war ein rein französisches Unternehmen. Nur 300 Ritter und Knechte aus England kämpften in den Reihen des etwa 10.000 Mann zählenden Kreuzfahrerheeres. Ihr Ziel war die Stadt Tunis, denn es ging das Gerücht umher, der dortige Herrscher wolle sich zum Christentum bekehren. Vom Südteil der Insel Sardinien sollte die Überfahrt erfolgen, doch die Ankunft der Transportflotte verzögerte sich. So traf das Heer unter Führung des Königs erst am 18. Juli 1270 im heutigen Tunesien ein, die denkbar ungünstigste Jahreszeit für einen Feldzug in Nordafrika. Ludwigs Ritter konnten schnell die Stadt Karthago erobern, aber der Bey von Tunis dachte überhaupt nicht daran, seinen Glauben zu wechseln und verschanzte sich in der Hauptstadt.

Die Kreuzritter mussten nun zur Belagerung übergehen. Schon nach wenigen Tagen fing das Trinkwasser an zu faulen. Seuchen wie die Ruhr grassierten, wobei die Tunesier kräftig nachhalfen, indem sie nachts verwesende Tierkadaver ins feindliche Lager katapultierten. Hunderte fielen den Krankheiten zum Opfer. Auch Ludwig IX. wurde nicht verschont. Vor den Mauern von Tunis starb er am 25. August 1270 im Alter von 56 Jahren.

Einen Tag später kam sein königlicher Bruder Karl von Anjou ins Lager. Auch er konnte die Stadt nicht erobern und zog sich Ende Oktober aus Nordafrika zurück. Immerhin erreichte er beim Bey von Tunis als Gegenleistung die Garantie weitgehender Handelsfreiheit für christliche Kaufleute.

Frömmigkeit und politische Fehlkalkulationen hatten zu einem Fiasko geführt. König Ludwig IX. erhielt zumindest für erstere den postumen Lohn: 1297 wurde er von Papst Bonifazius VIII. heiliggesprochen.

27. Aufstieg für sechs Jahrhunderte – Rudolf von Habsburg

„Lieber Gott, sitze fest auf Deinem Thron, sonst nimmt ihn Dir dieser Rudolf auch noch weg!", rief Bischof Heinrich von Basel entsetzt. Soeben, im September 1273, musste er erfahren, dass die deutschen Kurfürsten den Grafen von Habsburg zum König erwählt hatten. Eben dieser Rudolf belagerte seit zwei Wochen Basel und ließ deren Vorstadt am Kreuztor in Flammen aufgehen. Wenn so ein Rauhbein König wurde, dann war Schlimmes zu befürchten. Doch es kam anders. Kaum hörte Rudolf von seiner Wahl, befahl er seinen Kriegern: „Haltet mit allen Frieden und gebt die Gefangenen frei!" Bischof Heinrich bot er einen Waffenstillstand an. Mit Rudolf begann der erstaunliche Aufstieg des Hauses Habsburg zur Weltmacht.

Nach dem Tod des letzten Stauferkönigs 1254 versank das Deutsche Reich in Anarchie. Es geschah etwas, das in der mittelalterlichen Geschichte ohne Beispiel dasteht: Das Land besaß keinen Regenten. Die

Konkurrenz unter den großen Territorialfürsten war so heftig, dass jeder befürchtete, der andere werde sein Königsamt zur Mehrung der persönlichen Hausmacht missbrauchen. Ein Teil der sieben Kurfürsten wählte pro forma den Spanier Alfonso X. von Kastilien, eine andere Fraktion ernannte den englischen Grafen Richard von Cornwall zum König. Es war eine reine Farce, denn Alfonso kam niemals nach Deutschland, während Richard sich immerhin zu vier Kurzbesuchen aufraffte. Das Ganze wurde beschönigend „Interregnum" (Zwischenregierung) genannt.

Das Deutsche Reich war seiner tragenden Institution beraubt und dem Verfall preisgegeben. Rechtlosigkeit, Raubrittertum und Fehdeunwesen griffen um sich. Der Verlust einer führungsfähigen Reichsspitze stürzte auch die Kirche in eine Krise, denn ihr fehlte der Kaiser als oberster Schutzherr. Nach zwei Jahrzehnten wurde den Kurfürsten klar, dass es so nicht weitergehen konnte. Es galt, einen Kandidaten für die Königs- und spätere Kaiserkrone zu finden, der nicht zu mächtig, aber auch nicht zu unbedeutend sein durfte. Graf Rudolf IV. von Habsburg dürfte sicher nicht die erste Wahl gewesen sein, dennoch entschlossen sich die Kurfürsten am 9. September 1273, ihm die Krone anzubieten. Vielleicht spielte dabei eine Rolle, dass er mit 55 Jahren für damalige Verhältnisse schon recht alt war und keine lange Regierungszeit zu erwarten stand.

Rudolf befand sich zu dieser Zeit im Feldlager vor Basel. Die Nachricht von seiner bevorstehenden Wahl überbrachte ihm Burggraf Friedrich von Hohenzollern – eine Szene von erstaunlicher Symbolkraft, denn sowohl Habsburger als auch Hohenzollern sollten später eine Kaiserkrone tragen. Am 1. Oktober 1273 wählten die Kurfürsten in Frankfurt am Main Rudolf einstimmig zum römisch-deutschen König. Drei Wochen später wurde er in Aachen gekrönt.

Eine verklärende Legende hat Rudolf zum armen, unbedeutenden Grafen stilisiert, damit der Aufstieg seiner Dynastie umso bedeutender erscheine. Doch er war tatsächlich beides nicht. Die Habsburger stammten aus der Schweiz; ihre Hausburg, die Habichtsburg, lag im heutigen Kanton Aargau. Seit 1009 Grafen, erwarben sie größeren Besitz am Oberrhein und in der Zentralschweiz. Rudolfs Urgroßvater Albrecht trug den bezeichnenden Beinamen „der Reiche". Von seiner Mutter erbte er die Schweizer Gebiete Thurgau und Glarus. Um 1260 kaufte Rudolf große Güter im Breisgau und im Urkanton Schwyz. Er war also keineswegs das „arme Gräflein", wie ihn ein fürstlicher Konkurrent spöttisch nannte.

Rudolf von Habsburg besaß als König eine ausgesprochen glückliche Hand sowohl in zivilen, wie in militärischen Belangen. Der Mann mit seiner markanten Adlernase hatte sich schon als Jüngling den Wahlspruch „Utrum libet" (Wie's beliebt) zugelegt. Dieser in auffallendem Gegensatz zu den üblichen fromm-martialischen Devisen stehende Wortwitz bedeutete aber nicht, dass es Rudolf an notweniger Härte fehlen ließ. Als der mächtigste deutsche Territorialfürst, Ottokar II. von Böhmen, sich weigerte, ihm als König zu huldigen, wurde er mit bewaffneter Macht angegriffen. 1278 fiel Ottokar in der Schlacht auf dem Marchfeld bei Wien.

Nach seinem Sieg beschlagnahmte Rudolf die Besitzungen des Böhmers in Ober- und Niederösterreich und vereinigte sie mit der Steiermark, Kärnten und Krain. Dieses Land erklärte er zu seinem persönlichen Eigentum. 1282 belehnte er zwei seiner Söhne damit – seither sind Österreich und die Habsburger untrennbar miteinander verbunden.

Nachdem Rudolf I. am 15. Juli 1291 in Speyer gestorben war, begannen wieder Streitigkeiten um die Königswürde. Das Haus Habsburg war dabei immer im Spiel. 1438, nach der Krönung von Albrecht II. (einem Ururenkel Rudolfs) herrschten die Habsburger für die nächsten 500 Jahre als Kaiser in Deutschland und Österreich.

28. Ritterschmach – Die „Sporenschlacht" bei Courtrai

Mit diesen flämischen Tuchwebern und Metzgergesellen werde man kurzen Prozess machen, versprach Graf Robert von Artois. Hochgemut zogen seine französischen Ritter am 11. Juli 1302 dem Feind entgegen. Kaum einer von ihnen sollte das Schlachtfeld lebend verlassen.

Frankreich wurde seit 1285 von einem höchst zielstrebigen König regiert. Philipp IV., genannt „der Schöne", war jener Monarch, der 1307 den mächtigen Orden der Tempelritter vernichtete und zwei Jahre später den Papst im südfranzösischen Avignon quasi als Geisel festhielt. Doch zunächst richtete sich Philipps außenpolitischer Ehrgeiz auf Flandern.

Flandrische Städte wie Brügge, Gent, Ypern und Kortrijk (Courtrai) verfügten über eine blühende Textilindustrie. Sie entwickelten sich seit dem 13. Jahrhundert zu bedeutenden Handels-, Industrie- und Kulturzentren. Antwerpen wuchs zum größten Seehafen Europas heran. In vielen Städten entstanden mächtige Handwerkerbünde. Vor allem die Weber, Wollscherer und Fleischer zeigten sich selbstbewusst – nicht zuletzt deshalb, weil sie den größten Teil der städtischen Milizen stellten

Philipp IV. missfiel die Existenz so stolzer Gemeinwesen an Frankreichs Nordgrenze. Um den städtischen Reichtum Flanderns in seine Gewalt zu bekommen, setzte er 1297 ein Heer in Bewegung und ließ Brügge sowie Kortrijk besetzen. Graf Guido von Flandern wurde unter dem Vorwand des Hochverrats eingesperrt, sein Besitz konfisziert und französische Beamte im Land eingesetzt, die als erste Maßnahme fast alle Steuern erhöhten.

Gegen diese Fremdherrschaft erhoben sich schließlich die Bürger von Brügge. Am 18. Mai 1302 stürmten sie das Rathaus und erschlugen alle Franzosen, derer sie habhaft werden konnten. König Philipp mußte auf diese „Brügger Morgenfeier" natürlich reagieren und schickte ein großes Heer unter dem Befehl des Grafen Robert von Artois nach Flandern. Es sollte nur eine militärische Strafexpedition werden.

Gegen das französische Ritterheer formierte sich eine Milizarmee unter Führung der Brügger Bürger Jan Breydel und Pieter de Coninck. Ihre Soldaten trugen eine ganz eigentümliche Waffe, „Goedendag" genannt. Es handelte sich um eine lange, schwere Pike mit extrem zugespitztem eisernem Ende sowie einem dicken Metallring, die zerlegbar war und so auch als Streitkeule benutzt werden konnte. Aus einer geschlossenen Phalanx heraus konnten „Goedendags" dem gepanzerten Ritter durchaus gefährlich werden.

Um die von den Flamen belagerte Burg Courtrai zu entsetzen, rückte Artois mit ungefähr 7.500 Berittenen und knapp 5.000 Mann Söldnerfußvolk, darunter Armbrustschützen aus Genua, Richtung Gent vor. Das flämische Heer zählte zwar fast 20.000 Mann, aber es bestand fast ausschließlich aus Infanterie. Nur ein Dutzend Ritter unter Führung des deutschen Grafen Wilhelm von Jülich stand ihnen im Kampf bei und sollte sich als eiserne Reserve bereithalten.

Die Flamen hatten sich hinter dem etwa anderthalb Meter tiefen Gröningen-Bach verschanzt. Vor dessen sumpfigem Ufer hoben sie getarnte Löcher, sogenannte Wolfsgruben, aus. Hinter dem flämischen Heer zog sich der Fluss Lys hin, den man nicht durchwaten konnte. Damit wurde eine Flucht nahezu unmöglich und der Gedanke liegt nahe, dass dies eine psychologische Maßnahme bildete, um die Männer zum äußersten Widerstand zu treiben. Links hinter der Frontlinie lag die französisch besetzte Burg Courtrai. Also postierte man eine Abteilung der Milizen von Ypern vor dem Tor, um zu verhindern, dass die Besatzung während der Schlacht den Flamen in den Rücken fiel.

Am Vormittag des 11. Juli 1302 schickte Robert von Artois seine genuesischen Armbrustschützen vor, die den Feind an beiden Flanken unter Beschuss nahmen. Als die Flamen hier schrittweise zurückwichen, glaubte der Franzose den entscheidenden Augenblick gekommen. Er kommandierte die Armbruster zurück und befahl gleichzeitig der ersten Linie seiner Ritter den Angriff. Dieses ungeschickte Manöver führte dazu, dass in dem morastigen Gelände Reiter und Fußvolk sich gegenseitig behinderten und in die Wolfsgruben fielen.

In diesem Moment gingen die Flamen zum Gegenangriff über. Graf Artois sah seine desorientierten Männer schon dem Untergang geweiht. Um sie zu retten, rückte er mit der Hauptstreitmacht vor – der entscheidende Fehler. Denn als die Ritter den Gröningen-Bach überquerten, wurden sie von beiden Flanken angegriffen.

Die mit Schlachtbeilen und „Goedendags" bewaffneten Flamen fielen über die Pferde des Gegners her, töteten sie und erschlugen danach die zu Boden gestürzten Reiter. Es war bei Todesstrafe verboten, Pardon zu geben oder Gefangene zu machen. Bald zog sich das französische Heer in regelloser Flucht nach Süden zurück. Den meisten gelang sie nicht mehr. 700 Ritter, unter ihnen Robert von Artois und zwei Marschälle von Frankreich, fielen im Gefecht.

Am Ende des Schlachttages sammelten die flämischen Sieger ihre Trophäen ein: Mehr als 500 vergoldete Sporen, ein begehrtes Statussymbol jener Zeit. Sie wurden in der Liebfrauenkirche von Courtrai aufgehängt. Diese „Sporenschlacht" verkörperte den ersten spektakulären Erfolg von bürgerlichen Fußtruppen gegen gepanzerte Reiterei. Offenbar waren Ritterheere doch nicht unbesiegbar, wie auch der weitere Gang der Militärgeschichte beweist. Die flämischen Städte konnten ihre Freiheit weitgehend bewahren. Deshalb gilt der 11. Juli in Flandern heute als Nationalfeiertag.

29. Grausamer Königstod – Eduard II. von England

1325 beging der englische König Eduard II. einen verhängnisvollen Fehler. Er sandte seine Gemahlin Isabella zu Friedensverhandlungen nach Frankreich. Zwei Jahre später büßte er dafür auf grauenvolle Weise.

König Eduard I. pflegte seinen 1284 geborenen gleichnamigen Erben als „Hurensohn" zu titulieren. Gerade hatte er den schottischen Rebellen William Wallace („Braveheart") besiegt, da mußte er feststellen, dass sein Sohn während dieser Zeit seinen Geliebten Piers de Gaveston zum königlichen Kammerherren ernannt hatte. Kein Zweifel, der Thronfolger war homosexuell bis zur Hörigkeit. Als letzte Amtshandlung vor seinem Tod im Juli 1307 arrangierte Eduard I. eine Hochzeit seines Sohnes mit der 16-jährigen Prinzessin Isabella, einer Tochter König Philipps IV. von Frankreich. Der Bräutigam mußte seinem Vater hoch und heilig versprechen, Kinder in die Welt zu setzen.

Tatsächlich zeigte sich der neue König Eduard II. pflichtbewusst und zeugte mit Isabella vier Kinder. Ihre Ehe war freilich eine blanke Katastrophe. Eduard teilte das Bett zunächst mit dem intelligenten und witzigen Gascogner Piers de Gaveston, nach dessen Ermordung durch einen Rivalen 1312 wandte er seine Gunst Roger d'Amory zu, um sich schließlich 1318 in den finsteren Hugh le Despenser zu verlieben.

Homosexualität wurde im Mittelalter als schwere Sünde wider Gott und die Menschen verurteilt. Dass Eduard II. sie so unverhüllt auslebte, kam einem schockierenden Skandal gleich und machte ihm viele Feinde. Denn der König beförderte seine unwürdigen Günstlinge nicht nur in hohe politische Ämter, sondern erwies sich als ausgesprochen unfähiger Herrscher.

1314 zog Eduard II. mit einem 14.000 Mann starken Heer nach Schottland, um das Werk seines Vaters, die Unterwerfung des Landes, zu vollenden. Die zahlenmäßig weit überlegenen Engländer erlitten aber am 23./24. Juni 1314 bei Bannockburn unweit Falkirk gegen den Schottenkönig Robert Bruce eine schmähliche Niederlage. Schuld war eindeutig Eduards dilettantisches Kommando. Er ließ seine schlachtentscheidende Reiterei mitten in einem Sumpfgelände angreifen, wo die meisten gepanzerten Ritter steckenblieben oder ertranken. Ein zweiter Feldzug endete im Herbst 1322 wieder mit einer Schlappe für die Engländer.

Die militärischen Misserfolge Eduards sowie dessen Günstlingswirtschaft führten im englischen Adel zu großem Missmut. 1321/22 kam es zu einem Aufstand der Landadligen, welche sich gegen die hohen finanziellen Forderungen des Königs auflehnten. Diese Rebellion konnte noch niedergeschlagen werden, wobei sich Hugh le Despenser durch besondere Härte hervortat.

Königin Isabella, gedemütigt durch die Männerbeziehungen ihres Gemahls, suchte und fand derweil Trost in den Armen von Roger de Mortimer. Die beiden beschlossen, Eduard II. zu entthronen, fanden dafür aber zunächst nicht genug militärische Bundesgenossen.

Ihre Stunde kam, als 1324 ein Krieg mit Frankreich ausbrach. Es ging um einige englische Besitzungen in der Gascogne. Auch hier mussten die Engländer Niederlagen einstecken. Eduard verfiel auf die unselige Idee, seine Gemahlin – Schwester des französischen Königs Karl IV. – als Unterhändlerin nach Paris zu entsenden. Isabella wählte ihren Vertrauten Roger de Mortimer als Begleiter und stellte in Frankreich ein Söldnerheer gegen Eduard auf. Anfang September 1326 landeten sie mit dieser Invasionsarmee in England.

Die unzufriedenen Adligen liefen scharenweise zu Isabella über. Eduard wurde am 16. November 1326 gefangen genommen und verzichtete zwei Monate später auf die Krone. Unter Vormundschaft seiner Mutter bestieg 1327 der 15-jährige Eduard III. den Thron. Hugh le Despenser wurde vor Gericht gestellt, als Verräter verurteilt und geköpft. Vorher hatte man ihm noch die Hoden abgeschnitten und vor seinen Augen verbrannt.

Nicht minder grausig geriet das Ende von König Eduard II. Seine Frau hatte ihn auf Berkeley Castle interniert und der Willkür seiner Wärter ausgeliefert. Der Schlosshauptmann Sir Thomas Gourney und zwei weitere Männer packten den Ex-Monarchen am 13. September 1327 und ermordeten ihn. Eduard wurde eine glühende Eisenstange durch ein abgesägtes Kuhhorn in den After getrieben – eine brutale Anspielung auf dessen sexuelle Veranlagung.

Auch Königin Isabella und Roger de Mortimer mussten büßen. Dem jungen Eduard III. wurde die Vormundschaft seiner Mutter bald lästig. 1330 verbannte er sie für immer ins Exil. Mortimer endete im selben Jahr unter dem Henkersbeil.

30. Die Pest – eine Seuche verändert Europa

„Ich komme von Ägyptenland
In roten Nebelschleiern,
Am Nilusstrand, im gelben Sand
Entsog ich Gift dem Wüstenbrand
Und Gift aus Dracheneiern.“

So beschrieb der Lyriker Hermann Lingg im 19. Jahrhundert das Auftreten einer Seuche, die Europa verändern sollte – die Pest.

Zwölf genuesische Galeeren löschten Anfang Dezember 1347 ihre Ladung im Hafen von Messina (Sizilien). Die Handelsschiffe kamen von der Schwarzmeerküste. Wenig später grassierte in ganz Unteritalien eine furchtbare Krankheit. Die Menschen bekamen Beulen in der Leistengegend und unter den Achseln, begannen unter extremen Schmerzen Blut zu spucken. Ihre Haut bedeckte sich als Folge innerer Blutungen mit dunklen Flecken; wenige Tage später starben sie am „Schwarzen Tod", wie man die Beulenpest und ihre besonders tückische Variante die Lungenpest damals nannte.

Als erste französische Stadt wurde Marseille von der Pest befallen. Von dort aus breitete sie sich nordwärts aus und erreichte im Dezember 1348 die englische Küste bei Bristol und Southampton. Ein Jahr später war fast ganz Europa betroffen. Vor allem über die Hafenstädte stürmte die Seuche ins Inland, so Ende 1349 von Hamburg aus.

Für die Menschen des Spätmittelalters war diese Epidemie eine Katastrophe. Niemand wusste, dass sie durch Rattenflöhe übertragen wurde. Ärzte rätselten über ihre Ursachen, sprachen von „Miasmen", welche durch Fäulnisprozesse in der Luft entstünden oder „Kontagien", eine Art Erreger, die man durch Ausräuchern oder Diäten bekämpfen könne. Voller Ratlosigkeit empfahl die medizinische Fakultät der Pariser Sorbonne: „Man koche nicht mit Regenwasser, Zorn und Trunkenheit sind gefährlich, Durchfälle sind bedenklich."

Da es gegen die Pest offenbar kein Heilmittel gab, empfanden viele Zeitgenossen diese Seuche als Strafgericht Gottes für die menschlichen Sünden. Religiöser Endzeitwahn griff um sich. „Flagellanten" zogen durch die Lande: Menschen, die sich als Sühne selbst auspeitschten. Andere führten extatische Tänze bis zur völligen körperlichen Erschöpfung auf. Mancherorts glaubte man, die ohnehin beargwöhnten Juden hätten Brunnen mit Tierkadavern vergiftet und es kam zu Ausschreitungen.

Bis heute ist unklar, warum die seit der Antike bekannte Infektionskrankheit so verheerend wütete. Sicher, die hygienischen Bedingungen, namentlich in den Städten, waren katastrophal. Es gab weder Kanalisation, noch Müllabfuhr. Fäkalien wurden auf offener Straße entsorgt, das Trinkwasser infiziert. Mensch und Vieh lebten zusammen, eingeschlossen Millionen von Ratten, den Krankheitsüberträgern. Aber genauso ging es in den Jahrhunderten zuvor auch zu, ohne dass eine derart massive Epidemie daraus resultierte. Vielleicht hatten die Genuesen aus Südrußland einen besonders aggressiven asiatischen Pestbazillus eingeschleppt. Ebenso mysteriös ist die Ursache für das plötzliche Ende der Seuche im Jahre 1351.

Wie ein Leichentuch hatte sich die Pest über Europa gelegt; nur Schlesien und der Böhmische Kessel blieben verschont. „Als man zählte 1349 Jahre, war das größte Sterben, das je zuvor geschehen war… Alles Volk starb da mehr als zur Hälfte", berichtet der Straßburger Kleriker Jakob Twinger. In Florenz, mit etwa 90.000 Einwohnern eine der größten Städte Europas, blieb laut zeitgenössischen Chronisten „nicht einer von zehn lebend zurück". Diese Angaben mögen übertrieben sein. Soweit man es heute zu rekonstruieren vermag, fielen der Pest etwa 25 Millionen Menschen, 30 Prozent der europäischen Bevölkerung, zum Opfer.

Dieses Massensterben hatte mehrere grundlegende Auswirkungen. Das plötzliche Verschwinden von einem Drittel aller Arbeitskräfte führte dazu, dass Grundherren, Unternehmer und Handwerksmeister um ihr Personal werben mussten, d. h. es wurden erheblich höhere Löhne gezahlt. Von den dezimierten Bauern konnte man nur noch geringere Abgaben und Frondienste fordern, um die zu schonen. Gleichzeitig stiegen die Preise für Gebrauchsgüter wie Tuch, Eisenwaren und Salz. Höhere Kosten bei niedriger Arbeitsproduktivität – diese Konstellation trieb viele Landgüter und Betriebe in den Ruin.

Verhängnisvoll wirkte der „Schwarze Tod" auch auf die Kirche. Ganz offensichtlich hatte sie versagt; all ihre Gebete blieben fruchtlos. Enttäuscht und desillusioniert begannen viele, die religiöse Autorität des Klerus in Frage zu stellen, so die Anhänger von John Wyclif in England oder die italienischen Fraticelli. Papst Clemens VI. hatte sich während der Epidemie in seinem Palast zu Avignon verbarrikadiert und verbrachte Tag wie Nacht zwischen zwei mächtig lodernden Feuern, um die Krankheit zu bannen. Andererseits taten zahllose Priester ihre Pflicht, leisteten den Sterbenden geistlichen Beistand und starben dabei selbst an der Pest. Bis

1351 verlor die katholische Kirche fast die Hälfte ihrer Pfarrer, darunter sicher die fähigsten und selbstlosesten.

Europa brauchte fast 100 Jahre, um seine Bevölkerungsverluste durch die Pest auszugleichen. Der „Schwarze Tod" blieb noch wesentlich länger als Urkatastrophe im kollektiven Gedächtnis.

31. Ines de Castro – eine Leiche auf Portugals Thron

Papst Innocenz VI. war empört. Da verlangte Portugals König Pedro tatsächlich von ihm, er solle die Kinder seiner verstorbenen Mätresse legitimieren. Unmöglich sei dies, so antwortete der Pontifex, denn Ines war niemals zur Königin gekrönt worden. Das brachte Pedro auf eine makabre Idee.

Die schöne Ines de Castro kam 20-jährig im Gefolge der kastilischen Prinzessin Bianca Maria an den Hof von Lissabon. Hier wurde Bianca 1340 mit dem wesentlich jüngeren portugiesischen Thronfolger Pedro verheiratet. Die Hochzeit hatte König Affonso IV. von Portugal aus politischen Gründen arrangiert und die daraus resultierende Ehe war keineswegs glücklich. Pedro begann vielmehr eine heftige Affäre mit Ines de Castro, bis sein verärgerter Vater die Hofdame aus dem Land weisen ließ.

Als Bianca 1349 gestorben war, mußte Pedro eine weitere ungeliebte Frau heiraten, Constanza de Penafiel. Nachdem diese einen Sohn geboren hatte, verließ sie der Thronfolger und holte Ines wieder nach Portugal. In der Stadt Coimbra verbrachten sie vier gemeinsame Jahre und Ines bekam drei Kinder, darunter zwei Söhne. Nach Constanzas Tod 1354 sickerte das Gerücht durch, Pedro habe seine Geliebte heimlich geheiratet und er selbst tat nichts, um dies zu dementieren.

Der Fall bekam nun eine politische Dimension Die Familie Castro gehörte zu den mächtigsten Sippen des spanischen Kastilien. Wenn Ines tatsächlich rechtmäßige Gemahlin des künftigen Königs wäre, dann hätten ihre Söhne Joao und Dinis erheblichen Anspruch auf den portugiesischen Königsthron. Die Verwandtschaft von Ines machte aus ihren diesbezüglichen Ambitionen keinen Hehl und das alarmierte den einheimischen Hochadel. Denn die Angst vor einer Einvernahme durch die Spanier zieht sich wie ein roter Faden durch Portugals Geschichte.

Viele Adlige bestürmten König Affonso IV., er möge Ines de Castro aus dem Weg räumen. Besorgt um Portugals Unabhängigkeit, berief der Monarch Anfang 1355 einen Kronrat, welcher die Kastilierin des Hochverrats beschuldigte und gleichzeitig zum Tode verurteilte. Drei Adlige (Alvaro Goncalves, Pedro Coelho und Diogo Lopes Pacheco) machten sich an das blutige Werk. Am 7. Januar 1355 – Pedro befand sich gerade auf einer Jagdpartie – drangen die Mörder in den Palast von Coimbra ein und schlugen der unschuldigen Ines den Kopf ab. Von der Jagd heimgekehrt, fand Pedro ihr blutiges Haupt vor.

Rasend voller Wut entfesselte Pedro nun einen Krieg gegen seinen Vater, den beide Seiten nicht gewinnen konnten. Der Konflikt endete mit einem Kompromiss, wonach Vater und Sohn sich verpflichteten, alles Geschehene zu vergessen. Doch als Affonso Ende Mai 1357 gestorben war, zeigte sich, dass der neue König nicht daran dachte, sich weiter an diese Vereinbarung zu halten.

Eine seiner ersten Maßnahmen bestand darin, die Mörder von Ines zu bestrafen. Einer aus dem Trio konnte noch schnell nach England entfliehen, die beiden anderen ließ Pedro mit ausgefeilter Grausamkeit zu Tode foltern und dann das Herz herausreißen. Der schockierte Adel gab ihm deswegen den Beinamen „O cruel" (der Grausame), während das Volk seine Rachegelüste durchaus billigte.

1360 unternahm Pedro dann einen Schritt, der bis auf eine Ausnahme (siehe die Kadaversynode S. XXX) wohl einzigartig in der Geschichte dasteht. Er ließ den Leichnam von Ines de Castro aus dem Kloster Santa Clara in die Kathedrale von Coimbra überführen. Dort mußte sich die gesamte Hocharistokratie Portugals einfinden. Zwei Thronsessel waren aufgestellt, den einen besetzte der König, auf den anderen wurden die Überreste von Ines gehoben. Die Tote trug ein Purpurgewand, zahlreiche Juwelen und eine Krone auf dem kahlen Haupt. Der Erzbischof von Braga salbte die Leiche und küsste den Saum ihres Gewandes.

Anschließend wurde Ines de Castro von der Kathedrale in eine neue Begräbnisstätte überführt. Pedro hatte befohlen: „Die Königin wird in feierlicher Prozession nach dem Kloster Alcobaca gebracht. Alle Stände ohne Ausnahme, auch Kinder und Kranke, haben sich mit brennenden

Kerzen an der Prozession zu beteiligen." In der Abteikirche von Alcobaca ließ Pedro zwei Sarkophage für sich und Ines errichten, unmittelbar gegenüber, „damit bei der Auferstehung vor dem Jüngsten Gericht ihr erster Blick ein Blick der Liebe sein wird".

Bei aller morbiden Romantik gelang es Pedro nicht, seine gemeinsamen Kinder mit Ines auf den Thron zu heben. Nach seinem Tod 1367 wurde Fernando I., Sohn der Constanza von Penafiel, zum König ausgerufen. An Ines de Castro blieb die Erinnerung wie sie Portugals großer Nationaldichter Luis de Camoes formulierte: „Liebe ist ihr Name und Tränen ihre Welle."

32. Wie der Rauschebart Württemberg stark machte

„Drei Könige sind gefangen. Wenn man noch den vierten erwischt, dann haben wir ein Kartenspiel", lachte der schwäbische Bauer. Im Städtchen Heimsheim hatte er mit seinen Dorfgenossen soeben die drei Anführer einer Ritterbruderschaft gefangen, welche sich selbst anmaßend als „Könige" bezeichneten. Auch Graf Eberhard zeigte sich bester Laune. Mit seiner nächtlichen Überraschungsaktion im Sommer 1368 war ihm der entscheidende Schlag gegen einen hartnäckigen politischen Gegner gelungen.

Seit seinem Herrschaftsantritt im Jahre 1362 erstrebte Eberhard ein großes Ziel: das territorial zersplitterte Württemberg zum Einheitsstaat zu formen. Dabei war nicht nur persönlicher Ehrgeiz im Spiel, es ging ihm auch darum, der von räuberischen Rittern und städtischen Wucherern drangsalierten Bauernschaft durch einheitliche Gesetzgebung ein Mindestmaß an Rechtssicherheit zu garantieren. Beim einfachen Volk war er deshalb sehr beliebt und wurde wegen seiner äußeren Gestalt als „Rauschebart" verehrt, während seine Gegner ihn „der Greiner" (Streitsucher) titulieren.

Die schwäbische Ritterschaft hasste den Grafen und schloss sich zu einem Bündnis zusammen, den „Martinsvögeln", auch „Schlegelbruderschaft" genannt. Sie schreckten vor persönlichen Attentaten nicht zurück. Da bekannt war, dass Eberhard jedes Frühjahr zur Erholung im Nordschwarzwald weilte, beschlossen sie, ihn hier 1367 in Wildbad an der Enz, gefangenzunehmen und solange im Kerker schmachten zu lassen, bis er sämtliche Privilegien der Ritterschaft bestätigte. Doch der Überfall scheiterte, weil ein schlichter Schafhirt ihn rechtzeitig warnte und auf nächtlichen Pfaden zur rettenden Burg Zavelstein führte.

Ein Jahr später holte der Rauschebart zum oben geschilderten Gegenschlag in Heimsheim aus. Die dort versammelten „Könige" waren ausgeschaltet, aber es verblieb ein weitaus gefährlicherer Gegner – die württembergischen Städte. Deren Reichtum erlaubte es ihnen, größere Söldnerheere zu unterhalten. Im Juli 1376 hatten sich unter Führung von Ulm 14 Reichsstädte zum Schwäbischen Städtebund vereinigt und Eberhard den Krieg erklärt. Kriege bestanden damals hauptsächlich aus gegenseitigen Plünderungen der Zivilbevölkerung.

Im Mai 1377 verheerte eine städtische Armee wieder einmal württembergisches Gebiet. Graf Ulrich, einziger Sohn Eberhards, stellte sich diesem Heer bei Reutlingen in den Weg, um ihm die Beute abzujagen. Er geriet mit seinen Männern jedoch in einen Hinterhalt und mußte eine schwere Niederlage einstecken. Mehr als 60 Ritter waren gefallen, Ulrich selbst konnte schwerverwundet in letzter Minute entkommen. Als er wieder genesen war, kehrte Ulrich zurück nach Stuttgart. Was dort Graf Eberhard mit seinem Sohn veranstaltete, schildert der schwäbische Dichter Ludwig Uhland:

> *Da fasst der Greis ein Messer und spricht kein Wort dabei*
> *Und schneidet zwischen beiden das Tafeltuch entzwei.*

Die Redensart „das Tischtuch zerschneiden" als Metapher für das Ende einer persönlichen Beziehung hat hier ihren Ursprung.

Für Eberhards Pläne war die Niederlage von Reutlingen nicht nur ein militärischer, sondern auch ein politischer Rückschlag. Bis 1379 erhielt der Schwäbische Städtebund weiteren prominenten Zulauf, so durch Augsburg, Nürnberg, Frankfurt/Main und Regensburg.

Erst 1388 kommt es zur Entscheidungsschlacht. Ein Heer des Städtebundes unter Führung des Ulmer Feldhauptmanns Konrad Besserer rückt plündernd und sengend auf württembergisches Gebiet vor. In der Umgebung von Döffingen haben die Bauern mit ihren Habseligkeiten hinter den Mauern eines Friedhofes Schutz gesucht. Nach mittelalterlichem Rechtsbrauch gelten Friedhöfe als Freistatt, wo keine Kampfhandlungen stattfinden dürfen. Doch die Städter scheren sich nicht darum und berennen das Mauerwerk, um die Bauern zwischen den Grabkreuzen zu massakrieren.

Graf Eberhard rückt am 23. August 1388 mit einem Heer aus Rittern, Fußknechten und bewaffneten Bauern von Leonberg heran. Die Vorhut befehligt sein Sohn Ulrich. Er brennt darauf, die Schmach von Reutlingen zu tilgen und stürzt sich mit weniger als 50 Berittenen in den Kampf. Da aber sein Fußvolk nicht Schritt halten kann und zurückbleibt, wird er niedergehauen. Bevor deshalb Panik ausbricht, brüllt der 73-jährige Rauschebart: „Niemand achte auf meinen Sohn, dass er erschlagen ist; und fechtet mannhaft, da die Städter alle dahinten fliehen."

Ob die Legende stimmt, dass dieser Ruf die Städter in Verwirrung stürzte, sei dahingestellt. Tatsache bleibt, dass Graf Eberhard durch ein raffiniertes Umgehungsmanöver dem Gegner von Süden in den Rücken fällt und einen vollständigen Sieg erringt. Der Städtebund zerfällt in den folgenden Monaten; ein erster entscheidender Schritt zum Einheitsstaat ist vollzogen.

Kurz nach der Schlacht von Döffingen erreicht Eberhard die Nachricht, dass am Todestag seines Sohnes ein Urenkel geboren wurde. Er selbst stirbt 76-jährig am 15. März 1392. Seine Nachkommen regieren das 1806 zum Königreich erklärte Württemberg die nächsten 500 Jahre.

33. Wenzel von Böhmen – eine königliche Skandalnummer

In der Stadt Reims wollte König Karl VI. von Frankreich am 24. März 1398 den deutschen König Wenzel empfangen. Beide Herrscher hatten vereinbart, über die Beilegung der christlichen Kirchenspaltung zu beraten. Aber als die Herzöge von Berry und Bourbon zu Wenzel kamen, um ihn zum Festbankett mit Karl VI. zu geleiten, mussten sie befremdet den Rückzug antreten, da sie den König völlig betrunken vorfanden. Es war nicht die einzige Blamage, welche Wenzel dem Ansehen des deutschen Königtums zufügte.

Schon im Alter von zwei Jahren ließ Wenzels Vater, Kaiser Karl IV., ihn 1363 zum König von Böhmen krönen. Karl war ein kluger und diplomatischer Herrscher, der sich sehr bemühte, das immer stärker divergierende Deutsche Reich zusammenzuhalten. Allerdings begünstigte er sein böhmisches Stammland in auffallender Weise und verlegte die kaiserliche Hauptresidenz nach Prag.

König Wetzel (rechts) und sein Vater IV.

Nach dem Tod Karl IV. Ende 1378 übernahm der junge Wenzel die Regierung. Er verstand es zunächst geschickt, die rivalisierenden Fürsten, Städtebünde und Ritterbruderschaften zu neutralisieren. Irgendwelche Bestrebungen, die Kaiserkrone zu erlangen, unternahm er nie, was für einen römisch-deutschen König recht ungewöhnlich war und in den vergangenen Jahrhunderten nie vorgekommen war. Lieber ging Wenzel auf die Jagd. Er betrieb dies so leidenschaftlich, dass er Tag und Nacht von einer Meute riesiger Jagdhunde umgeben war.

Am letzten Tag des Jahres 1386 geschah eine persönliche Katastrophe. Einer der Jagdhunde fiel Wenzels Gemahlin Johanna von Bayern an und biss sie zu Tode. Seit diesem Zeitpunkt veränderte sich Wenzels Wesen, er ergab sich hemmungslos dem Alkohol, wurde träge und bösartig. Manchmal bekam er furchtbare Wutanfälle. 1393 zerstritt er sich mit dem Prager Erzbischof, ließ einige seiner Berater verhaften und foltern, wobei er selbst Hand anlegte. Der Generalvikar Johann von Pomuk wurde auf Wenzels Befehl an ein Holzkreuz gebunden und am 20. März 1393 in der Moldau ertränkt. Daraus entstand die Legende vom Heiligen Nepomuk, der sterben mußte, weil er das Beichtgeheimnis der Königin nicht verraten wollte.

In der Folgezeit benahm Wenzel sich wie ein unzurechnungsfähiger Despot. Seine Begleiter waren jetzt nicht nur die Hunde, sondern auch ein Henker, den er vertraulich „Gevatter" nannte. Er soll sogar einen Koch, dessen Speise nicht gelungen schien, zur Strafe auf den Bratspieß gesteckt haben. Wahrscheinlich ist das nur ein Gerücht, es zeigt aber, dass man dem König solche Untaten durchaus zutraute.

Das Deutsche Reich versank derweil in Anarchie. Mehrere Kurfürsten taten sich deshalb zusammen und am 20. August 1400 wurde Wenzel von Böhmen als „unnützer, träger, unachtsamer Entgliederer und unwürdiger Inhaber des Reiches" für abgesetzt erklärt und statt dessen der Pfalzgraf Ruprecht zum König gewählt.

Wenzel bekam daraufhin wieder einen Wutanfall und ließ große Töne hören: „Ich will das rächen oder darum tot sein. Ruprecht soll so tief hinab, als er hoch auf den Stuhl gesetzt worden ist. Ich will ihn tot stechen oder er muß mich tot stechen!" Natürlich geschah nichts dergleichen. Vielmehr wurde Wenzel 1402 von seinem eigenen Halbbruder Sigmund, dem späteren Kaiser, gefangen genommen und 19 Monate zu Wien inhaftiert. 1403 bestätigte der Papst seine Absetzung als deutscher König.

Nach seiner Entlassung regierte Wenzel noch 16 Jahre in Böhmen – eigensinnig und despotisch, wie es seine Art war. 1409 beschnitt er die

Freiheiten der Prager Universität. Daraufhin verließen sämtliche deutschen Professoren und Studenten das Gebäude; der Lehrbetrieb kam zum Erliegen. Anfangs mit der Reformbewegung des Jan Hus sympathisierend, schwenkte Wenzel nach dessen Hinrichtung als Ketzer 1415 um und erließ mehrere Edikte gegen die Hussiten.

Am 30. Juli 1419 kam es in der Prager Neustadt deshalb zum Aufruhr. Ein Hussitenhaufe stürmte das Rathaus, warf den Bürgermeister und mehrere königstreue Ratsherren aus dem Fenster, die vom wütenden Pöbel mit Spießen und Heugabeln aufgefangen wurden. Wenzel war über diese Vorfälle so entsetzt, dass ihn ein Schlaganfall traf, an dem er am 16. August 1419 starb. Mit seiner Person verkörperte er den Tiefpunkt des deutschen Königtums.

34. Ein Hohenzoller bändigt die Raubritter

Der 30. April 1415 bildete einen Höhepunkt des allgemeinen Konzils zu Konstanz. Kaiser Sigmund begrüßte an diesem Tag in der Bodensee-Stadt den Burggrafen Friedrich VI. von Nürnberg. Unter seiner Fahne mit dem schwarzen Adler empfing der Zoller die feierliche Belehnung mit der Würde eines Kurfürsten und Markgrafen von Brandenburg sowie den damit verbundenen Rang eines Reichserzkämmerers. Damit begann der Aufstieg der Dynastie Hohenzollern, welcher 450 Jahre später in der Ausrufung zum Deutschen Kaiser kulminierte.

Die Mark Brandenburg stellte Anfang des 15. Jahrhunderts einen rechtsfreien Raum dar. Weil das einheimische Herrschergeschlecht ausgestorben war, hatte Kaiser Karl IV. das Land 1361 seinem Sohn Wenzel dem Faulen und später dessen Cousin Jobst von Mähren übertragen. Beide hielten sich stets außerhalb Brandenburgs auf und ließen der Anarchie freien Lauf. Raubritter durchzogen das Land und brachten den Handel fast zum Erliegen. Die Herzöge von Pommern überzogen viele wehrlose Städte mit Krieg, der Erzbischof von Magdeburg ließ Rathenow plündern. Die Mißstände erreichten einen Höhepunkt, als der berüchtigte Ritter Dietrich von Quitzow im Herbst 1410 ohne Fehdeansage die Stadt Berlin überfiel und teilweise in Brand steckte.

Nachdem Markgraf Jobst Anfang 1411 gestorben war, fiel Brandenburg an den Kaiser Sigmund zurück. Ihm war klar, dass die Situation im Land auf ein Chaos zusteuerte. Deshalb ernannte er am 8. Juli 1411 den Burggrafen Friedrich VI. von Nürnberg zum „rechten Obristen und allgemeinen Verweser und Hauptmann der Mark".

Der 40-jährige Friedrich war politisch und militärisch außerordentlich fähig; schon 1396 hatte er Kaiser Sigmund im Kampf gegen die Türken auf dem Balkan beigestanden. Als er im Juni 1412 nach Brandenburg kam, empfingen die Städte Berlin, Cölln und Spandau ihn als Retter aus größter Not. Die Landadeligen freilich hatten für Friedrich nur Spott übrig. Kaspar Gans zu Putlitz, Führer des altmärkischen Adels, nannte ihn den „Tand von Nürnberg", Dietrich von Quitzow meinte: „Und wenn es ein Jahr lang Nürnberger regnete, so sollen sie doch in unserer Mark nicht aufkommen."

Zunächst zogen die Ritter Friedrich von Hohenzollern in offener Feldschlacht entgegen, wurden aber im Oktober 1412 am Kremmener Damm schwer geschlagen. Nun verschanzten sie sich in ihren festen Schlössern und Burgen. Die Herren von Maltitz, gefürchtete Raubritter, verloren durch Unachtsamkeit als erste ihre Feste Trebbin. Andere Burgen wie Friesack, Plaue und Beuthen waren nicht so leicht zu bezwingen; insbesondere die Festung Plaue mit ihren fünf Meter dicken Mauern galt als uneinnehmbar.

Doch der Hohenzoller brachte nicht nur ein Heer, sondern auch eine bis dato in der Mark unbekannte Waffe mit: schwere Geschütze, sogenannte Donnerbüchsen, die mit Pulver geladen wurden und riesige Steinkugeln verschossen. Die größte Kanone erhielt wegen ihrer geringen Beweglichkeit den Namen „Faule Grete". Mit diesen Geschützen legte Friedrich eine Burg nach der anderen in Trümmer. Im Februar 1414 wurde Friesack erobert, dann folgte Golzow, dessen Herr Hans von Rochow im Büßerhemd mit einem Strick am Hals um Gnade flehte. Schließlich fiel auch das befestigte Plaue, die Hauptburg der Quitzows.

Am 20. März 1414 hielt Friedrich auf einem Landtag zu Tangermünde Gericht über die Rebellen und verkündete eine neue Landfriedensordnung. Die schlimmsten Raubritter wie Werner von Holtzendorff und Johann von Quitzow wurden ihrer Güter für verlustig erklärt.

Nachdem die Ordnung wiederhergestellt war, zog Friedrich Anfang 1415 zum allgemeinen Konzil nach Konstanz, wo der Kaiser ihn als Dank für seine Verdienste zum Kurfürsten und Markgrafen von Brandenburg ernannte. In Konstanz fand auch der Prozess gegen den böhmischen Reformator Jan Hus statt, der am 6. Juli 1415 als Ketzer verbrannt wurde. Friedrich von Hohenzollern besaß daran keinen Anteil, denn er jagte zu dieser Zeit den Gegenpapst Johannes XXIII. durch Tirol und nahm ihn gefangen. 1417 stellte er in Konstanz ein Konklave der Kardinäle unter militärischen Schutz, die am 11. November den Römer Oddo Colonna als neuen Papst Martin V. wählten, womit die Spaltung der christlichen Kirche beendet war.

Friedrich I. zog nach Beendigung des Konzils zurück ins Brandenburgische. Da seine Herrschaft noch nicht gefestigt schien, marschierte Anfang 1420 ein polnisch-deutsches Heer unter Herzog Kasimir von Pommern in die Mark ein. Gemeinsam mit seinem einstigen Gegner Kaspar Gans zu Putlitz schlug der Kurfürst am 27. März 1420 Kasimirs Truppen bei Angermünde vernichtend. Die Hohenzollern und Brandenburg waren eine untrennbare Einheit geworden.

35. Heilige im Harnisch – Jeanne d'Arc

Die Stadt Orléans wurde seit sechs Monaten von englischen Truppen belagert. Alle Versuche zu ihrer Befreiung waren blutig gescheitert. Orléans schien am Ende seiner Widerstandskraft und dem Untergang geweiht. Da erschien am 29. April 1429 am Bourgogne-Tor ein junges Mädchen in ritterlicher Rüstung, das ein Lilienbanner führte. Sie lüftete ihr Visier und sagte zum französischen Oberbefehlshaber: „Ich bringe Euch wirksamere Hilfe als Euch von irgendeinem Soldaten und jedweder Stadt geboten worden ist: den Beistand des himmlischen Königs." Orléans blieb französisch. Eine 17jährige gab damit dem Land, das hoffnungsloser Agonie anheim gefallen war, einen plötzlichen Aufschwung von Kampfesmut und Zuversicht. Sie hieß Jeanne d'Arc, auch bekannt als Jungfrau von Orléans.

Noch nie in Frankreichs Geschichte war die Not so groß wie im Frühjahr 1428. Seit 80 Jahren tobte ein Krieg durch Städte und Dörfer. Die Engländer besetzten große Teile des westlichen Landes, im Osten standen Truppen des mächtigen Herzogtums Burgund. Frankreichs Ritterschaft hatte 1415 in der Schlacht bei Azincourt gegen den englischen König Heinrich V. so immense Verluste erlitten, dass es kaum noch kampffähige Männer gab. Paris wurde 1418 von burgundischen Truppen erobert. 1422 war König Karl VI. im Wahnsinn gestorben; sein gleichnamiger Sohn fand keine einzige Stadt, in der eine formgerechte Krönung stattfinden konnte. Man nannte ihn nur herablassend den „Dauphin" (Thronfolger).

In dieser Zeit wuchs Jeanne d'Arc auf. Über ihre Herkunft wissen wir kaum etwas. Sie wurde 1411 oder 1412 in dem lothringischen Dorf Domrémy geboren. Ihre Eltern sollen wohlhabende Bauern gewesen sein, weshalb es nicht unwahrscheinlich ist, dass sie als kleines Mädchen Schafe gehütet hat. Bezeugt ist die Tatsache ihrer Visionen. 1424 sprach sie erstmals davon, dass ihr ein Engel erschienen sei, der sie zur Rettung des Vaterlandes vor den ausländischen Feinden ermunterte. Anfang Mai 1428 verließ Jeanne ihre Heimat, um in die Weltgeschichte einzugehen.

Als erste überzeugte sie Robert de Baudricourt von ihrer Mission. Er war Burghauptmann der strategisch wichtigen Stadt Vaucouleurs und gab der jungen Frau einen Trupp Soldaten als Geleitschutz mit. Frankreichs ungekrönter König Karl VII. hielt sich damals in Chinon, gut 200 Kilometer südwestlich von Paris auf. Am 4. März 1429 kam Jeanne dort an, noch in ihrer schlichten Bauernkleidung. Zwei Tage später wurde sie zum König gerufen. Obwohl sie ihn noch nie gesehen hatte und Karl überdies ein völlig unauffälliges Gewand trug, erkannte sie ihn sofort inmitten der versammelten Höflinge.

Fast einen Monat lang befragten Kirchenobere, Gelehrte und Theologen das Mädchen, wobei sie mit ihrer unerschütterlichen Gewissheit als

Gottes Abgesandte beeindruckte. Am 21. April 1429 erhielt Jeanne ihre eigens für sie geschmiedete Rüstung, ein Schwert sowie das Banner mit den königlichen Lilien. Sie ritt nach Orléans, erfüllte die Männer mit neuem Mut und schon am 8. Mai zogen die englischen Belagerer ab.

Im Sommer 1429 führte Jeanne d'Arc die nur 3.000 Mann zählenden französischen Truppen von Sieg zu Sieg. Sie eroberten Auxerre, Troyes und Chalons. Der größte Sieg war die Schlacht bei Patay am 18. Juni über den englischen Kronfeldherren John Talbot. Dabei kämpfte Jeanne wie ein alter Soldat mitten im Getümmel. Vier Tage später verkündete sie dem Herzog von Alencon: „Es ist Zeit, sich zum gnädigen König Karl zu begeben, um ihn auf den Weg seiner Krönung in Reims zu bringen." Tatsächlich vermochte es die Jungfrau, ihren Willen durchzusetzen. In der Kathedrale von Reims ließ sich Karl VII. am 17. Juli 1429 zum König von Frankreich krönen.

Jeanne eilte danach wieder zu ihrer Armee. Ihr Ziel hieß die Eroberung von Paris. Die Engländer erlitten am 15. August eine weitere Niederlage bei Montépilloy. Doch im Herbst scheiterte der Angriff auf die Hauptstadt. Zur Jahreswende 1429/30 zeigte sich Jeannes Stellung nicht mehr so unanfechtbar. Sie hatte ihre Schuldigkeit getan und fing an, durch ständige Ermahnungen zum Kampf dem König und seinen Beratern lästig zu fallen. Als sie im Frühjahr 1430 vor die Stadt Compiègne nördlich von Paris zog, traf sie auf ein stark überlegenes burgundisches Heer. Vergeblich wartete sie auf die vom König zugesagte Verstärkung. Dann konnte

Jeanne ihren Angriffsgeist nicht mehr zügeln und wagte eine Attacke auf den Feind. Dabei wurde sie am 23. Mai 1430 gefangengenommen.

Die Burgunder lieferten „La Pucelle" (die Jungfrau) an die Engländer aus. Im Januar 1431 begann in der englisch besetzten Stadt Rouen ein fast fünf Monate dauernder Hexenprozess gegen Jeanne. Schlauerweise überließen die Engländer das Verfahren gegen ihre Erzfeindin einigen französischen Handlangern wie Pierre Cauchon, dem Bischof von Beauvais und den Doktoren der Pariser Universität. Sie verurteilten das kaum 20jährige Mädchen als Hexe zum Tode. Ein Hauptgrund dafür war die Tatsache, dass sie Männerkleidung getragen hatte. Jeanne d'Arc wurde am 30. Mai 1431 auf dem Alten Marktplatz von Rouen lebendig verbrannt.

Dieses schreiende Unrecht an Johanna konnte man nur postum wieder gutmachen. Schon 1456 ließ Papst Calixtus III. das Urteil gegen sie aufheben. Nachdem im 19. Jahrhundert ein wahrer französischer Nationalkult um die Jungfrau entstand, reagierte auch der Vatikan. 1909 selig gesprochen, wurde Jeanne von Papst Benedikt XV. am 16. Mai 1920 zur Heiligen erhoben.

36. Justizmord in Bayern – Der Fall Agnes Bernauer

Die Anschuldigung wog schwer im 15. Jahrhundert: Hexerei in Gestalt von Liebes- und Schadenszauber. Obwohl die junge Angeklagte Agnes Bernauer sämtliche Schuld leugnete, stand das Urteil von vornherein fest. Am 12. Oktober 1435 wurde sie von der Donaubrücke in Straubing gestürzt und ertränkt. Ihr einziges Vergehen bestand darin, dass der bayerische Thronfolger sich unsterblich in sie verliebt hatte.

Im ausgehenden Mittelalter waren Badestuben der beliebteste öffentliche Platz, vor allem zur Winterszeit. Hier konnte man sich vom Bademeister waschen, massieren oder medizinisch behandeln lassen. Jedermann war – außer den Juden – der Zugang gegen eine geringe Gebühr möglich. Fast alle liefen in der Wärme halbnackt herum. Die Bademägde trugen nur einen äußerst großzügig geschnittenen weißen Leinenkittel und feingestrickte Haarnetze. In Augsburg betrieb Kaspar Bernauer eine solche Badestube und seine Tochter Agnes arbeitete dort als Magd.

Anfang 1428 besuchte der 27-jährige Albrecht, Sohn des Herzogs Ernst von Bayern-München, diese Badestube. Er verliebte sich sogleich in die ungefähr 18 Jahre alte Agnes, ein schönes zartes Mädchen mit prächtigem Blondhaar. Die beiden wurden ein Liebespaar und noch im selben Jahr gebar Agnes eine Tochter, die sie Sibylla nannte. Albrecht schenkte ihr das Schlösschen Vohburg an der Donau nahe bei Ingolstadt als Wohnsitz. Einige Zeit später schlossen beide sogar mit kirchlichem Segen den Bund der Ehe – in aller Heimlichkeit.

Bayern war seit 1375 in drei herzogliche Linien geteilt: München, Landshut und Ingolstadt. Der regierende Herzog Ernst von Bayern-München durfte sich aufgrund fehlender männlicher Nachkommenschaft seiner Vettern große Hoffungen machen, dass ganz Bayern eines Tages an seinen einzigen Sohn Albrecht fallen würde. Deshalb drängte er ihn 1432, eine standesgemäße Ehe einzugehen. Als Albrecht ihm gestand, dass er bereits verheiratet sei – und das mit einer schlichten Baderstochter – brachen Ernsts politische Pläne völlig zusammen. Vergeblich beschwor er seinen Sohn, die Ehe mit Agnes Bernauer für ungültig erklären zu lassen. Albrecht bekannte sich standhaft zu seiner Liebe. Er ließ sich auch nicht beirren, als man ihm den Zugang zum ritterlichen Turnierplatz verweigerte unter der Begründung, er würde „mit einem Weibe in Unzucht verharren".

Ab 1432 lebte das Paar mit der gemeinsamen Tochter Sibylla abwechselnd in Straubing und in der Alten Veste zu München. Herzog Ernst wandte schließlich statt Überredung List und Gewalt an. Gemeinsam mit seinem Vetter Herzog Heinrich von Bayern-Landshut und dem Münchener Bürgermeister Alexander Liegsalz schmiedete er ein Komplott.

Albrecht wurde Anfang Oktober 1435 von Heinrich zu einer Hirschjagd eingeladen und ging arglos auf dieses Angebot ein. Kaum war er abgereist, ließ Herzog Ernst am 11. Oktober Agnes Bernauer in Straubing verhaften. Zunächst sollte sie nur dazu gebracht werden, ihr Eheverlöbnis zu widerrufen. Doch Agnes weigerte sich in der Hoffnung, Albrecht werde rechtzeitig zurückkehren und sie befreien. Da die Zeit drängte, änderte Ernst das Verfahren. Nun wurde die junge Frau der Hexerei angeklagt. Angeblich habe sie Albrecht in Melancholie versetzt und einen Giftanschlag auf seinen Vater unternommen.

Da Hexerei im Mittelalter als außerordentliches Verbrechen galt, konnte Herzog Ernst sein Schnellverfahren rechtfertigen. Liegsalz und die anderen Richter verurteilten Agnes Bernauer zum Tode. Als „Gnadenerweis" wanderte sie nicht auf den Scheiterhaufen, sondern wurde am 12. Oktober 1435 gefesselt von der Straubinger Donaubrücke gestürzt. Als es ihr dennoch gelang, sich zu befreien, drückte sie der Henker mit einer Stange solange unter Wasser, bis sie ertrank.

Als Albrecht von dieser Schandtat erfuhr, stellte er ein Kriegsheer gegen seinen Vater auf. Erst durch die Vermittlung von Kaiser Sigmund höchstpersönlich ließ er sich zur Versöhnung bewegen. 1437 heiratete er eine braunschweigische Prinzessin. Herzog Ernst stiftete als Sühne für den Justizmord an seiner Schwiegertochter einen Grabstein aus rotem Marmor. Nachdem Albrecht regierender Herzog geworden war, ließ er 1447 die Gebeine der „ehrsamen Frau Agnesen der Pernawerin" in die Kapelle des Sankt-Peter-Friedhofs von Straubing umbetten.

In Deutschland ist das Schicksal der Agnes Bernauer außerhalb Bayerns kaum bekannt. Nicht so in Frankreich. Hier wurde 1961 sogar ein Spielfilm über sie gedreht – mit Brigitte Bardot in der Titelrolle.

37. Freiheitsheld und Kindermörder

Als die Inquisitoren des Bischofs von Nantes im September 1440 das Schloss Tiffauges durchsuchten, machten sie schaurige Entdeckungen: Dutzende Schädel, Skelettreste und Leichenteile von kleinen Kindern. Einer der spektakulärsten Kriminalfälle aller Zeiten stand vor seiner Aufklärung.

Der 1404 geborene Ritter Gilles de Laval, Baron de Rais, zählte zu den reichsten Grundherren der westfranzösischen Vendée. 1426 stellte er auf eigene Kosten sieben Kompanien bewaffneter Krieger in den Dienst von König Karl VII. Der Monarch wurde damals von den siegreichen Engländern im sogenannten Hundertjährigen Krieg hart bedrängt. Der tapfere Rais verteidigte Anjou und Maine; schließlich wurde er auserwählt, Jeanne d'Arc, die „Jungfrau von Orléans", auf ihrem Feldzug zu begleiten. Bald zählte er zu deren engsten Vertrauten. Er erfocht mit ihr 1429 die Siege von Jargeau und Patay.

Nachdem Karl VII. am 17. Juli 1429 in Reims als König gekrönt worden war, ernannte er Gilles de Rais zum Marschall von Frankreich. Wenig später durfte er sogar die königlichen Lilien als Saum seines Wappens tragen.

Im Mai 1430 wurde Jeanne d'Arc vor Compiègne gefangen genommen. König Karl VII., der ihr Freiheit und Krone zu verdanken hatte, tat nichts, um der Jungfrau zu helfen. Er ließ es sogar tatenlos geschehen, dass sie am 30. Mai 1431 in Rouen bei lebendigem Leib verbrannt wurde.

Dieses Geschehnis muß auf Gilles de Rais eine unselige Wirkung hinterlassen haben. 1431 zog er sich auf seine Güter bei Nantes zurück. In den Schlössern von Tiffauges und Camptoce sowie dem Kastell La Suze ergab er sich zunächst alchimistischen Studien. Schon während seiner Kämpfe gegen die Engländer war bei de Rais eine sadistische Ader zum Vorschein gekommen. Er pflegte Kriegsgefangene eigenhändig in einer qualvollen Prozedur zu hängen. Nun – im Schutze der Provinz – brach sich seine gewalttätige Natur endgültig Bahn.

Sein erstes Opfer war ein Bauernjunge. Er erwürgte das Kind und schlug ihm die Hände ab. Dann riss er ihm Augen und das Herz heraus. Das abfließende Blut benutzte er als Tinte, um damit okkulte Texte zu verfassen. Nach diesem Mord gab es kein Halten mehr. Die Häscher des Gilles de Rais entführten Woche für Woche Kinder, die der Schlossherr vergewaltigte und dann in ihren Eingeweiden wühlte. Seine Folterungen wurden immer bizarrer. Auch ließ er die abgeschlagenen Kinderköpfe schminken und aufspießen, um dann makabere „Schönheitskonkurrenzen" zu veranstalten. Seine entsetzte Gemahlin verließ ihn 1434, schwieg aber über das blutige Familiengeheimnis.

Obwohl immer dann, wenn Gilles de Rais eine seiner Burgen aufsuchte, am nächsten Tag mehrere Kinder der Gegend für immer verschwanden, wagte niemand, den mächtigen Baron offen zu verdächtigen. Er stand auf gutem Fuß mit Obrigkeit und Klerus. 1435 stiftete der orgiastische Massenmörder eine große Kirche im Ort Machecoul und zwar ausgerechnet „zum Gedenken an die unschuldigen Kinder von Bethlehem"!

1440 beging Rais jedoch einen entscheidenden Fehler. Er ließ den Priester Jean le Ferron, dessen Bruder ihm Geld schuldete, während einer Pfingstmesse in der Kirche überfallen und gefangen nehmen. Mit diesem Übergriff machte er sich den Bischof von Nantes zum Feind. Der war schon lange hellhörig geworden, als Gerüchte kursierten, wonach auf Rais Burgen „allerlei nichtsnutziges Volk" Skelettreste beseitigt habe.

Im September 1440 leitete der Bischof ein förmliches Verfahren gegen Gilles de Rais ein. Als seine Untersuchungsrichter auf Burg Tiffauges die Überreste der hingeschlachteten Kinder fanden, wurde er des Massenmordes, der Dämonenbeschwörung, Sodomie und Ketzerei angeklagt. Am 15. Oktober 1440 begann der Prozess und sechs Tage später legte Rais vor Gericht ein Geständnis ab, aus freien Stücken, ohne dass man ihn gefoltert hätte. Er bestand darauf, sein Bekenntnis „in gemeiner Sprache" (also in Französisch statt Latein) abzulegen, damit das einfache Volk ihn verstehen könne und „zur Ermahnung aller Familienväter, damit sie wachen über ihre Kinder".

Das Gericht konnte Gilles de Rais 140 konkrete Morde nachweisen, nahm aber an, dass mindestens 400 Kinder seinem Wüten zum Opfer fielen. Der Angeklagte erging sich in ebenso zynischen wie genüsslichen Schilderungen der Morde und redete fast pausenlos. Am 26. Oktober 1440 wurde dieses Ungeheuer in Menschengestalt erwürgt und abschließend sein Körper verbrannt.

Für die Literatur gab der Fall immerhin willkommenen Stoff ab. So lebt der Unhold Gilles de Rais weiter in den Legenden über den mordenden „Ritter Blaubart".

38. Untergang eines 1.000-jährigen Reiches

Die Stadt Konstantinopel war im 15. Jahrhundert der klägliche Rest des einst so mächtigen, 395 gegründeten Oströmischen oder Byzantinischen Reiches. Seit 800 Jahren bildete sie ein christliches Bollwerk gegen den aggressiven Islam. Doch 1453 sah Europa tatenlos zu, wie dieses Bollwerk von einer Übermacht der Türken belagert und erobert wurde.

Es war ein trübseliges Bild, das sich dem jungen Spanier Pedro Tafur 1437 in Konstantinopel bot: „Es gibt nur wenige Einwohner. Sie sind nicht gut gekleidet, sondern elend und arm, gezeichnet von der Härte des Schicksals." Die Lage war in der Tat verzweifelt. Seit Ende des 14. Jahrhunderts hatten osmanische Türken den Balkan erobert und das anatolische Vorland im Osten besetzt. Konstantinopel war von allen Seiten eingekreist und nur noch auf dem Seeweg zu erreichen.

1437 unternahm der damalige Kaiser Johannes VIII. eine zweijährige Rundreise durch Europa und wies auf die Türkengefahr hin. Aber er stieß auf taube Ohren, weil alles daraufhindeutete, dass die Osmanen sich mit der Existenz Konstantinopels abgefunden hätten. Immerhin verfügte diese Stadt über die stärksten Mauern der Welt. Sultan Murad II. residierte in Edirne, dem früheren Adrianopel, und benahm sich durchaus friedfertig.

Als Murad 1451 starb, änderte sich die Situation vollständig. Sein erst 19-jähriger Sohn Mohammed II. war ein fanatischer Christenhasser. Seine intellektuelle Bildung (er beherrschte sechs Sprachen, darunter Latein und Griechisch) hinderte ihn nicht daran, alle Untertanen mit grausamer Härte zu behandeln. Schon im Sommer 1451 begannen die Vorbereitungen zur Belagerung Konstantinopels. Ihre mächtigen Stadtmauern waren nur durch Artillerie zu bezwingen, eine Waffengattung, die damals noch in den Kinderschuhen steckte. Kanonengießer und Geschützmeister zählten zu den hochbezahlten Fachleuten. 1452 gelang es Sultan Mohammed II., einen ungarischen Ingenieur zu bestechen, der ihm mehrere riesige Bronzekanonen baute. Die größte war neun Meter lang und verschoss eine Kugel von 650 kg mehr als 1.500 Meter weit.

Der oströmische Kaiser Konstantin XI. erkannte die Gefahr und bat in Europa um Hilfe. Doch nur aus Genua und Venedig kamen Soldaten – ganze 700, geführt von dem Genuesen Giovanni Giustiniani. Auch eine Handvoll Spanier unter Francisco de Toledo fand sich ein. Am Ende standen kaum 7.000 Mann zur Verteidigung bereit, während die Türken mit mindestens 150.000 Soldaten und einer riesigen Kriegsflotte anrückten.

Am 1. April 1453 sichteten Vorposten die ersten türkischen Truppen. Kaiser Konstantin ließ sämtliche Stadttore schließen, die Hafeneinfahrt durch eine eiserne Kette sperren und alle Brücken zerstören, die stadteinwärts führten.

Der Sultan traf am 3. April ein und nun begann ein achtwöchiges Drama. Zunächst beschoss die türkische Artillerie Konstantinopels Mauern. Immer wenn eine Bresche geschlagen war, schickte Mohammed seine „Baschi-Bazuks" vor, irreguläre Söldnertruppen. Es waren Abenteurer aus aller Herren Länder, bewaffnet mit einem Sammelsurium von Krummsäbeln, Schleudern, Schießprügeln und Bögen. Hinter diesem Kanonenfutter stand eine Reihe „Jassaulen" (Militärpolizisten), die mit Peitschen und Streitkolben ausgerüstet waren und jeden Fliehenden mit Schlägen zurück an die Front trieben. Erst wenn diese Baschi-Bazuks aufgerieben waren, kam die Elitetruppe der Janitscharen zum Einsatz.

Drei Wochen lang stürmten die Türken gegen die Stadt, doch die präzisen Verteidigungsmaßnahmen des Giovanni Giustiniani erwiesen sich als stärker. Sultan Mohammed musste sich etwas einfallen lassen. Am 22. April schleiften unzählige Ochsengespanne etwa 70 Kriegsschiffe auf Radgestellen übers Land, die dann am Goldenen Horn ins Wasser gelassen wurden. Nun war Konstantinopel auch von der Seeseite bedroht.

Am 28. Mai stellten die Belagerten fest, dass am folgenden Tag der Generalsturm beginnen würde. Kaiser Konstantin begab sich zum letzten Gottesdienst und ließ am Morgen des 29. Mai sämtliche Kirchenglocken läuten. Zwei Angriffe der Türken wurden zurückgeschlagen. Dann gelang es ihnen, die Kerkoporta, ein kleines Ausfalltor, einzuschlagen und in die Stadt einzudringen. Konstantin eilte mit seinem Gefolge dorthin und drängte den Feind zurück. In diesem Moment wurde Giustiniani von einem Kanonensplitter getroffen und sank blutend zu Boden. Unter Freudengeheul drangen die Janitscharen wieder vor, während die Verteidiger ihr Mut verließ. Kaiser Konstantin kämpfte bis zum letzten Atemzug, dann ging er gemeinsam mit seiner Stadt unter.

Der Sultan erlaubte seinen Männern eine dreitägige Plünderung, die ihnen gemäß islamischer Tradition zustand. Über Konstantinopel brach die Hölle los. „Am Mittag färbten sich Straßen und Gassen rot von Blut", heißt es im Bericht eines venezianischen Augenzeugen. „Die Häuser wurden geplündert, Frauen, Männer und Kinder vergewaltigt, gepfählt oder auf andere Art umgebracht." Die letzten Einwohner flüchteten sich in die Kirche „Hagia Sophia" (Heilige Weisheit). Sie wurden mitsamt ihren Priestern, welche die Messe lasen, erschlagen oder in die Sklaverei verschleppt.

Bereits nach einem Tag gab es in Konstantinopel nichts mehr zu erbeuten. Sultan Mohammed wartete das Ende der schlimmsten Ausschreitungen ab, dann betrat er am 30. Mai 1453 die Stadt. Vor der Hagia Sophia angekommen, bestieg auf seinen Befehl der oberste Imam die Kanzel und verkündete den Sieg im Namen Allahs. Konstantinopel heißt bis heute Istanbul.

39. Deutschlands spektakulärstes Kidnapping – der Altenburger Prinzenraub 1455

Es war ein furchtbarer Augenblick, der sich Margarethe von Sachsen in der Nacht vom 7. zum 8. Juli 1455 bot. Drei schwarz vermummte Gestalten waren über eine Strickleiter ins Schloß zu Altenburg (Thüringen) eingedrungen und hatten sich ihrer Söhne Ernst und Albrecht bemächtigt. Hilfeschreiend beugte sich die Mutter über die Schloßmauer, doch vergeblich, denn ihr Gemahl, Kurfürst Friedrich II. von Sachsen, weilte mit seinem Gefolge im 30 Kilometer entfernten Leipzig. Die drei Entführer verschwanden mit den jammernden Knaben ungehindert im nächtlichen Dunkel Richtung Süden.

Das Schloss zu Altenburg

Urheber dieser Untat war der Ritter Kunz von Kaufungen. Dieser adlige Haudegen hatte bis 1451 auf der Seite des Kurfürsten gegen dessen rebellischen Bruder gekämpft. Dabei war Kunz in Gefangenschaft geraten und mußte sich, wie damals üblich, durch ein hohes Lösegeld freikaufen. Die Rede war von 3.000 Goldgulden, was bei aller gebotenen Vorsicht einer heutigen Summe von etwa 1,3 Millionen Euro entspricht. Nach Kriegsende forderte er eine Entschädigung in Gestalt von Land oder Geld. Als Friedrich das verweigerte, beschloß Kaufungen, sich sein Recht auf Ritterart zu verschaffen und drohte dem Kurfürsten persönliche Fehde an.

Er verbündete sich mit zwei anderen unzufriedenen Adligen, den Herren Wilhelm von Mosen und Wilhelm von Schönfeld. Die drei beobachteten das Hoflager in Schloß Altenburg. Als sich eines Nachts die günstige Gelegenheit bot, schlugen sie zu. Mit den geraubten Söhnen sollte

Friedrich erpresst werden, die Forderungen Kunzens zu erfüllen. Auf getrennten Wegen wurden die zwei Prinzen nach Süden entführt, wo 70 Kilometer entfernt an der böhmischen Grenze eine Burg von Kaufungen stand.

Während einer Rast im Wald bei Elterlein gelang es dem erst 11-jährigen Albrecht, einem Köhler namens Georg Schmidt seine Identität mitzuteilen. Der schwarze Mann überwältigte kurzentschlossen Kunz von Kaufungen, nahm ihn mit seinen Gesellen gefangen und übergab ihn im Kloster Grünhain den Behörden. Albrecht erhielt später für sein Verhalten den Beinamen „der Beherzte".

Kaufungens Spießgesellen Mosen und Schönfeld versteckten den 14-jährigen Prinzen Ernst zunächst drei Tage in einem verlassenen Bergwerkstollen. Als sie von den Geschehnissen im Wald von Elterlein erfuhren, beschlossen sie, ihren Gefangenen freizulassen. Allerdings verlangten sie zuvor, man solle ihnen Straffreiheit gewähren. Tatsächlich blieben die beiden adligen Ganoven ungeschoren. Mit Kunz von Kaufungen aber machte der Kurfürst kurzen Prozeß. Er wurde am 14. Juli 1455 auf dem Marktplatz in Freiberg enthauptet.

Die Befreiungsaktion hatte noch ein anekdotisches Nachspiel. Der Köhler Georg Schmidt, so heißt es in einer alten Chronik, „habe dem Kurfürsten und dem ganzen Hofgesinde immer und immer wieder erzählen müssen, wie bei der Befreiung der Prinzen sich alles zugetragen. Und da er dabei stets die Äußerung gethan, dass er Kunz von Kaufungen mit seinem Schürbaume weidlich ‚getrillt' (verhauen) habe, so wäre ihm vom Kurfürsten der Name Triller beigelegt worden, und dieser hätte mit der Zeit den eigentlichen Familiennamen Schmidt ganz verdrängt."

Eine hübsche Legende. Tatsächlich erhielt Schmidt vom Kurfürsten als Belohnung ein kleines Landgut bei Zwickau nebst lebenslanger Steuerfreiheit. Das dürfte den wackeren Köhler gewiß mehr erfreut haben als jeder Ehrenname.

Die beiden Prinzen gingen nicht nur durch ihre spektakuläre Entführung in die Geschichte ein. Im Vertrag zu Leipzig teilten sie 1485 ihr Land. Ernst behielt die Kurfürstenwürde sowie die Gebiete bei Weimar, Erfurt und Wittenberg. Albrecht bekam das Territorium rund um Leipzig, Dresden und Meißen. Die bis heute bestehende Trennung zwischen Sachsen und Thüringen nahm damals ihren Anfang.

40. Der Mythos von Dracula

Als „Graf Dracula" geistert der transsilvanische Herrscher Vlad III. seit 1897 durch zahllose Vampir-Romane und Horrorfilme. Worauf beruht sein zweifelhafter Ruf als Blutsäufer, Untoter und Fürst der Finsternis? Tatsache ist, dass Vlad daran nicht ganz unschuldig war.

Die Gesandten des türkischen Sultans behielten während einer Audienz in Tirgoviste 1460 ihre Turbane auf dem Kopf. Interessiert fragte Fürst Vlad III. nach der Ursache. Niemals würde ein Moslem sein Haupt entblößen, lautete ihre Auskunft. Der Walache hatte für die Türken eine Antwort parat, die seinem gefürchteten Namen alle Ehre machte. Er ließ die Gesandten von seiner Leibwache ergreifen und ihnen kleine Nägel durch die Turbane schlagen. Dann schickte er sie mit der Bemerkung, er lasse sich keine fremden Sitten aufdrängen, zum Sultan zurück.

Der 1431 wahrscheinlich im rumänischen Schäßburg (Sighisoara) geborene Vlad war Sohn des Herrschers der in Südrumänien gelegenen Walachei. Der Vater Vlad II. führte den Beinamen „Dracul" (Drache), seinen Sohn nannte man „Draculea" (Drachensohn). 1442 gerieten beide in türkische Gefangenschaft. Hier soll Draculea mehrfach von seinen Wärtern vergewaltigt worden sein. Vlad II. schloss schließlich einen Pakt mit dem Sultan. Nach seinem Tod 1447 versuchte der aus dem Gefängnis entlassene Draculea die Herrschaft zu ergreifen, wurde aber von dem ungarischen Protegé Wladislaw II. vertrieben.

Die nächsten acht Jahre verbrachte Draculea auf Reisen in Europa und eignete sich hier vor allem militärische Kenntnisse an. 1456 konnte er Wladislaw besiegen und bestieg nach dessen Hinrichtung als Vlad III. den Thron der Walachei. Zwei Jahre später schlug er auch ein Heer der Türken zurück. Nun kam die Stunde der Abrechnung. Alle walachischen Bojaren (Hochadlige), die gegen seinen Vater konspiriert hatten oder Wladislaw gefolgt waren, wurden verhaftet. Die Älteren ließ Draculea auf hölzerne Pfähle spießen und ihr Eigentum im Volk verteilen, alle anderen mussten lebenslange Zwangsarbeit leisten.

Die Hinrichtungsart des Pfählens hatte der Fürst ebenso wie seine Menschenverachtung als Geisel der Türken kennengelernt und wandte sie nun gnadenlos an. Korruption, Diebstahl, Meineid – alles wurde mit Pfählen bestraft. Bald herrschte Friedhofsruhe in der Walachei, Handel und Kultur florierten; für den einfachen Mann war Draculea ein Volksheld.

Zunächst leistete er den Türken einen Vasalleneid, um freie Hand gegen die siebenbürgischen Städte Kronstadt (Brasov) und Hermannstadt (Sibiu) zu bekommen. Nach seinem militärischen Sieg ließ der Fürst einen „Wald der Gepfählten" errichten und nahm inmitten der Hingerichteten genussvoll eine Mahlzeit ein. Als sein Mundschenk fragte, ob der Leichengeruch ihn nicht beim Esse störe, ließ Vlad ihn ebenfalls auf einen Pfahl spießen. Dies brachte ihm bei den Türken den Namen „Tepes" (Pfähler) ein.

Wie treffend dies war, mussten die Osmanen sehr bald erfahren. 1462 begann Draculea einen Feldzug gegen die türkischen Besatzer südlich der Donau. Dieses tollkühne Unternehmen scheiterte und eine feindliche Armee näherte sich der walachischen Hauptstadt Tirgoviste. Hier erwartete sie ein grausiger Anblick: Hunderte gepfählte türkische Gefangene. Völlig demoralisiert traten die Krieger des Sultans den Rückzug an. Draculea ließ derweil verbreiten, dass er stets vom Blut seiner Opfer zu trinken pflege.

Diejenigen Bojaren, welche Draculeas Terror überlebten, waren nach Ungarn geflohen und erhoben Klage bei König Matthias I. Corvinus. Der beschloss, den unberechenbaren Walachen kaltzustellen. 1463 ließ er ihn im Handstreich gefangen nehmen und auf Burg Visegrád an der Donau einsperren. Doch als 1474 Sultan Mohammed II. ein riesiges Heer gegen Ungarn zusammenzog, erinnerte sich Matthias der militärischen Fähigkeiten seines Gefangenen. Nachdem Draculea zum katholischen Glauben konvertiert war, vertraute man ihm ein Heer an, mit dem er 1476 gegen die Türken zog. Nach einigen siegreichen Gefechten in Bosnien wurde Vlad III. im November 1476 wieder zum Fürsten der Walachei ausgerufen.

Auf seinem letzten Feldzug metzelte Draculea persönlich viele türkische Gefangene nieder und bestätigte seinen Namen als „Pfähler". Anfang 1477 geriet er jedoch in einen Hinterhalt und fiel im Kampf. Die Türken schlugen seinen Kopf ab, konservierten ihn in Honig und stellten ihn in Istanbul zur Schau. Sein Körper wurde im Kloster Snagov beigesetzt.

1897 bemächtigte sich der irische Romancier Abraham („Bram") Stoker des Draculea-Stoffes. Ein finsterer Einzelgänger, der gnadenlos Menschen tötet und ihr Blut trinkt, wurde mit allerlei Vampir-Mythen verquickt. Im Jahre 1931 wollte man diesen Legenden auf den Grund gehen. Draculeas Grab in Snagov wurde geöffnet – aber es war kein Leichnam darin. Der Vampir lebt...

41. Der „harte Seevogel" schlägt zu

Der Danziger Kapitän Kurt Bokelmann bemerkt den Unfall sofort. In dieser nebligen Oktobernacht 1442 hat sein Kriegsschiff *Mariendrache* auf der Ostsee ein Boot gerammt und versenkt. Obwohl er schnellstens Ruderboote aussetzen läßt, wird kein Überlebender gefunden. Erst im letzten Moment entdeckt man einen Bettkorb, der zwischen Wrackteilen eingeklemmt auf dem Wasser treibt. In dem Korb liegt ein etwa anderthalbjähriger Junge. Bokelmann nimmt das Kind mit nach Danzig und übergibt es seinem Schwager, dem Ratsherren Beneke. Er gibt ihm den Namen Paul. Seine Eltern werden nie ermittelt, so dass Paul Beneke mit Recht von sich sagen konnte: „Ich bin ein Kind der See."

Schon mit 14 Jahren nimmt er 1455 an einer Seeschlacht gegen die Dänen bei Bornholm teil und rettet seinem Kapitän im Nahkampf das Leben. Danzig gehört zum mächtigen deutschen Handelsbund der Hanse. Ihre gewerbliche Schiffahrt wird immer wieder von feindlichen Mächten bedroht. Die Handelsflotte braucht daher militärischen Schutz zur See. Während in den Binnenstädten der Bürger nur dann zur Waffe greift, wenn seine Stadt unmittelbar bedroht ist, sonst aber den Kriegsdienst

Söldnern überlasst, besteht die seemännische Führung und Besatzung der Hanse-Kriegsschiffe aus einheimischen Bürgern.

Beneke kapert 1466 das dänische Kriegsschiff *Anholt* und bringt es nach Danzig. Dafür erhält der junge Mann die Beförderung zum Kapitän. Im Frühjahr 1469 bricht ein Krieg mit England aus. König Edward IV. hat den Stalhof in London, wichtigster Handelsstützpunkt der Hanse, stürmen und plündern lassen. Deutsche Kaufleute werden interniert, ihr Eigentum beschlagnahmt. Die Flotten von Hamburg, Lübeck und Danzig setzen sich sofort in Marsch.

Auf der Reede von Brügge liegen fünf englische Kriegsschiffe. Beneke will mit seinen zwei Koggen unbedingt angreifen, aber zuvor muß die *Saint John* ausgeschaltet werden, ein Schiff, das mit seiner Feuerkraft weit überlegen ist. Gegen Mitternacht erscheint ein Fischerkahn längsseits des Engländers. Die beiden Insassen sagen dem Offizier der Wache, sie seien vom langen Rudern ermüdet, wollten deshalb im Schutz des großen Schiffes festmachen und eine Suppe kochen. Der Offizier gibt die Erlaubnis, die beiden Fischer verholen ihr Boot am Heck der *Saint John* und entfachen ein Kesselfeuer. Als die Suppe fertig ist, gießt einer der Fischer – es ist Paul Beneke – sie in eine der über dem Wasser liegenden Ösen, in denen das Hauptruder aufgehängt ist. Tatsächlich handelt es sich um flüssiges Blei. Mit freundlichem Dank entfernen sich die Fischer.

Am Morgen erscheinen Benekes Koggen plötzlich im Nebel vor dem Bug des nächsten Engländers, schießen ihn auf kürzeste Distanz kampfunfähig und zwingen die anderen, ihre Ankertaue zu kappen. Doch die *Saint John* treibt wegen ihres festgeschmolzenen Ruders steuerlos auf die offene See. Da der Engländer achtern keine Geschütze besitzt, kann Beneke den bewegungsunfähigen Gegner durch einige Breitseiten zum Wrack schießen. Zwei englische Schiffe fliehen daraufhin, die anderen beiden erobern Benekes Männer.

Es bleibt nicht die einzige Ruhmestat des deutschen Kapitäns, den man inzwischen „der harte Seevogel" nennt. 1470 nimmt seine Besatzung den Lord Mayor von London im Ärmelkanal gefangen. Beneke erhält zur Belohnung eine goldene Ehrenkette und eine neues Flaggschiff. Es ist der Dreimaster *Peter von Danzig*, genannt *De Groote Kraweel* (die große Karavelle). Mit einer Länge von 52 Metern, einer Tragfähigkeit von 800 Tonnen, 350 Mann Besatzung und 18 Kanonen zählt es zu den größten Schiffen Nordeuropas.

Auf einer Fahrt vor der flandrischen Küste stößt Beneke 1472 auf zwei englische Kriegsschiffe, *Magdalena de Dieppe* und *Swan of Caen*. Die Danziger Seeleute zeigen plötzlich Furcht und verweigern den Kampf gegen einen zweifach überlegenen Feind. Bevor es zur offenen Meuterei kommt, packt Paul Beneke seine Männer bei ihrer Ehre: „Sollen wir unser Leben lang die Schande tragen, dass die Kinder mit Fingern auf uns weisen und uns nachschreien: das sind jene, die sich von den Welschen (Ausländern – d.A.) jagen lassen? Muß ich mit eigenen Ohren hören, dass uns die Welschen nachrufen, so müsse man deutsche Hunde jagen? Sollte ein ehrlicher Deutscher nicht eher sterben, als das anhören?"

Jetzt gibt es für die Matrosen kein Zögern mehr. Der *Peter von Danzig* überschüttet die Engländer erst mit einem Kanonenhagel, geht dann längsseits und zwingt sie zur Kapitulation. Eine reiche Ladung aus Pelzen, Gold, Edelsteinen und Gewürzen wird erbeutet. 1473 erobert Beneke die *Saint Thomas*. Ihr wertvollster Schatz ist „Das Jüngste Gericht", ein Gemälde des Flamen Hans Memling. Man schenkt es der Heimatstadt Danzig. Dort hängt es bis heute in der Marienkirche.

1474 muß England den Frieden von Utrecht schließen, die hanseschen Vorrechte bestätigen und hohe Entschädigung an die deutschen Hansestädte zahlen. Paul Beneke fährt auf Schiffen wie dem *Fliegenden Geist* weiter erfolgreich Geleitschutz. Doch während ein ordinärer Seeräuber wie Klaus Störtebeker heute als Held gilt, hat man Beneke weitgehend vergessen. Er stirbt knapp 40jährig 1480 an einer Epidemie.

42. König Richard III. – Monster oder Held?

Das genaue Geburtsdatum von Richard III. ist der 2. Oktober 1452. Doch eigentlich geboren wurde er erst 1592 aus der Feder William Shakespeares. Dessen suggestives Königsdrama hat bis auf den heutigen Tag die Gestalt Richards geprägt – als Urbild eines mörderisch-zynischen Ungeheures auf dem Thron. Dieser Mann, dessen Mutter laut Shakespeare über ihn sagt:

„Friedensstörer dieser armen Welt, der Hölle Sohn, du Lump der Ehre, wühlend Schwein"

war tatsächlich eine der bemerkenswertesten Figuren unter Englands Monarchen. Aufgewachsen während einer landesweiten Adelsfehde der Familien Lancaster und York, hätte er auch zum Helden werden können. Doch sein Clan, die Yorks, fanden sich letztlich auf der Verliererseite wieder.

Als Richard III. 1485 in der Schlacht bei Bosworth ums Leben kam, erlangte die Tudor-Dynastie die Macht. Deren Ansprüche auf den Thron standen auf so wackeligen Füßen, dass sie es für nötig erachtete, sich gleichsam als Erlöser von einer menschlichen Bestie zu legitimieren. In den folgenden Jahrzehnten zeichneten die Tudor-Propagandisten ein Zerrbild von Richard III., das bis heute präsent ist.

Shakespeare war bekannt dafür, dass er seinen Königsdramen historische Quellen zugrundelegte. Nur beging er den (für einen Dichter verzeihlichen) Fehler, all das, was Richards Kritiker als Gerüchte, Möglichkeiten und Vermutungen bezeichnen, zur verbürgten Wahrheit umzumünzen. Die drei massivsten Vorwürfe lauten:

1. Richard habe den abgesetzten König Heinrich VI. persönlich ermordet. Das ist Unsinn. Als Heinrich Ende Mai 1471 in London ermordet wurde, weilte Richard hunderte Kilometer entfernt an der schottischen Grenze.

2. Er habe seinen Bruder George, Herzog von Clarence als lästigen Konkurrenten durch gedungene Mörder in einem Fass voll Malvasierwein ertränken lassen. Tatsächlich hatte Clarence mehrfach Verschwörungen und Rebellionen gegen die Krone angezettelt und war deshalb von seinem Bruder König Edward IV. mit Billigung des Parlaments zum Tode verurteilt und hingerichtet worden (1478).

3. Die beiden unmündigen Söhne König Edwards seien auf Richards Befehl 1483 umgebracht worden. Das urplötzliche Verschwinden der beiden Prinzen gehört bis heute zu den Mysterien englischer Geschichte. Welchen Anteil Richard daran besaß, ist unklar. Die Behauptung, er hätte die Knaben im Tower „eingesperrt", ist aber falsch. Im ausgehenden Mittelalter diente der Tower noch nicht als Staatsgefängnis, sondern war vielmehr ein komfortabler und sicherer Palast. Es scheint so, als habe Richard seine Neffen eher schützen als beseitigen wollen.

Getreu der damals herrschenden Maxime, ein böser Geist müsse in einem hässlichen Körper wohnen, dichtete man Richard III. allerlei äußerliche Makel an. Bei Shakespeare beschuldigt der König das Schicksal:

„Meinen Arm wie einen dürren Strauch mir zu verschrumpfen,
dem Rücken einen neidischen Berg zu türmen,
die Beine von ungleichem Maß zu formen."

Mit anderen Worten: Richard litt unter einem großen Buckel, einem verkümmerten Arm und ungleich langen Beinen. Ist das wirklich wahr? Zunächst kann man feststellen, dass die wenigen zeitgenössischen Porträts keinerlei Behinderungen zeigen. Die Vermutung, der jeweilige

Maler habe schmeicheln wollen, ist unwahrscheinlich. Die Porträtkunst Ende des 15. Jahrhunderts war von schonungslosem Realismus geprägt. Richards Zeitgenosse König Ludwig XI. von Frankreich etwa trägt eine monströse Gurkennase zur Schau.

Verdächtig ist weiter, dass kein zeitgenössischer Bericht diese massiven Behinderungen erwähnt. Der deutsche Diplomat Nikolaus von Poppelau schreibt im April 1484 aus London: „König Richard war drei Finger länger, doch ein wenig schlanker und nicht so dick als ich selbst." Er habe überdies „ganz subtile Arme und Schenkel". Das hat nichts mit Shakespeares Quasimodo-Gestalt zu tun.

Schließlich widersprechen sich Richards Verleumder selbst. Unisono erwähnen sie, er sei auf dem Schlachtfeld ein tapferer Kämpfer Mann gegen Mann gewesen. Aus der Schlacht von Bosworth 1485 wird berichtet, wie er mit eingelegter Lanze auf den Bannerträger seines Widersachers losstürmte und ihn mit voller Wucht vom Pferd stieß. Weiter heißt es: „Er schlug sich mit John Cheney, einem Mann von ungeheurer Körperkraft. Der König machte ihn mit großer Heftigkeit nieder und hieb sich links und rechts den Weg frei."

Um derart zu kämpfen, braucht man zumindest zwei gesunde Arme, einen beweglichen Körper und sicheren Halt im Sattel. Dem Shakespear'schen Krüppel wäre dergleichen unmöglich gewesen.

Studiert man zudem noch die authentischen Berichte jener Zeit über Richards Loyalität, Gerechtigkeitssinn und Staatsklugheit, so darf man in Abwandlung eines Verses von Wilhelm Busch sagen:

Es lautet der Spruch des historischen Gerichts:
Mit dem bucklig-bösen Richard ist es nichts.

43. Columbus und das Ende der Mauren in Spanien

Das Jahr 1492 gilt als ein Wendepunkt der Menschheitsgeschichte. Christoph Columbus entdeckte am 12. Oktober Amerika. Einige Monate zuvor fand im Süden Spaniens ein Ereignis statt, das weniger bekannt, aber nicht minder folgenreich war: die Eroberung des letzten arabischen Stützpunktes in Europa, der Stadt Granada. Erst diese Episode ermöglichte die Expedition des Columbus.

Spanien erlebte im 12./13. Jahrhundert eine Bewegung, die „Reconquista" (Wiedereroberung) genannt wurde. Die christlichen Königreiche im Norden wollten das Land von den arabischen Besatzern befreien, die hier ab 711 eingedrungen waren. Zunächst verlief diese Reconquista erfolgreich. 1232 wurde das mächtige Emirat von Cordoba erobert, 1241 geschah dasselbe mit Murcia und 1248 mit Sevilla. Nur das Emirat Granada im Südosten Spaniens blieb moslemisch. Zu ihm gehörten größere Städte wie Malaga, Almeria und Marbella. 1275 ließ der Emir Granada zur uneinnehmbaren Festung ausbauen. Im ganzen Land wurden mehr als 50 Kastelle angelegt.

Weil die beiden christlichen Königreiche Kastilien und Aragón einander häufig befehdeten, blieb Granada 200 Jahre lang von Angriffen weitgehend verschont. Das änderte sich ab 1469. In diesem Jahr heiratete Isabella, Erbin von Kastilien, den Kronprinzen Ferdinand von Aragón. Nachdem Isabella Königin geworden war, vereinigten sich die beiden Reiche 1479 zum Land Spanien. In diesem christlichen Königreich steckte das islamische Granada wie ein Fremdkörper.

Isabella und Ferdinand leisteten den heiligen Schwur, ganz Spanien von den „Moros" (Mauren) zu befreien. Der Emir von Granada Abul Hassan lieferte in völliger Fehleinschätzung des Kräfteverhältnisses einen Kriegsgrund. 1481 griff er die spanische Stadt Zahara an, die durch den Orden der Ritter von Santiago verteidigt wurde. Daraufhin stellte das Königspaar ein Heer von mehr als 20.000 Mann auf und begann das Emirat systematisch zu belagern.

Abul Hassan wurde schon 1482 von seinem Sohn Abu Abdallah gestürzt, aber der Krieg war nicht mehr aufzuhalten. Ihre mächtigen Festungswälle nutzten den Mauren nur noch wenig, denn inzwischen war die Artillerie erfunden. Spaniens Feldherren Ponce de Leon und Enrique de Guzmán schossen mit ihren Kanonen eine Stadt nach der anderen sturmreif. Als erste fiel schon 1482 die zentral gelegene Festung Alhama. Das Emirat war dadurch in zwei Hälften geteilt. Im Juni 1485 wurde Marbella erobert, im August 1487 folgte Malaga und Ende 1489 Almeria.

Im April 1490 begann die Belagerung von Granada. Ihre Mauern trotzten der spanischen Artillerie lange. Außerdem machte Abu Abdallah, den die Christen „Boabdil" nannten, mehrere tollkühne Ausfälle mit seinen Kriegern. Isabella und Ferdinand nahmen seit dem Jahresende persönlich am Kriegsgeschehen teil.

Als das christliche Heerlager durch ein Unglück niederbrannte, ließen sie westlich von Granada eine ganze Stadt aus dem Boden stampfen, die sie Santa Fé tauften. Hier empfing Königin Isabella am 27. April 1491 einen Mann mit hochfliegenden Plänen: Christoph Columbus. Obwohl Spaniens Staatskasse aufgrund des Maurenkrieges fast leer war, sicherte Isabella ihre finanzielle Unterstützung für Columbus' Entdeckungsfahrt zu. Den Weitblick der 40-jährigen Monarchin kann man nur bewundern.

In Granada erkannte Emir Boabdil die hoffnungslose Lage. Gegen den Widerspruch seiner Generale bot er die Kapitulation an. Am 2. Januar 1492 überreichte er Isabella und Ferdinand unterwürfig die Torschlüssel von Granada. Vier Tage später zog das Königspaar triumphal in die nun wieder christliche Stadt ein. Spanien war nach fast 800 Jahren ein geeintes Land geworden. Die etwa 400.000 Mauren durften in Spanien bleiben, wenn sie den christlichen Glauben annahmen. Ihre überwiegende Mehrheit wählte diese Alternative.

Sieben Monate nach der Eroberung von Granada brach Columbus von Spanien aus zu seiner großen Seefahrt auf.

44. Florenz – eine Stadt versinkt im Wahn

Am 7. Februar 1497 loderte auf der Piazza della Signoria in Florenz ein riesiger Scheiterhaufen. Stundenlang wurde er von kostbaren Dingen gespeist. Die Menschen warfen Kleider, Bücher und Möbel in die Flammen; Gemälde waren darunter, Perücken, Spielkarten und Musikinstrumente. Die Zeremonie leitete ein schwarz gekleideter Mönch. Lauthals pries er das „Fegefeuer der Eitelkeiten" und rief: „Vernichtet die Idole, damit der Herr sich nicht gegen uns wende!" Dieser Mann, Girolamo Savonarola, hatte es vermocht, binnen weniger Monate aus dem lebenslustigen Florenz einen asketischen Gottesstaat zu machen.

Ebenso wie Deutschland war Ende des 15. Jahrhunderts auch Italien ein von Kleinstaaten zerrissenes Territorium. In Florenz herrschte das Geschlecht der Medici. Sie zählten nicht zum Adel des Landes, sondern waren eine Familie von Bankiers. 1378 wurde der Ahnherr Salvestro de Medici „Gonfaloniere" (Bannerherr) von Florenz und seither regierten er und seine Nachkommen die Arno-Stadt. Seit 1469 amtierte Lorenzo de Medici, den man „il Magnifico", der Prächtige, nannte. Er war ein energischer, aber auch toleranter Politiker.

Mit der Kirche war es zu dieser Zeit schlecht bestellt. Der Vatikan selbst bot ein Bild von Sittenlosigkeit, Geldgier und Gewalttätigkeit. „Es gibt keine Gnade des Heiligen Geistes, die man nicht mit Geld erkaufen kann", stellte treffend der Mönch Girolamo Savonarola fest. Er hatte im Alter von 23 Jahren ein religiöses Erweckungserlebnis, brach sein Medizinstudium ab und trat 1475 in den strengen Mönchsorden der Dominikaner ein, die auch „Domini canes" (Wachhunde Gottes) genannt wurden.

Seit 1482 predigte er in Florenz über die Mißstände in Staat und Kirche. Bald griff er auch den Stadtherren Lorenzo an, nannte ihn einen Tyrannen und Dieb. Gleichwohl wurde Savonarola 1491 als Prior in das städtische Kloster San Marco berufen. 1492 starben sowohl Lorenzo, als auch der Papst. In Rom bestieg mit Alexander VI. ein Mann den Stuhl Petri, den viele für die Verkörperung des Lasters hielten. Er hatte von mehreren Frauen sieben Kinder und begriff sein Amt als Mittel zur persönlichen Bereicherung. In Florenz regierte derweil Piero de Medici, der nicht das Format seines Vaters besaß.

Für Savonarola war Alexander VI. das Feindbild schlechthin. „Du hast den Wölfen den Weg geebnet und ihnen alle Macht gegeben, um dem Werk Christi Hindernisse in den Weg zu legen", schrieb er an den Papst. 1494 vertrieb er mit seinen Anhängern, den „Piagnoni" (Krakeelern), die Medici aus Florenz und errichtete einen mönchischen Gottesstaat.

Alexander VI. duldete das Treiben Savonarolas mit erstaunlicher Langmut. Er zitierte ihn nach Rom – der Mönch weigerte sich zu kommen, weil der Papst ihn angeblich ermorden wolle. Er erteilte ihm Predigtverbot – Savonarola hielt sich nicht daran. Schließlich wurde er am 13. Mai 1497 exkommuniziert, woraufhin er nach Rom schrieb: „Wer also etwas gegen die christliche Liebe gebietet, die A und O unseres Gesetzes ist, der sei selbst von Gott exkommuniziert."

Florenz war inzwischen zum düsteren Jammertal geworden. Mit suggestiver Beredsamkeit hielt Savonarola den Menschen ihre Sünden, Schwächen und Leidenschaften vor. Sämtliche Luxusgegenstände mussten abgeliefert werden. Eine „Kinderpolizei" wurde gegründet. Diese halbwüchsigen Vandalen durften in jedes Haus eindringen und „anrüchige" Dinge zerstören, z. B. Schminktöpfe, Spiegel, Perücken, reiche Kleidung. Wer ihnen keine Almosen gab, wurde oft verprügelt.

Der übermächtige Einfluss Savonarolas zeigt sich sehr augenfällig in der Wandlung des Florentiner Malers Sandro Botticelli. Unter dem Patronat der Medici hatte er ganz Italien mit seiner Kunst entzückt. Seine Bilder waren durchdrungen vom lebensfrohen Geist der Renaissance, voll schillernder Blumen, zarter Schleier und anmutiger Frauen. Das berühmteste Gemälde war die „Geburt der Venus". Jetzt sah man nur noch mittelalterliches Leid und Wehe, Schreie und Entsetzen. Statt überirdisch schöner Göttinnen agierten auf Botticellis Gemälden geifernde Megären.

Diese Wandlung geschah nicht freiwillig. Zwei Jahre nach dem Ende Savonarolas schrieb Botticelli, seine Bilder seien „während der dreieinhalbjährigen Herabsendung Satans auf Erden" entstanden. Bis zu seinem Tod 1510 blieb der Maler ein gebrochener Mann, der nie wieder zu seiner künstlerischen Größe zurückfand.

Von Florenz werde das Licht Gottes über ganz Italien, ja in die ganze Welt leuchten, sogar die Moslems würden sich bekehren, hoffte Savonarola. Doch von seiner Herrschaft gingen hauptsächlich Angst und Schrecken aus. Das Volk wollte seine Predigten nicht mehr hören und als eine Pestepidemie ausbrach, sah man darin ein Zeichen für Gottes Zorn.

Am 8. April 1498 stürmte eine Menschenmenge das Kloster San Marco. Savonarola wurde verhaftet und vom Stadtrat als exkommunizierter Ketzer zum Tode verurteilt. Vorher hatte er sich auch unter der Folter nicht von seinen Handlungen distanziert. Mit zwei anderen Mönchen wurde Girolamo Savonarola am 23. Mai 1498 erst gehenkt und dann verbrannt. Dies geschah auf der Piazza della Signoria, wo er ein Jahr zuvor das „Fegefeuer des Eitelkeiten" entfacht hatte.

45. Hemmingstedt – deutsche Bauern besiegen ein Ritterheer

Im Februar 1500 marschierte ein dänisches Heer in die Landschaft Dithmarschen an der Nordsee ein. Es zählte 12.000 Mann, darunter 2.000 gepanzerte Ritter, 4.000 Landsknechte und Artillerie. Ihnen standen ganze 3.000 bewaffnete Bauern entgegen. Wie so oft in der Geschichte schien das Schicksal der Schwächeren besiegelt. Doch beim Ort Hemmingstedt am „Tausendteufelswall" geschah eine militärische Sensation.

Die Bewohner der Dithmarschen (deutsche Marschen) im südwestlichen Holstein lebten seit Anfang des 13. Jahrhunderts als freie Bauern auf freiem Land. Sie hatten sich von der Oberherrschaft des Königs von

Dänemark befreit und verwalteten ihr ungefähr 1.400 Quadratkilometer großes Land nach republikanischen Maßstäben. Dithmarschen war in vier „Döffte" (Gaue) eingeteilt. Jeder entsandte zwölf Mitglieder, die als „Kollegium der 48er" das Land regierten. Größere Städte gab es bis auf Meldorf nicht. Dithmarschen bestand aus einzelnen großen Gehöften mit eng verbundenen, zu gegenseitiger Hilfe verpflichteten Familien. 1447 gab sich die Bevölkerung mit dem „Landbuch" sogar eine eigene Verfassung.

Im Europa des Spätfeudalismus stellte die Dithmarscher Republik eine bemerkenswerte Ausnahme dar. Die Herrscher von Dänemark akzeptierten diese selbständigen Bauern nie. Der seit 1481 regierende König Johann beschloss, seine Autorität in Holstein wiederherzustellen. Nachdem er 1497 auch noch König von Schweden geworden war, fühlte er sich stark genug, dieses „bauernstolze Trutzen" zu brechen.

Auf einem Landtag in Rendsburg forderte Johann 1499 die Dithmarscher zur Unterwerfung auf. Sie sollten jährlich 15.000 Mark (damals eine ungeheuer große Summe) zahlen und die Errichtung von drei befestigten Schlössern in Meldorf, Brunsbüttel und am Eider-Fluss hinnehmen. Wenn sie sich weigerten, würde der König das ganze Land mit Krieg überziehen. Ihre selbstbewusste Antwort hat Theodor Fontane in einer Ballade sehr schön beschrieben:

„Und von den Bauern Wolf Isebrand der sprach: Er mag nur kommen;
Wir haben aus keines Königs Hand dies Land zu Lehen genommen.
Wir sind zudem vom Aufrechtgehn versteift in unsren Hälsen;
Und wer seine Schlösser auf Marschgrund baut, der baut sie nicht auf Felsen.
Dies Land ist unser, wir haben's im Kampf der Sturmflut abgerungen,
wir bangen vor keines Königs Zorn, wir, die wir das Meer bezwungen."

Als König Johann diese Antwort hörte, schwur er angeblich, sich solange nicht Bart und Haupthaar zu scheren, bis er das freche Bauernpack unterworfen habe. Es war ihm bitter ernst damit. Er mobilisierte nicht nur 8.000 Krieger aus Dänemark und Holstein, sondern warb auch noch eine berüchtigte Söldnertruppe an, die „Sächsische Garde" oder „Schwarze Bande". Diese etwa 4.000 Landsknechte besaßen Erfahrung bei der Niederschlagung von Aufständen. Ihr Schlachtruf lautete: „Wahr Di, Buer, de Gaar kummt!" (Hüte Dich, Bauer, die Garde kommt). Bewaffnet waren die Söldner mit bis zu fünf Meter langen Spießen; sie standen unter dem Befehl von Junker Thomas Slenz.

Am 13. Februar 1500 drang Johanns Heer in Meldorf ein, plünderte die Stadt und massakrierte alle Einwohner, die nicht rechtzeitig fliehen konnten. Das Dithmarscher Heer, etwa 3.000 Kämpfer, hatte sich unter Führung des Landesältesten Wolf Isebrand hinter eine alte Schanze zurückgezogen, den „Dusenddüwelswarf" (Tausendteufelswall) bei Hemmingstedt. Dieser Wall versperrte den einzigen Vormarschweg der Dänen, eine schmale Landstraße nach dem Ort Heide.

Als am Vormittag des 17. Februar die „Sächsische Garde" aus Meldorf abrückte, öffneten die Bauern mehrere drei Kilometer entfernte Deichsiele. Da es am Vortag fast ununterbrochen geregnet hatte, verwandelten sich die Wege in Schlammpfade. Der Anmarsch geriet immer mühseliger und als die Vorhut zur Mittagsstunde vor der Schanze eintraf, waren Artillerie und Tross noch kaum aus Meldorf herausgekommen. Die schwere Bewaffnung der Ritter erwies sich nun als Nachteil. Auf der schmalen Straße konnten sie sich im Morast kaum bewegen.

In ihren leichten Rüstungen stürzten die Dithmarschen vom Wall aus auf den Feind, an ihrer Spitze Wolf Isebrand und eine junge Frau namens Telse von Hochwöhrden. Zwei Angriffe wurden abgeschlagen. Doch immer mehr in die Enge getrieben, gerieten Landsknechte und Ritter ins Wanken. Viele wandten sich zur Flucht, ertranken aber bei dem Versuch, die Straße zu verlassen. Das Oberhaupt der Garde, Thomas Slenz, kämpfte bis zum letzten Atemzug auf seinem friesischen Hengst. Als Hans von Ahlefeld, der Träger des dänischen Reichsbanners „Danebrog", merkte, dass alles verloren war, wickelte er das Fahnentuch um seinen Körper und wurde mit sechs Knappen niedergehauen.

Die Niederlage der Dänen bei Hemmingstedt war vollständig. Als Rache für das Blutbad in Meldorf erschlugen die Dithmarscher alle Feinde, die sie erwischen konnten. Sie beerdigten nur die toten Soldaten; Ritter und Adlige ließ man nackt so lange auf dem Schlachtfeld liegen, bis ihre Knochen in der Sonne bleichten.

König Johann von Dänemark mußte nicht nur den Verlust seines Heeres, sondern auch der Kriegskasse, der Artillerie und der Fahne beklagen. Er rasierte sich entgegen seinem Schwur wieder den Bart, schnitt die Haare ab und ließ die wehrhaften Bauern künftig in Frieden. Das Land Dithmarschen blieb bis ins 19. Jahrhundert weitgehend frei und unabhängig.

46. Rufmord an einer schönen Römerin – Lucrezia Borgia

Im Sommer 1499 schwirrte die Stadt Rom von Gerüchten. Papst Alexander VI., Vater von sieben unehelichen Kindern, wurde ein blutschänderisches Verhältnis mit seiner 19-jährigen Tochter Lucrezia nachgesagt. Außerdem sollte sie an der Ermordung ihres Bruders Juan beteiligt gewesen sein. Demonstrativ schickte sie der Papst im August 1499 als Regentin nach Spoleto, wo sie sich als Förderin der Künste bewährte. Ihr Ruf als männerverschlingende und giftmischende Femme fatale blieb bis heute erhalten. Ein grandioser Irrtum.

Im 15./16. Jahrhundert war es durchaus nicht ungewöhnlich, wenn der oberste Kirchenfürst Kinder in die Welt setzte. Diese wurden beschönigend „nipoti" (Neffen) genannt, verkehrten im Vatikan und bereicherten die Sprache durch den neuen Terminus „Nepotismus" (Günstlingswirtschaft). Kardinal Rodrigo de Borgia allerdings trieb es am wildesten. Er hatte von drei Frauen sieben Kinder; seine Favoritin Vanozza Cattanei gebar ihm 1475 einen Sohn, Cesare, und 1480 eine Tochter, Lucrezia. Die Borgias stammten aus dem spanischen Valencia und hatten mit Calixtus III. bereits einen Papst gestellt.

Rodrigo galt als hervorragender Diplomat und hemmungsloser Wüstling. Am 10. August 1492 wählte das Kardinalskollegium ihn zum Papst – hohe Bestechungssummen sollen zuvor geflossen sein. Der neue Pontifex nannte sich Alexander VI. und erklärte seine unehelichen Kinder für legitim. Die blonde Lucrezia, schon mit 13 Jahren eine Schönheit, diente dem Papst als Lockmittel für seine polischen Pläne, in Italien ein Borgia-Reich zu errichten.

Bereits 1493 wird Lucrezia mit Giovanni Sforza verheiratet, einem Mitglied der mächtigen Mailänder Herzogsfamilie. Die Ehe wurde wahrscheinlich nie vollzogen und 1497 für ungültig erklärt, weil der Sforza zeugungsunfähig sei. Tatsächlich war er in ein Mordkomplott gegen den Papstsohn Juan de Borgia verwickelt. Gerüchte besagen, auch Lucrezia habe dabei mitgewirkt. Hintergrund war das äußerst innige Verhältnis zu ihrem Bruder Cesare, der Juan als Konkurrent um die Gunst des Papstes beseitigen ließ.

1498 begann sie eine Liebesaffäre mit dem Ersten Kämmerer des Papstes, Pedro Caldés. Aus dieser unstandesgemäßen Liaison ging ein Kind hervor, was Alexander VI. so erboste, dass er seine Tochter mit Alfonso de Bisceglie verheiratete, einem Sohn des Königs von Neapel. Diese Ehe geriet zur blanken Katastrophe. Alfonso intrigierte gegen den Papst und vereitelte dessen Bemühungen, seinem Sohn Cesare die Krone Neapels zu verschaffen. Cesare war ein typischer Machtmensch der Renaissance – ebenso gebildet und intelligent, wie brutal und skrupellos. Als er merkte, dass sein Schwager ein politisches Hindernis darstellte, lauerte er ihm am 15. Juli 1500 im Vatikan auf und stach ihn mit einem Dolch nieder.

Während Cesare mit seinen Truppen eine italienische Festung nach der anderen eroberte (Imola, Rimini, Forli, Faenza), war für Lucrezia bereits der dritte Ehemann gefunden. Im August 1501 heiratete sie Alfonso d'Este, Herzog von Ferrara. Ihr Ruf war durch das Wüten des Cesare und die Ausschweifungen des Papstes schon so geschädigt, dass der deutsche Kaiser Maximilian I. Einspruch gegen diese Eheschließung erhob.

Anfang 1502 zog Lucrezia Borgia in Ferrara ein. Ihre arrangierte Ehe mit d'Este erwies sich als Glücksfall. Der Herzog erlaubte ihr weitgehende Freiheiten. Sie betätigte sich als Kunstmäzenin, förderte den jungen Maler Tizian und den Gelehrten Aldus Manutius. Der berühmte Dichter Ludovico Ariosto rühmte die neue Herrin Ferraras: „Alle anderen Frauen gleichen Lucrezia nur wie das Zinn dem Silber, das Kupfer dem Gold, die Mohnblume der Rose, die bleiche Weide dem immergrünen Lorbeer."

Das Gestirn der Borgias begann indessen zu sinken. Am 18. August 1503 starb Papst Alexander VI. Sein Nachfolger Julius II. galt als vehementer Gegner der Familie. Cesare Borgia verlor 1504 eine Schlacht gegen die Spanier in Süditalien und wanderte für zwei Jahre ins Gefängnis. Anfang 1507 fiel er im Kampf. Lucrezia gebar nach siebenjähriger Ehe endlich den ersehnten Stammhalter, den späteren Herzog Ercole II.

Ihr Verhältnis zu Männern blieb weiter tragisch. Als der Florentiner Humanist Ercole Strozzi Lucrezia 1508 ein freizügiges Gedicht widmete, wurde er wenig später ermordet aufgefunden. Wieder kursierten wilde Gerüchte über den verderblichen Einfluss der Dame Borgia. 1513 nahm sie der neue Papst Leo X. unter seinen persönlichen Schutz, quasi eine Ehrenerklärung. Auch Ehemann Alfonso d'Este stellte sich hinter sie. Doch ihr schlechter Ruf blieb haften, obwohl sie die nächsten zehn Jahre ohne jeden Skandal verbrachte.

Am 24. Juni 1519 stirbt sie 39-jährig nach der Geburt ihres neunten Kindes. Erst der italienischen Geschichtsforscherin Maria Bellonci gelingt es 1939, die wahre Persönlichkeit der Lucrezia Borgia herauszuarbeiten – eine Frau die weniger von Leidenschaft als von Schwermut geprägt war.

47. Feuertaufe, Lästermaul und Perlen vor die Säue – Luthers Bibelübersetzung

An einem Adventssonntag des Jahres 1521 griff Martin Luther zur Feder. Ihn plagten nach eigenen Worten Langeweile und Darmträgheit. Also widmete er sich „einer Last, die über meine Kräfte ist" – der Übersetzung des Neuen Testaments ins Deutsche.

Der Junker Jörg alias Martin Luther erinnerte kaum noch an den hageren Mönch, der im Mai 1521 auf die Wartburg kam. Statt Kutte und Tonsur trug der stattliche Ritter Vollbart, vornehme Gewänder und ein Schwert an der Seite. Ein „wunderlicher Gefangener" sei er, schrieb Luther und das sah wohl nicht nur er allein so.

Auf dem Reichstag zu Worms im April 1521 hatte Luther vor Kaiser und Prälaten sein mutiges Glaubensbekenntnis abgelegt. Der Theologieprofessor aus Wittenberg an der Elbe schien danach seines Lebens nicht mehr sicher. Schon vom kirchlichen Bannfluch ereilt, drohte nun auch noch die weltliche Ächtung. Sein Landesherr, Kurfürst Friedrich der Weise von Sachsen, hielt es für angebracht, den aufsässigen Mönch zu seinem eigenen Schutz für einige Zeit aus der Schusslinie zu nehmen. Als Luther von Worms kommend sächsisches Territorium erreichte, wurde er in der Nacht vom 4. zum 5. Mai 1521 im Thüringer Wald von einer Rotte Bewaffneter ergriffen und auf die Wartburg bei Eisenach gebracht.

Während bei den Anhängern der Reformation Entsetzen über diese Entführung herrschte, war Luther eingeweiht. An seinen Wittenberger Freund, den Maler Lucas Cranach, schrieb er, man werde ihn demnächst „eintun" und: „Es muß eine kleine Zeit geschwiegen und gelitten sein." Auf der Wartburg, die damals – ganz anders als heute – ein recht verfallenes Gemäuer war, musste Luther keineswegs schweigen und auch nicht leiden, denn der Burghauptmann Hans von Berlepsch versuchte, seinem 38-jährigen Zwangsgast mit dem Decknamen „Junker Jörg" das Leben so angenehm wie möglich zu gestalten. Er weihte Luther in ritterliche Lebensweise samt Reiten, Fechten und Jagen ein. Die Kost war so reichlich bemessen, dass der bis dato asketische Mönch kräftig zunahm.

Von seiner Studierstube im Obergeschoss des Vogteigebäudes führte Luther eine rege Korrespondenz, ohne freilich seinen Aufenthaltsort preiszugeben. Er verfasste Traktate über die Beichte, das Mönchswesen und die heilige Messe. Ende 1521, vieles deutet auf den 21. Dezember hin, verwirklichte er dann einen Plan, dessen Schwierigkeiten ihm wohl bewusst waren: Die Übersetzung der Bibel, genauer des Neuen Testaments, ins Deutsche.

Eigentlich war das nichts Neues. Seit mehr als einem Jahrhundert kursierten im Land etwa 15 deutsche Übersetzungen. Diese wurden aber vor allem als Argumentationshilfe für Geistliche gefertigt, lasen sich in ihrer gestelzten Sprache fast unverständlich und beruhten allesamt auf der „Vulgata", einer 1000 Jahre alten, oft ungenauen lateinischen Bibelübersetzung aus der griechischen Urfassung. Eben diesen Originaltext legte Luther seiner Übersetzung zugrunde. Das ermöglichte es ihm, sich mit aller Sprachgewalt so lebensnah, volkstümlich und bildhaft wie möglich auszudrücken. Er kleidete seine Gedanken in eigenwillige Ausdrücke, schuf poetische Bilder und erfand (manchmal nach tagelangem

Grübeln) neue Wortspiele. So übersetzte er im Matthäus-Evangelium *proskairos* (unstet, vergänglich) mit „wetterwendisch".

Sein Deutsch wirkte stil- und sprachbildend für Jahrhunderte. Martin Luther ersann Ausdrücke wie Feuertaufe, Bluthund, Selbstverleugnung, Machtwort, Schandfleck, Lückenbüßer, Gewissensbisse, Lästermaul und Lockvogel. Metaphern wie „Perlen vor die Säue werfen", „ein Buch mit sieben Siegeln", „die Zähne zusammenbeißen", etwas „ausposaunen", gehen ebenso auf ihn zurück wie „im Dunkeln tappen", „ein Herz und eine Seele", „auf Sand bauen" oder ein „Wolf im Schafspelz" und „der große Unbekannte".

Heute ist kaum nachzuvollziehen, wie Luther dieses riesige, mehr als 220 Seiten umfassende Werk binnen nur elf Wochen in solcher Perfektion vollenden konnte. Dabei litt er nach eigenem Bekunden häufig unter Visionen. „Tausend Teufeln bin ich ausgesetzt", schrieb er. Dass er den Satan durch einen Wurf per Tintenfass verjagt habe, ist eine nette Legende, die wohl auf seine Bemerkung: „Ich habe den Teufel mit Tinte bekämpft" zurückgeht.

Luthers linguistisches Anliegen formulierte er so: „Man muß die Mutter im Haus, die Kinder auf den Gassen, den gemeinen Mann auf dem Markt drum fragen und denselbigen auf das Maul sehen, wie sie reden und danach dolmetschen; so verstehen sie es denn und merken, dass man deutsch mit ihnen redet."

Durch seine sinnhafte und dichterische Qualität hat Luther die deutsche Schriftsprache wesentlich geprägt. Als er Anfang März 1522 nach zehn Monaten die Wartburg verließ, führte er das Manuskript bei sich. Nach weiterer Bearbeitung erschien es am 21. September 1522 in Wittenberg mit der für damalige Verhältnisse sehr großen Auflage von 3.000 Exemplaren. Diese „Septemberbibel" war so rasch ausverkauft, dass ihr drei Monate später die nächste Auflage folgte. Bald wurde sie auf den Kanzeln zitiert, im Schulunterricht verwendet, als Volksbuch geschätzt.

„Für meine Deutschen bin ich geboren, ihnen möchte ich auch dienen", bekannte Luther. Tatsächlich vermittelte er mit seinen Schriften den Deutschen das einigende Band einer gemeinsamen Sprache von der Ostsee bis zu den Alpen.

48. Ein Mann, ein Lauf – Gustav Wasa

Der Wasalauf gehört zu den traditionsreichsten Wintersportveranstaltungen. Alljährlich begeben sich hunderte Skiläufer auf die 90 Kilometer lange Strecke in Mittelschweden. Dieser populäre sportliche Wettstreit besitzt einen Hintergrund, der tief in die Geschichte Schwedens reicht und mit dem Freiheitskampf des Landes verbunden ist.

Ganz Skandinavien stand Anfang des 16. Jahrhunderts unter dänischer Herrschaft. In Schweden amtierte ein Reichsverweser, der auch für die Steuereintreibung zuständig war. Nachdem Christian II. 1513 in Kopenhagen den Thron bestiegen hatte, verschlechterten sich die Verhältnisse. Der König erhöhte den Steuerdruck dermaßen, dass es zu einem Aufstand der Schweden kam. 1518 wurden sie besiegt und Christian nahm danach mehrere prominente Geiseln, darunter auch den jungen Gustav Eriksson Wasa, Sohn eines führenden schwedischen Politikers.

Die Dänen setzten Gustav in Nordjütland auf Schloss Kalö gefangen, doch 1519 gelang es ihm, als Bauer verkleidet über Flensburg nach Lübeck zu entkommen. Die dortigen Ratsherren, ständig in Fehde mit Dänemark liegend, gaben ihm finanzielle Hilfe und so konnte Gustav Wasa im Mai 1520 wieder nach Schweden zurückkehren. Inzwischen war auf ihn ein Kopfgeld ausgesetzt worden und im ganzen Land machten Häscher Jagd auf den Flüchtling.

Oft mußte Gustav sich als Bauer, Bergmann oder Holzfäller verkleiden. Ende 1520 kam er im Dorf Isala beim Bauern Nilson als Knecht unter. Selbst in dieses kleine Nest fielen eines Tages dänische Reiter ein, die jeden nach einem jungen Edelmann ausfragten. Bauer Nilson stellte sich in Anwesenheit Gustavs unwissend. Seine Rettung verdankte er freilich dessen resoluter Frau. Ein Chronist berichtet: „Seine Frau, um ihnen allen Argwohn zu nehmen, gab Gustavo einen ziemlich harten Schlag mit einem Brotschieber und schalt ihn, dass er so lange müßig stünde, und sich nicht hinaus mache zu dem übrigen Gesinde, in der Scheune zu arbeiten. Er kam alsobald ihrem Befehl nach und entging dadurch den Händen der Feinde."

Anfang 1521 schlug sich Gustav Wasa in die mittelschwedische Provinz Dalarna durch. Deren Bewohner, „Dalekarlier" (Talmänner) genannt, galten als selbstbewußt und freiheitsliebend. In dem Hauptort Mora forderte Gustav die Bauern zum Freiheitskampf auf. Doch er erlebte eine herbe Enttäuschung. Die Dalekarlier zeigten sich gleichgültig und nahmen ihn nicht ernst, was wohl auch an seiner Jugend lag, Gustav war erst 23 Jahre alt. Resigniert machte er sich Ende Januar 1521 per Skibrettern auf den Weg nach Norden, in die norwegischen Berge.

Kurz darauf erreichten Mora alarmierende Nachrichten. Ein Adliger aus Upland, Jon Michelsen, berichtete über eine grausame Tat von König Christian II. Er hatte seine Krönungsfeierlichkeiten in Stockholm dazu missbraucht, die ganze Stadt abzusperren und den versammelten Adel Schwedens gefangenzunehmen. Am 7./8. November 1520 wurden 94 Männer, darunter Gustav Wasas Vater und Schwager sowie mehrere Bischöfe, vor dem Rathaus enthauptet. Im ganzen Land fielen dem Terror mehr als 600 führende Schweden zum Opfer.

Mit dem „Stockholmer Blutbad" erreichte Christian II. das Gegenteil seines Vorhabens: Statt in Angst zu erstarren, meuterte das Volk. Daraufhin verkündete der König, er werde vor jedem schwedischen Gehöft einen Galgen errichten lassen und auch in Funktion setzen.

Als die Dalekarlier davon hörten, sandten sie ihre zwei besten Skiläufer aus, die Gustav Wasa zurückholen sollten. Etwa 90 Kilometer von Mora entfernt, beim Ort Sälen, stießen sie auf den Gesuchten. Gustav kehrte zurück und stellte ein Heer aus Bauern und Bergarbeitern auf. Im August 1521 zum Reichsverweser ernannt, errang er mehrere Siege über die Dänen, eroberte mit Hilfe einer Lübecker Flotte Stockholm und wurde am 6. Juni 1523 auf dem Reichstag zu Strengnäs als Gustav I. zum König von Schweden ausgerufen. 1527 führte er die Reformation ein und starb 1560 hochverehrt als Landesvater.

400 Jahre nach Gustavs legendärem Skilauf von Mora nach Sälen hatte 1921 der schwedische Journalist Anders Pers die Idee, dieses Ereignis sportlich zu vermarkten. Seitdem findet alljährlich am ersten Wochenende im März der Wasalauf statt. Diesen Wettstreit gewinnen übrigens fast immer Einheimische. Zu den wenigen nichtschwedischen Siegern gehört auch ein Deutscher, der DDR-Sportler Gert-Dietmar Klause (1975).

49. Mit eiserner Hand – Götz von Berlichingen

Der junge, weithin unbekannte Dichter Johann Wolfgang Goethe wollte 1773 provozieren und Aufsehen erregen. Also legte er seinem Dramenheld Götz von Berlichingen das drastische Arschleck-Zitat in den Mund. Ansonsten pries er ihn als „Muster eines Ritters, tapfer und edel bei seiner Freiheit und gelassen und treu im Unglück". Tatsächlich war Götz ganz anders: Söldner, Raubritter, Bauernführer, Abenteurer und häufig genug auch Gefängnisinsasse.

Götz war erst 17 Jahre alt, da sah man ihn 1497 auf seinem ersten Feldzug. Er führte im Dienst des Kaisers durch Burgund, Lothringen, Brabant und 1499 in die Schweiz. Doch bald schien der junge schwäbische Ritter genug vom regulären Kriegsdienst zu haben. Gemeinsam mit seinem Bruder Philipp traf er 1500 auf Thalacker von Massenbach, einen typischen Raubritter, der seinen Lebensunterhalt durch Wegelagerei, Plünderungen und Geiselnahmen bestritt.

In dieser üblen Gesellschaft wäre Götz beinahe von den Bewaffneten des Schwäbischen Bundes gefangen worden. In letzter Sekunde rettete er sich im Winter 1501 auf die Burg Sodenberg, die einem Verwandten gehörte. Nachdem der Boden in Schwaben für ihn zu heiß geworden war, trat Berlichingen 1502 in den Dienst des Markgrafen von Brandenburg und kämpfte gegen ein Heer der Stadt Nürnberg. 1504 diente er unter dem Banner des Herzogs Albrecht von Bayern und nahm an der Belagerung von Landshut teil.

Hier geschah etwas, das Götz von Berlichingen als „Ritter mit der eisernen Hand" in ganz Deutschland bekanntmachte. Der Schuss aus einer Feldkanone zerschmetterte seine rechte Hand, die amputiert werden musste. Nach mehreren Wochen auf dem Krankenlager ließ Götz 1505 von einem Dorfschmied eine eiserne Prothese anfertigen, die als technische Meisterleistung gilt. Sie konnte durch ein System von Federn und Zahnrädern bewegt werden, die der Träger per Knopfdruck mit der anderen Hand betätigte. Die Finger ließen sich einzeln krümmen. Normalerweise bestanden Armprothesen jener Zeit aus einem schlichten Metallhaken zum Greifen von Gegenständen. Götz jedoch konnte nun wieder zum Schwert greifen und am Kriegerleben teilnehmen.

Während der folgenden sieben Jahre focht er 15 Fehden in eigener Sache aus und leistete „Freunden und guten Gesellen" Hilfe gegen Beute und Lösegeld. Als er im Mai 1512 bei Forchheim 95 Kaufleute überfiel, wurde er durch Kaiser Maximilian I. geächtet. Von dieser Acht losgekauft, nahm Berlichingen 1516 den Grafen Philipp von Waldeck gefangen, um Lösegeld zu erpressen und verfiel wieder der Ächtung.

Doch mit bemerkenswerter Frechheit setzte er sein Treiben fort, bis ihn 1519 eine Truppe der Stadt Heilbronn überwältigte. Dort schmorte er die nächsten drei Jahre im Kerker, bis ihn der befreundete Ritter Franz von Sickingen auslöste. Götz musste „Urfehde" schwören, das heißt unter Eid auf jedwede Fehde verzichten und sich auf seine Stammburg Hornberg am Neckar zurückziehen.

Im Frühjahr 1525 brach der große deutsche Bauernkrieg aus. Als der „Odenwälder Haufen", eines der bedeutendsten Bauernheere, am 24. April in die Nähe von Berlichingens Burg kam, ließ er sich als Hauptmann aufnehmen. Auch wenn er es später anders darstellte – der alte Raufbold übernahm die Rolle des Anführers sicher gern. Allerdings merkte Götz rasch, dass die Bauern keinerlei Disziplin hielten, regellos daherliefen und alles plünderten, was ihnen vor die Fäuste kam. Gelegentlich leisteten sie sich Späße. So steckten sie zwei gefangene Grafen von Löwenstein in grobe Bauernkittel, drückten ihnen Hirtenstäbe in die Hand und ließen sie dem Zug voranmarschieren.

Mit seinem „Odenwälder Haufen" lieferte Götz dem Ritterheer des Schwäbischen Bundes einige kleinere Scharmützel, hatte indes nach vier Wochen chaotischen Operierens genug und begab sich zurück in seine Burg. Nachdem es ihm dort zu langweilig wurde, zog er wieder los und geriet bei einer kriegerischen Auseinandersetzung 1528 bei Augsburg in Gefangenschaft. Zwei weitere Jahre im Kerker folgten, dann entließ man ihn gegen das Versprechen, sich nicht aus dem Umkreis seiner Burg zu entfernen. Götz, mittlerweile 50 Jahre alt und Vater von zehn Kindern, war etwas ruhiger geworden und hielt das Versprechen.

Als aber Kaiser Karl V. 1542 gegen die Türken nach Ungarn zog, hielt es den Ritter mit der eisernen Hand nicht länger. Er marschierte im Heerbann gen Osten und machte auch den Feldzug 1544 gegen Frankreich mit. Sein abenteuerliches Leben, das 1562 mit 82 Jahren endete, entsprach gewiß nicht jenem Ideal vom „christlichen Adel deutscher Nation", das Martin Luther damals entworfen hatte.

Nach seinem Tod geriet Götz von Berlichingen in Vergessenheit, bis ihn Goethes furioses Drama wieder ins Bewusstsein der Öffentlichkeit führte. Da das anfangs erwähnte Zitat (III. Akt, Szene 17) seit der 2. Auflage nicht mehr gedruckt wurde, sei es hier im Wortlaut wiedergegeben: „Sag deinem Hauptmann: Vor Ihro Kaiserlichen Majestät hab ich, wie immer, schuldigen Respekt. Er aber, sag's ihm, er kann mich im Arsch lecken."

50. Tödlicher Halbmond – Die Türken vor Wien, 1529

1529 toben in Europa Klassen- und Glaubenskämpfe. Katholiken und Lutheraner, Bauern und Grundherren bekriegen sich. Dabei wird die größte Gefahr ignoriert. 1526 haben türkische Truppen ein Heer der Ungarn vernichtet und das Land besetzt. Drei Jahre später setzt Sultan Soliman II. zum entscheidenden Vorstoß an. Wien, das letzte Bollwerk der Christenheit im Osten, soll von einer gigantischen Armee erobert werden. Die Stadt scheint unrettbar verloren.

Fast fünf Monate sind vergangen, seit das 150.000 Mann starke Türkenheer von Edirne Richtung Belgrad und Wien aufgebrochen ist. Anfang September 1529 rückt die Vorhut ins Wiener Becken ein: 20.000 leichte Reiter. Offiziell heißen sie „Akindschis" (Freiwillige), doch die Soldaten nennen sie nur „Delis" (die Verrückten).

Diese Delis leisten grausame Arbeit. Innerhalb weniger Tage werden mehr als 5.000 Zivilisten ermordet oder gefangen. Ein Chronist (wohlgemerkt ein Türke!) berichtet: „Dieses schöne Land ward von den Reitern zerwühlt und mit Rauch gefüllt. Aschenhügel waren die Reste der Häuser und Paläste… In den Zelten und auf den Lagermärkten wurden schöne Gesichter verkauft, und der Beute war kein Ende. Die Familien der Ungläubigen waren verbrannt und verheert ihr ganzes Land." Es handelte sich also keineswegs um die Exzesse einzelner Truppenteile, sondern bildete ein Kalkül der türkischen Strategie, durch Mord und Terror gegen die Zivilbevölkerung den militärischen Widerstand des Gegners zu lähmen.

Doch die Wiener lassen sich nicht lähmen. Stadtkommandant ist der 70-jährige Graf Niklas Salm, ein erfahrener Mann, der schon mit dem berühmten Landsknechtsführer Georg von Frundsberg in Italien gegen die Franzosen gekämpft hat. Er verfügt nur über 17.000 Mann: Milizen sowie Söldner unter dem Kommando des Pfalzgrafen Philipp. Die Stadtmauern sind kaum zwei Meter dick und in kläglichem Zustand. Als am 25. September das Gros des Türkenheeres mit Ibrahim Pascha an der Spitze vor den Toren Wiens eintrifft und einen Tag später Sultan Soliman II. seine prächtige Zeltburg im heutigen Kaiserebersdorf bezieht, scheint die Niederlage nur eine Frage der Zeit.

Doch die Osmanen besitzen zwei wichtige Nachteile. Auf den grundlos verschlammten Wegen in Ungarn war ihre schwere Artillerie steckengeblieben. Die noch verfügbaren 300 Kanonen sind von kleinem Kaliber. Und das Fußvolk ist schlecht bewaffnet. Handfeuerwaffen trägt nur die Elitetruppe, 20.000 Janitscharen, der Rest kämpft mit Krummsäbel, Pfeil und Bogen.

Die Janitscharen (yeni čeri=neue Truppe) stammen meist aus dem Balkan, sind ihren Eltern als Kind geraubt und zur Umerziehung ins Osmanische Reich verschleppt worden. Dort werden sie islamisiert, dem Zölibat unterworfen und mittels strenger Disziplin ausgebildet. Man bringt ihnen bei, dass das Janitscharen-Korps ihre Familie und der Sultan ihr Vater ist. Im Gegensatz zu den gebürtigen Moslems dürfen sie keinen Vollbart tragen, sondern müssen sich mit einem Schnauzbart begnügen.

Solche Janitscharen sind es, die am 29. September den ersten Sturm eröffnen. Im Süden, am Kärntner Tor, stehen 3.000 österreichische Landsknechte unter Eck von Reischach. Sie halten den Türken eisern stand, bis Abel von Holleneck mit seinem Steirischen Haufen zu Hilfe eilt und den Feind blutig zurückschlägt.

Um zu beweisen, wie wenig er sich beeindrucken lässt, wagt Graf Salm am 2. Oktober einen überraschenden Ausfall und wiederholt ihn mit 8.000 Mann am 7. Oktober. Doch langsam zeigt die türkische Artillerie Wirkung. Zu ihrer Unterstützung werden Minenstollen gegraben. Etliche davon entschärft ein Trupp Tiroler Bergknappen, aber das gelingt nicht immer. Vom 10. bis 14. Oktober explodieren viermal Sprengminen unter der Stadtmauer und die Janitscharen dringen ein. Am Burgtor werden sie in letzter Minute durch Leonhard von Vels mit seinem „Alten Haufen" in die Flucht geschlagen. Dem Grafen Salm wird dabei der Fuß zerschmettert; sieben Monate später stirbt er an dieser Wunde.

Die Belagerung dauert nun schon drei Wochen und ein Ende ist nicht in Sicht, denn die Türken sind gut versorgt. 22.000 Lastkamele und eine 600 Schiffe zählende Flotte auf der Donau schaffen Proviant und Munition heran. Aber als am 14. Oktober ein weiterer Sturm auf die Stadtmauer scheitert, wird der Sultan nachdenklich. Offenbar ist Wien ein zu zäher Brocken für seine Truppen.

Am 16./17. Oktober ziehen sich die Türken Richtung Istanbul zurück und hinterlassen eine Spur von Tod und Verwüstung. Ein Chronist (diesmal ein Deutscher) schreibt: „So hat der Türk alles deutsche Volk, so bei ihm gefangen gewesen, tyrannisch und erbärmlich erwürgen lassen vor der Stadt. Es war ein solches jämmerliches Geschrei unter dem Volk, als sie es in Wien nie gehört haben."

154 Jahre dauert es, bis 1683 wieder ein türkisches Belagerungsheer vor Wien erscheint, diesmal noch zahlreicher und noch bedrohlicher...

51. Anna Boleyn – eine Liebe mit weltgeschichtlichen Folgen

Englands Königin Anna bestieg das Schafott auf dem Londoner Tower Hill voller Fassung. „Ich habe gehört, dass der Henker sehr geschickt ist und bei meinem kleinen Hals wird er wenig Mühe haben", sagte sie. In der Tat hatte man extra einen Spezialisten aus Paris geholt, der für seine schnellen und sicheren Schwerthiebe bekannt war. An diesem 19. März 1536 trennte er den Kopf der Anna Boleyn vom Rumpf. Das bildete den Schlusspunkt einer Liebe mit weltgeschichtlichen Auswirkungen.

20 Jahre lang führten Englands König Heinrich VIII. und die spanische Prinzessin Katharina von Aragón eine glückliche Ehe. Es gibt viele Berichte darüber, wie gut die beiden harmonierten. Das änderte sich, nachdem Katharina vier Fehlgeburten erlitt und ihrem Gemahl 1516 lediglich eine Tochter, die spätere Königin Maria, schenkte. Heinrich wandte

sich nun von seiner alternden, geschwächten Frau ab und suchte sich anderswo Ersatz. Katharina duldete das stillschweigend, solange Belange der Politik davon unberührt blieben.

Ende 1526 lernte Heinrich auf einem Maskenball Anna Boleyn kennen. Die 25-jährige Diplomatentochter hatte ihre frühe Jugend am französischen Königshof verlebt. Von dort brachte sie nicht nur eine neue Mode mit (vorne tief ausgeschnittene Roben), sondern hatte sich auch Bildung, Witz und Schlagfertigkeit angeeignet.

Diese aparte dunkelhaarige Dame tat nun etwas völlig Unerwartetes: Sie weigerte sich, mit Heinrich ins Bett zu gehen, weil er früher ein Verhältnis mit ihrer Schwester Mary gehabt hatte. Als die Werbungen des liebestollen Königs immer heftiger gerieten, rückte Anna mit dem wahren Grund heraus. Erst, wenn der König sich scheiden ließe und sie heiraten würde, kämen sie zusammen; für die Rolle einer Mätresse sei sie sich zu schade.

Heinrich VIII. ließ nun alle Rücksichten fallen und betrieb seit Mai 1527 einen Scheidungsprozess gegen seine Frau. Die Begründung seiner Juristen war abenteuerlich. Katharina hatte 1501 Heinrichs älteren Bruder Arthur geheiratet, der aber wenige Wochen danach starb. Nun fand man ein Bibelzitat, wonach eine Ehe mit eines verstorbenen Bruders Weibe ungültig sei. Da Katharina sich standhaft weigerte, der Scheidung zuzustimmen, benötigte man umso dringender eine Sondererlaubnis des

Vatikans. Doch Papst Clemens VII. lehnte das strikt ab. Kirchenjuristisch hätte sich wohl ein Schlupfloch finden lassen. Aber die Scheidung einer spanischen Prinzessin wäre eine ungeheure Brüskierung des Königs von Spanien gewesen – Karl V., zugleich Römisch-Deutscher Kaiser und mächtigster Herrscher Europas.

Das Verhältnis zwischen London und Rom eskalierte nun von Jahr zu Jahr. 1531 wurde Königin Katharina vom Hof verbannt. 1532 sagte Heinrich die gesamte Christenheit Englands vom Papst los und gründete eine eigenständige „Anglikanische Kirche", deren Oberhaupt er selbst war. Im Januar 1533 heiratete er Anna Boleyn und krönte sie drei Monate später zur Königin von England. Daraufhin wurde er vom Papst exkommuniziert.

Als Gegenreaktion erließ Heinrich 1534 die „Suprematsakte", worin er die endgültige Trennung von Rom festschrieb. Auf einen Schlag verlor der Vatikan 10 Millionen zahlende Gläubige und, was noch schwerer wog, Heinrichs Beispiel einer Reformation von oben machte europaweit Schule. Das alles als Folge der Liebe zu einer selbstbewussten Hofdame.

Die Folgen waren furchtbar. In England zeigten sich durchaus nicht alle Menschen bereit, des Königs Schritt nachzuvollziehen. Viele hielten eisern am Katholizismus fest. Bald wüteten Zwangsbekehrer im Land. Mönche und Nonnen wurden gefoltert, überall loderten Scheiterhaufen. Heinrichs Lordkanzler Thomas Morus weigerte sich ebenfalls, den Religionswechsel gutzuheißen. 1535 ließ der König diesen gelehrten und edelmütigen Mann hinrichten.

Die Ehe, um derentwillen so viel Blut floss, stand unter keinem guten Stern. 1533 gebar Anna „nur" eine Tochter, Elisabeth; sie erlitt mehrere Fehlgeburten. Heinrich wurde ihrer schnell überdrüssig und verliebte sich in eine jüngere, hübschere Hofdame. Um die Königin loszuwerden, ließ er sie wegen angeblichen Ehebruchs und Blutschande Anfang Mai 1536 im Tower einkerkern. Von hier aus schrieb sie ihm: „Kein Fürst hat je eine treuere Gattin in aller Pflicht und Zuneigung gehabt, als Ihr in Anna Boleyn gefunden habt."

Es nutzte alles nichts, Anna wurde hingerichtet. Danach heiratete Heinrich VIII. noch vier weitere Frauen. Die erste starb im Kindbett, die zweite bestieg ebenfalls das Schafott, die dritte wurde verstoßen, der vierten gelang es, den Tyrannen zu überleben. Nach Heinrichs Tod 1547 bestiegen nacheinander seine drei Kinder den Thron: Edward VI., der sehr jung starb, Maria, der man den etwas übertriebenen Namen „Bloody Mary" (Maria, die Blutige) verlieh und Elisabeth I., Begründerin des englischen Weltreiches.

52. Hexensabbat in Münster

Es war ein pompöser Zug, der sich am 25. August 1534 durch die Straßen der Stadt Münster bewegte. Drei Dutzend berittenen Leibwachen folgte ein junger Mann mit einer riesigen Krone auf dem Kopf, um den Hals an goldener Kette eine Weltkugel. An seiner Seite der Scharfrichter mit überlangem Schwert. Alle Menschen knieten nieder und priesen „König Johann den Gerechten in dem Stuhle Davids". Auf dem Prinzipalmarkt wurde unter Posaunengeschmetter ein Thron installiert. Von dort hielt der König, umgeben von seinen 17 Ehefrauen, eine visionäre Predigt. Wenn der sogenannte Täufergeist über ihn kam, geschah es auch, dass er sich aus der Menge einen Verdächtigen griff und eigenhändig enthauptete, was vom Volk mit wilden Freudentänzen quittiert wurde. Es schien, als habe ganz Münster den Verstand verloren, am meisten „König Johann" alias Jan Bockelson, Schneider und Bordellwirt aus dem niederländischen Leiden.

Im Gefolge von Luthers Reformation hatten sich in Mitteleuropa radikale Sekten gebildet, die den christlichen Glauben in immer neuen Varianten interpretierten. Eine von ihnen waren die Chiliasten, welche u. a. die Kindstaufe ablehnten, weil Säuglinge noch keinen freien Willen besitzen. Erst der Erwachsene könne das Sakrament der Taufe empfangen. Deshalb wurden sie von ihren Gegnern als „Wiedertäufer" bezeichnet. Gegner waren sowohl katholische wie evangelische Kreise, denn die Wiedertäufer verneinten einerseits die Autorität des Papstes und glaubten andererseits statt an den Bibeltext an eine mystische Lehre vom inneren Licht. Weil Gott direkt zu ihnen spreche, hielten sie sich für unfehlbar.

Dass gerade Münster zu einem Hauptort der Wiedertäuferbewegung wurde, lag zum einen in der räumlichen Nähe zu den Niederlanden, einer Hochburg des Chiliasmus und an den Mißgiffen des seit 1532 amtierenden Münsteraner Bischofs Franz von Waldeck. Er bedrückte die Stadt mit so unmäßigen Steuern, dass sich Widerstand unter den Ratsherren erhob. Der Pfarrer Bernhard Rotmann predigte in der St. Mauritzkirche im Sinne der radikalen Reformation, ließ sich mit seinen Anhängern Anfang 1533 heimlich erneut taufen und gewann allmählich das Übergewicht im Stadtrat. Mit Hilfe des einflussreichen Tuchmachers Bernt Knipperdolling setzte er im Januar 1534 einen Beschluß durch, wonach alle „andersgläubigen" Einwohner Münsters die Stadt verlassen mussten. Ihr Eigentum wurde unter den Wiedertäufern verteilt.

Wenige Tage später gelangte Jan Matthys nach Münster, ein Bäcker aus Haarlem und selbsternannter Prophet der niederländischen Wiedertäufer. Mit Matthys enthüllte diese Bewegung ihr hässliches Gesicht. Kurz nach seiner Ankunft, am 24. Februar 1534, kam es zu einem wilden Bildersturm. Klöster und Kirchen wurden verwüstet, Bücher und Gemälde verbrannt, Altäre zertrümmert. Die Wiedertäufer wollten Münster zum „Neuen Jerusalem" machen und es von allen Spuren einer überholten Vergangenheit reinigen.

Bischof Franz von Waldeck blieb derweil nicht untätig und trommelte ein Söldnerheer zusammen, um die Stadt wiederzuerobern. Am 5. April 1534 wollte Matthys offenbar ein göttliches Wunder erzwingen. Mit einigen Begleitern ritt er unbewaffnet zum Heerlager des Bischofs, um die Landsknechte durch Gebete zur Umkehr zu veranlassen. Matthys starb unter den Spießen der Söldner, sein abgeschlagener Kopf wurde auf eine Lanze gesteckt und vor der Stadtmauer zur Schau gestellt.

Nun schlug die Stunde des Jan Bockelson. Der 25-jährige Mann aus Leiden hatte eine Gastwirtschaft nebst angeschlossenem Bordell betrieben, ehe er Gefolgsmann von Matthys wurde. Wesentlich skrupelloser und willensstärker als sein Lehrmeister, riss er durch charismatische Beredsamkeit die Führung in Münster an sich. Ihm wurden das höchste Richteramt und der militärische Oberbefehl zugesprochen. Zum Bürgermeister ließ er Knipperdolling wählen, der gleichzeitig als sein persönlicher Henker amtierte.

Der neue Stadtherr zeigte durchaus kriegerisches Talent. Zwei Generalangriffe der bischöflichen Truppen im Mai und August 1534 schlug er blutig zurück. Dieser Erfolg stieg Jan Bockelson so zu Kopfe, dass er in Münster ein Regime von Willkür und Terror errichtete. Ende August 1534 ließ er sich zum König proklamieren, führte Vielweiberei und Gütergemeinschaft ein. Schließlich verkündete er im Oktober, von Münster aus werde er die ganze Erde seinem Zepter unterwerfen.

Unter Bockelsons Fuchtel herrschte in Münster ein Haufen exaltierter Gläubiger; jeder Widerstand wurde brutal unterdrückt. Eine von seinen 17 Ehefrauen, Elisabeth Wantscherer, wehrte sich. Als aufgrund der bischöflichen Belagerung im Mai 1535 eine Hungersnot ausbrach, legte sie all ihren geschenkten Schmuck ab und forderte den König auf, sie aus der Stadt gehen zu lassen, denn sie könne nicht glauben, Gott wolle so viele Leute Hungers sterben lassen, während er selbst im Überfluß lebe.

Daraufhin schleppte Bockelson Elisabeth auf den Prinzipalmarkt und köpfte sie vor einer großen Volksmenge. Anschließend, so eine Chronik, „sagte er, dass dies der Wille Gottes gewesen sei, da sie eine Rebellin war. Darauf gab Jan von Leiden anwesenden Musikanten ein Zeichen und das gesamte Volk geriet in eine religiös-hysterische Stimmung, jubelte, fasste sich bei den Händen und tanzte um Elisabeths Leichnam einen irrsinnigen Totentanz."

Zwei über diese Schreckensherrschaft entsetzte Bürger begaben sich heimlich zum Lager des Bischofs und verrieten eine Stelle, wo die Stadtmauer leicht zu ersteigen war. In der Nacht zum 25. Juni 1535 drang das Belagerungsheer in Münster ein. Nach verzweifelter Gegenwehr wurden hunderte Wiedertäufer erschlagen, unter ihnen der Prediger Rotmann. Bockelson selbst, Knipperdolling und der zum Kanzler ernannte Heinrich Krechting gerieten in Gefangenschaft. Sie wurden wochenlang in Käfigen durchs Bistum gefahren, um jedermann ihre Niederlage zu dokumentieren. Nach barbarischen Foltern ereilte sie am 22. Januar 1536 der Henkerstod. Ihre Leichen steckte man in drei eiserne Käfige und zog sie bis unter die Spitze der Lambertikirche. Dort hängen sie bis zum heutigen Tag – als Nachbildungen natürlich.

53. Rußland im Blutrausch – Iwan der Schreckliche

Als am 3. Juni 1547 ungefähr 70 Abgesandte aus der russischen Stadt Pskow in der Zarenresidenz Ostrowok eintrafen, waren sie guten Mutes. Sie hofften, ihr junger Herrscher Iwan würde allen Klagen über den ungerechten Statthalter Fürst Turuntaj Gehör schenken und ihnen abhelfen. Doch Iwan ließ die ungebetenen Gäste bis auf die Haut entkleiden, fesseln, mit Branntwein übergießen und befahl, ihnen Haare und Bart mit brennenden Kerzen zu versengen. Mitten in diesem Szenarium traf die Nachricht ein, dass eine Kirchenglocke in der Moskauer Arbat-Kathedrale vom Turm gestürzt sei. Es war ein Menetekel für die kommenden 37 schlimmsten Terrorjahre Rußlands.

Der Zarewitsch Iwan Wassiljewitsch war erst drei Jahre alt, als sein Vater 1533 starb. Das Land wurde von der Zarenwitwe Jelena regiert. Sie und ihr Hofstaat beobachteten schon früh bei Iwan einen Hang zu Wutausbrüchen und Sadismus, der sich zunächst gegen Tiere richtete. Als eine Verschwörung des Hochadels, der Bojaren, gegen seine Mutter aufflog, hegte Iwan fortan ein krankhaftes Misstrauen gegen jedermann. Nachdem der 16-jährige sich 1546 zum „Gossudar" (Selbstherrscher) von ganz Rußland ernannte, begann ein Regime, das man zunächst als äußerst streng und zum Schluss als wahnwitzig grausam bezeichnen muss.

Zunächst erwies sich seine Herrschaft als vielversprechend. Russische Truppen eroberten die bis dato von Tataren besetzten Städte Kasan (1552) und Astrachan (1554). Es sollten allerdings die einzigen militärischen Erfolge seiner fast vier Jahrzehnte währenden Regierung sein.

Im Jahre 1560 starb die Zarin Anastasia, wohl der einzige Mensch auf Erden, für den Iwan liebevolle Gefühle hegte. Da Anastasia nur 27 Jahre alt geworden war, glaubte der Zar gewissen Einflüsterungen, die von Giftmord sprachen. Sein Schmerz wandelte sich in hemmungslose Wut. Eine völlig unschuldige Hofdame, Maria Adaschewa, wurde der Hexerei gegen die Zarin angeklagt. Sie mußte die Hinschlachtung ihrer fünf Söhne mitansehen, ehe man sie zu Tode folterte.

Zwischen 1563 und 1575 fegten neun Wellen von Massenexekutionen durch Rußland. Zur Durchführung seiner Pläne gründete Iwan die „Opritschnina" (Spezialtruppe), eine berittene Bande, deren Mitglieder zugleich Leibwächter, Spitzel, Polizisten und Henker waren – ähnlich wie im 20. Jahrhundert Stalins NKWD. Die „Opritschniki", deren Zahl bald auf 15.000 anwuchs, verbreiteten Angst und Terror im ganzen Land. Es begann eine wahre „Feuersbrunst der Grausamkeit", wie der zeitgenössische Fürst Andrej Kurbski schrieb.

Als 1569 die Bewohner der nordrussischen Stadt Nowgorod sich in ihrer Verzweiflung an den König von Schweden um Hilfe wandten, reagierte Iwan sofort. Er ließ Nowgorod von seinen Opritschniki umzingeln und alle angesehenen Bürger niedermetzeln und verbrennen. Ihre Frauen und Kinder wurden gefesselt in den Wolchow-Fluss geworfen, tauchten sie wieder auf, erschlugen Iwans Schergen sie mit Fischerhaken und Beilen. Zu jener Zeit begann das Volk, ihn „Grosny" (der Fürchterliche/ Schreckliche) zu nennen.

Die Wut des Zaren richtete sich völlig unkontrolliert gegen jedermann. Dass er große eiserne Pfannen schmieden ließ, um Menschen darin lebendig zu braten, ist vielleicht nur ein Gerücht, zeigt aber, welche Greueltaten man ihm zutraute. Seinen getreuen Kanzler Iwan Wiskowati ließ er bei lebendigem Leibe von seiner Garde zentimeterweise zerstückeln. Gelegentlich legte er selbst Hand an. Als im Juli 1564 der junge Fürst Dmitri Obolenski einige tadelnde Worte sprach, ergriff Iwan ein Messer und stieß es ihm ins Herz. Der deutsche Reisende Peter Petrejus berichtet: „Einmal ließ er einen Fürsten in ein Bärenfell einnähen und auf das Eis bringen. Als seine großen Hunde den vermeintlichen Bären in Stücke rissen, erlustigte der Zar sich so sehr, dass er vor Freude nicht wusste, auf welchem Bein er stehen sollte."

Auch Iwans Privatleben nahm bizarre Züge an. Binnen neun Jahren heiratete er fünf Frauen, die entweder eines mysteriösen Todes starben oder von ihm verstoßen und ins Kloster gesperrt wurden. Er machte es sich zur Gewohnheit, seine Gemahlinnen im Schlaf zu belauschen, um ihre wahre Meinung über ihn zu erfahren. Nach einem verbalen Zwist erschlug er seinen ältesten Sohn mit einer Elfenbeinkeule. Als Thronfolger blieb nun nur noch dessen schwachsinniger Bruder Fjodor übrig.

Dabei war Iwan, anders als sein nicht minder brutaler Nachfahre Peter der Große, politisch-militärisch ein Versager. 1571 mußte er hilflos vor mongolischen Truppen aus Moskau fliehen; die Hauptstadt wurde niedergebrannt. Auch gegen Schweden und Polen erlitten seien Truppen mehrere Niederlagen.

1584 starb Iwan der Schreckliche. Das einzige, was er der Welt hinterließ, waren sein schauderhafter Ruf, mehrere prunkvolle Kathedralen, einen geistesgestörten Sohn und einen fast 30 Jahre währenden Bürgerkrieg.

54. Massaker an der Seine

Es war früh um 3 Uhr, da gab die Glocke der Kirche *St. Germain l'Auxerrois* das Signal. Am 24. August 1572 begann in Paris ein kaltblütig geplanter Massenmord, der seinesgleichen in der Geschichte sucht – die Bartholomäusnacht, benannt nach dem Tagesheiligen. Ebenso treffend ist die Bezeichnung „Pariser Bluthochzeit" Die Verantwortlichen für dieses Massaker standen an der Spitze des französischen Staates.

Seit Mitte des 16. Jahrhunderts tobte in Frankreich ein Religionskrieg. Die vom spanischen König unterstützten Katholiken und die „Hugenotten" genannten Evangelischen bekämpften einander mit erbitterter Wut. Das Land wurde notdürftig von Katharina de Medici regiert, der Mutter des unmündigen Königs Karl IX. Sie schwankte zwischen den Fronten hin und her. Nach dem „Blutbad von Vassy" im März 1562, als in dem Champagne-Städtchen katholische Söldner einen hugenottischen Gottesdienst überfielen und Dutzende ermordeten, eskalierte die Situation. Katharina hielt es nun mit der Familie de Guise, deren Oberhaupt gleichzeitig Führer der katholischen Partei war. Die Gegenseite repräsentierte der Admiral Gaspard de Coligny.

1570 kam es endlich zu einem Friedensschluss. Bald danach schwand der Einfluss von Henri de Guise, während Coligny in Paris den jungen König Karl in seinen Bann zog und bald wie Frankreichs eigentlicher Herrscher agierte. Die Hugenottenführer glaubten an eine ehrliche Versöhnung mit dem einstigen Gegner. Daher hielt man es für ein gutes Omen, als Katharina de Medici eine Heirat ihrer Tochter Margarethe mit dem Hugenotten Heinrich von Navarra anbot. Die Hochzeitsfeierlichkeiten sollten vom 18. bis 21. August 1572 stattfinden. Sämtliche militärischen und politischen Führer der Hugenotten folgten der Einladung nach Paris. Dort liefen sie ahnungslos in die Falle.

Coligny war kurz nach der Hochzeit bei einem Attentat verwundet worden. Seine Anhänger riefen nach Rache. Katharina de Medici setzte sich sofort mit ihren drei italienischen Beratern zusammen, weihte ihren jüngeren Sohn Heinrich von Anjou sowie Henri de Guise ein. Man wollte die günstige Gelegenheit ausnutzen, dass alle Hugenottenführer an einem Ort versammelt waren. In der Nacht zum 24. August sollte ein koordinierter Massenmord stattfinden. Die Akteure trugen als Erkennungszeichen eine weiße Schleife am Hut und malten nachts heimlich mit Kreide weiße Kreuze an bestimmte Häuser. Der psychisch labile König Karl IX. wurde erst kurz zuvor informiert. Anfangs bedenklich, stimmte er schließlich zu, begeisterte sich geradezu für das unheilvolle Unternehmen.

Gegen 3 Uhr brach in Paris ein Morden los, das an Schrecknissen kaum zu überbieten ist. „Hier wurde einem Greise das graue Haupt an den Steinen zerschlagen, dort starke Männer, die in vielen Schlachten ruhmvoll gekämpft hatten, von elenden Buben zu Tode gemartert", berichte ein Augenzeuge. „Mit der Kraft der Verzweiflung wehrte sich dort eine Mutter; umsonst! Ihr Kind wurde ihr aus den Armen gerissen und vor ihren Augen an der Mauer zerschmettert. Leichname wurden aus den Fenstern hinabgeworfen und durch die Straßen gezerrt; schreiende Wickelkinder wurden in kleinen Rollwagen fortgeführt und in die Seine geworfen."

Der Admiral de Coligny wehrte sich heftig; seine Widersacher warfen ihn halbtot aus dem Fenster und er fiel in die ausgestreckten Spieße der Soldaten. Anschließend versetzte Henri de Guise dem Leichnam einen Fußtritt und schrie: „Der Anfang war gut, meine Freunde! Fort jetzt zu neuen Taten. Schont keinen Hugenotten!"

Das Gemetzel zog sich uber Stunden hin. Karl IX. blickte mit seiner Mutter aus einem Fenster des Louvre-Palastes. Angeblich soll er persönlich mit einer Flinte auf Fliehende geschossen haben. Sein Kammerherr Brantome berichtet, dem König habe der Anblick von Leichenhaufen „großes Vergnügen bereitet".

Am Abend des 24. August lagen 3.000 Hugenotten in ihrem Blut. Einzig der frischgebackene Bräutigam Heinrich von Navarra entkam den Mörderbanden, die ihn durch die Zimmer des Louvre jagten und floh in sein kleines Königreich. Die von England unterstützte Hugenottenpartei war zwar kurzzeitig paralysiert, fand aber in Heinrich von Navarra, dem späteren König Heinrich IV. von Frankreich, einen neuen tatkräftigen Führer. Der Bürgerkrieg ging weiter. Selbst unter dem Blickwinkel kalter Staatspolitik ist die Bartholomäusnacht ein Fehlschlag gewesen.

Die vier Initiatoren der Bluthochzeit nahmen alle ein unrühmliches Ende. Karl IX. starb 1574 erst 23jährig wahrscheinlich durch Giftmord. Henri de Guise wurde 1588 ermordet, nachdem er sich mit dem König entzweit hatte. Heinrich von Anjou starb 1589 bei einem nächtlichen Gang zur Toilette unter den Dolchstößen eines Attentäters. Und als Katharina de Medici 1589 gestorben war, so ein Zeitzeuge, „machte man nicht mehr Aufhebens davon als von einer toten Ziege."

55. Lepanto – Mit maritimen Geheimwaffen gegen die Türken

Das Mittelmeer ertönte seit den Tagen der Phönizier vom Kriegslärm dutzender Seeschlachten. Doch was sich 1571 vor der Küste Westgriechenlands abspielte, war ohne Beispiel. 484 Schiffe standen einander gegenüber, europäische und türkische. Dieser Kampf Kreuz gegen Halbmond entschied endgültig über die maritime Vorherrschaft im Mittelmeer. Die Christen waren zahlenmäßig unterlegen, trotzdem ging ihr Oberbefehlshaber Juan d'Austria zuversichtlich in den Kampf. Denn er verfügte über eine Geheimwaffe.

Das türkische Großreich umfasste Mitte des 16. Jahrhunderts sechs Millionen Quadratkilometer mit einer Bevölkerungszahl von 25 Millionen. Zum Herrschaftsbereich des Sultans zählten auch die „Barbareskenstaaten" (heute Algerien, Libyen und Tunesien). Von Nordafrika aus fanden immer wieder Überfälle großer Piratenflotten auf die Küsten Spaniens und Italiens statt. Tausende Christen wurden geraubt und in die Sklaverei verschleppt, der Seehandel empfindlich gestört und Häfen ständig von Raubzügen bedroht. 1570 war auch noch der letzte christliche Stützpunkt im östlichen Mittelmeer bedroht, die Stadt Famagusta auf Zypern. Hier landete im September eine 56.000 Mann starke türkische Invasionsarmee, eroberte die Hauptstadt Nikosia und belagerte Famagusta.

Zur Abwehr dieser Gefahr verbündete sich König Philipp II. von Spanien im Mai 1571 mit Venedig, Genua und dem Papst. Für Famagusta freilich kam jede Hilfe zu spät. Nach fast elf Monaten kapitulierte der Festungskommandant Marco Antonio Bragadino, ein Adliger aus Genua. Obwohl der türkische Oberbefehlshaber Ali Muezzinade Pascha versprach, das Leben der Einwohner zu schonen, begann ein erbarmungsloses Gemetzel, dem 20.000 Menschen zum Opfer fielen. Bragadino wurde grässlich gefoltert, seine Haut abgezogen, mit Kleie vollgestopft und im Triumphzug durch Istanbul getragen.

Einen Monat später, am 16. September 1571, verließ eine große europäische Flotte den Hafen von Messina auf Sizilien. Ihr Befehlshaber war der deutschstämmige Halbbruder König Philipps, von den Spaniern „Don Juan d'Austria" (Johann von Österreich) genannt. Er war erst 24 Jahre alt, besaß aber bereits Kampferfahrung zur See. Ältere Kommandeure wie etwa der Venezianer Sebastiano Veniero ordneten sich dem charismatischen Juan schnell unter. Veniero hatte aus seiner Stadt eine Geheimwaffe mitgebracht – die Galeasse. Es handelte sich um einen gänzlich neuartigen Typ der Rudergaleere, wesentlich größer und viel schwerer bewaffnet. Während herkömmliche Galeeren nur in Fahrtrichtung feuern konnten, war die Galeasse imstande, Breitseiten abzuschießen. Von diesen schwimmenden Festungen waren aber nur sechs rechtzeitig in Venedig fertiggestellt worden. Dennoch entschloss sich Juan d'Austria zum Kampf.

Vor dem Golf von Korinth, unterhalb der Stadt Lepanto (heute Naupaktos), stoßen die beiden Flotten am 7. Oktober 1571 aufeinander. Ali Muezzinade Pascha, der bei Famagusta so grausam gewütet hatte, befehligt 272 Schiffe, Juan nur 212. Er steht mit seinem Kapitän Alessandro Farnese am Bug des Flaggschiffes „La Real". Als gegen 12 Uhr der türkische Admiral Uluch Ali, ein ehemaliger Pirat, zwischen Zentrum und rechtem Flügel durchbricht, greift Juan persönlich in das Geschehen ein und attackiert das gegnerische Admiralsschiff „Sultana". Nach einer Stunde wilder Gefechte trifft eine spanische Gewehrkugel Ali Muezzinade Pascha in den Kopf. Als er tot umfällt, kapituliert seine Besatzung. Das grüne Banner des Propheten Mohammed wird niedergeholt und dafür die Kreuzesfahne gehisst.

Alessandro Farnese entert wenig später die Galeere mit dem türkischen Kriegsschatz, während die sechs Galeassen Sebastiano Venieros einen Gegner nach dem anderen zusammenschießen. Gegen 14 Uhr bricht die türkische Schlachtordnung auseinander. 170 ihrer Schiffe gehen verloren, 30.000 Türken sind tot oder verwundet, 3.000 gefangen. Bis auf den listigen Uluch Ali, der rechtzeitig entflieht, sind alle türkischen Admirale gefallen. Juans Flotte hat zwölf Schiffe und 8.000 Mann verloren. Seine Soldaten befreien nach der Schlacht 15.000 christliche Rudersklaven von ihren Ketten.

Der Triumph von Lepanto schwächte die Türken im Mittelmeer so nachhaltig, dass sie künftig nur noch defensiv auftreten konnten. Vor allem der Verlust von ausgebildeten Mannschaften war nur schwer zu ersetzen. Spaniens großer Nationaldichter Miguel de Cervantes nahm an der Seeschlacht bei Lepanto teil. Er nannte den 7. Oktober 1571 einen denkwürdigen Tag, „weil alle Nationen der Welt von dem Irrtum erlöst wurden, die Türken seien auf dem Meer unbesiegbar."

56. Aufruhr im Petersdom – Das unheimliche Papstjahr 1590/91

Wer erinnert sich nicht an das lange Pontifikat von Johannes Paul II… Der polnischstämmige Papst saß 28 Jahre auf dem Stuhl Petri. Vom Ende des 16. Jahrhunderts berichten Chronisten das genaue Gegenteil: Binnen anderthalb Jahren waren fünf Päpste im Amt. Das kürzeste Pontifikat wurde von einer Mücke beendet.

Am 27. August 1590 tobte der Pöbel durch die Straßen Roms. Soeben war bekanntgegeben worden, dass Papst Sixtus V. gestorben sei und die wütende Menge forderte nun die Wahl eines weniger strengen und rigiden Pontifex. Dabei zählt Sixtus V. zu den bedeutendsten Päpsten des 16. Jahrhunderts. Der Sohn bettelarmer Bauern absolvierte eine steile kirchliche Karriere und brachte es 1570 bis zum Kardinalsrang. Während seiner fünfjährigen Amtszeit hatte er die katholische Kirche und das Kardinalskollegium reformiert. Er setzte die Zahl der Kardinäle auf 70 fest, eine Regelung, die bis 1958 gültig blieb. Just diese 70 Kleriker sollten in den folgenden turbulenten Monaten nicht mehr zur Ruhe kommen.

Sixtus hatte Unsummen an Spanien gezahlt, um dessen Kriege zu finanzieren. Der scheinbar allmächtige König Philipp II. sah den Vatikan quasi als tributpflichtige Geldquelle und drohte bei Nichtzahlung, die Stadt Rom militärisch besetzen zu lassen. Sein Botschafter Juan de Guzmán, Graf von Olivarez machte den Kardinälen unmissverständlich klar, Philipp II. werde nur einen spanienfreundlichen Papst akzeptieren. Spaniens Prestige war zu jener Zeit schwer angeschlagen. 1588 wurde seine „unbesiegbare" Armada vom Wetter und der englischen Flotte vernichtet. 1589 bestieg Heinrich IV. den Thron Frankreichs, ein Antikatholik und Erzfeind König Philipps.

Umso wichtiger wurde nun die spanische Dominanz im Vatikan. Nach einem zweiwöchigen Konklave wählten die Kardinäle gehorsam Giambattista Castagna zum Papst, der sich den Namen Urban VII. gab. Er war zehn Jahre lang Gesandter in Madrid gewesen und galt als treuer Verbündeter Spaniens. Doch viel ausrichten konnte Urban nicht. Der trotz seiner 69 Jahre kräftige und gesunde Mann starb bereits am 27. September 1590. Angeblich war er von einer Sumpfmücke gestochen und mit Malaria infiziert worden. Urbans Tod nur zwölf Tage nach seiner Wahl bedeutete das kürzeste Pontifikat aller Zeiten!

Urban VII.

Nun wurde Olivarez richtig unverschämt. Er ließ die Kardinäle wissen, von den 70 in Frage kommenden Kandidaten für den Stuhl Petri halte Spanien nur sieben für akzeptabel. Im Konklave kam es zu tumultartigen Szenen. Zehn Wochen stritt man sich erbittert, dann wurde am 5. Dezember 1590 Niccolo Sfondrati gewählt. Er nannte sich Gregor XIV. und war mit 55 Jahren relativ jung, bot also Gewähr für eine lange Amtszeit. Ganz im Sinne der spanischen Politik zahlte er weiter Kirchengelder an Madrid und erneuerte den Bannfluch gegen Heinrich IV. von Frankreich.

Im Herbst 1591 brach in Rom die Pest aus. Normalerweise verließ der Papst mit seinem Gefolge bei Seuchengefahr die Stadt und residierte in den Albaner Bergen, bis die Epidemie vorüberging. Doch man überredete Gregor, statt dessen Almosen an die Kranken zu verteilen. Der unsichere und unerfahrene Papst folgte dieser Anregung und fiel prompt am 16. Oktober 1591 der Pest zum Opfer.

Das Spiel mit Olivarez wiederholte sich, nur dass die Zahl seiner akzeptablen Kandidaten jetzt auf sechs geschrumpft war. 13 Tage brauchten die Kardinäle, dann wählten sie wieder einen von diesen: Gian Antonio Facchinetti – Innozenz IX. Obwohl schon 72 Jahre alt, ging er sein Amt, so ein Zeitgenosse, „mit jugendlicher Spannkraft und Enthusiasmus" an. Er sandte päpstliche Soldaten in den Krieg mit Frankreich und versorgte die Spanier mit Geld und Waffen. Genauer gesagt tat er das zwei

Monate lang, dann lag auch Innozenz IX. auf dem Totenbett, niedergestreckt von einer Erkältung, wie es hieß. An diesem 30. Dezember 1591 war innerhalb von nur 16 Monaten der vierte Papst gestorben. Viele waren der Meinung, über allen von Spanien präferierten Klerikern liege ein Fluch.

Die Kardinäle widersetzten sich daraufhin Olivarez' Druck und wählten am 30. Januar 1592 den Juristen Ippolito Aldobrandini zum Papst. Er nannte sich Clemens VIII., revidierte schrittweise die spanienfreundliche Politik seiner Vorgänger, söhnte den Vatikan mit Frankreich aus und – was wohl das größte Wunder war – er regierte mehr als 13 Jahre im Petersdom.

57. Queen Elizabeth und ihr junger Wüstling

Robert Devereux, Earl of Essex, war fraglos eine Nervensäge. Als er im Staatsrat zum wiederholten Male über die Politik von Englands allseits geschätzter Königin Elisabeth I. nörgelte, gab sie ihm eine schallende Ohrfeige. In seiner Wut wollt der Graf zum Degen greifen, woran ihn einige Höflinge gerade noch hindern konnten. Damit begann eine Affäre, die Essex schließlich den Kopf kosten sollte.

„Hütet Euch vor weiterem Ungehorsam, der für Euch die allergrößte Gefahr bedeutet", schrieb Königin Elisabeth I. von England im April 1589 an den Grafen von Essex. Das könnte wie ein Motto über dem kurzen Leben dieses Mannes stehen. 1567 als Sohn eines verdienstvollen Beamten geboren, kam er schon als 17-Jähriger an den Londoner Königshof. Sein Stiefvater, der Graf von Leicester, führte ihn dort ein – jener Mann, dem viele eine intime Beziehung zur Königin nachsagten.

Elisabeth, die sich gern „jungfräuliche Königin" titulieren ließ, ist ein Mysterium in bezug auf ihr Verhältnis zu Männern. Die seit 1558 regierende Monarchin hatte sämtliche Heiratsanträge europäischer Fürstenhäuser ausgeschlagen, bis sie zu alt für eine Hochzeit und vor allem zum Kindergebären war. Ihr Bräutigam sei allein England, betonte sie, aber man munkelte, sie wäre hübschen Männern keineswegs abgeneigt.

Wie dem auch sei, Elisabeths politische Erfolge stehen außer Zweifel. Sie hatte sich de facto Schottland untertan gemacht und 1588 eine Invasion der spanischen Armada mit Glück ebenso wie mit militärischer Tüchtigkeit abgewehrt. Just in diesem Jahr starb aber ihr Vertrauter, der Graf von Leicester, und vieles spricht dafür, daß Elisabeth sich in dessen Stiefsohn Ersatz suchte.

Robert Devereux, Graf von Essex war ein schmucker Bursche, schlagfertig und voller Ergebenheit für seine Herrscherin. Als ihre Liaison 1589 begann, zählte Essex 22 Jahre, während Elisabeth bereits 56 Jahre alt war. Wie genau sich ihr Verhältnis gestaltete, bleibt ein Geheimnis, man weiß aber, daß Elisabeth einen für sie untypischen Wutanfall bekam, als sie 1590 von der Hochzeit ihres Günstlings mit der jungen Frances Walsingham erfuhr. Essex glich das wieder aus, indem er der Königin Gedichte schrieb, die deren Schönheit auf eine nachgerade peinliche Weise lobpreisen.

Ab 1591 zog die Königin ihren Favoriten bei Staatsangelegenheiten heran. Er erhielt den Oberbefehl über ein Korps zur Unterstützung des französischen Königs Heinrich IV., wurde 1593 Mitglied des Geheimen Staatsrates und 1596 mit einer militärischen Unternehmung gegen die spanische Hafenstadt Cadiz beauftragt. Sehr zum Unmut ihrer Berater vermischte Elisabeth private mit politischen Belangen. Das war völlig unnötig. Elisabeths fürstliches Pendant, Zarin Katharina die Große von Russland, beging nie den Fehler, ihren unfähigen Günstlingen irgendwelche politische oder militärische Ämter anzuvertrauen.

Essex genoss in kindischer Eitelkeit die königliche Gnadensonne und nutzte Elisabeths zwischen Eifersucht, Leidenschaft und Freigebigkeit schwankendes Verhalten gründlich aus. 1597 zum Großmeister der Artillerie ernannt, benahm er sich so anmaßend, daß die Königin ihm eine Ohrfeige versetzte und schrie, er möge sich zum Teufel scheren. Doch sie kam von ihrem Galan nicht los, der ein wüstes Leben führte und öffentlich bekannte, „schöne Jungs" würden ihn mehr als Frauen reizen.

Schließlich ernannte Elisabeth ihn 1598 zum Vizekönig von Irland. Dort war unter dem Grafen von Tyrone ein Aufstand ausgebrochen, den Essex niederwerfen sollte. Im März 1599 zog er mit 16.000 Mann auf die Insel, um „diese irischen Strauchdiebe zu züchtigen". Doch seine kriegerischen Fähigkeiten erwiesen sich als gering. Die schlechtbewaffneten Iren fügten seiner Armee mehrere Niederlagen zu.

Im Juli schrieb ihm Elisabeth vorwurfsvoll, sie würde seinetwegen „kläglich dastehen vor den Augen der Welt" und stellte wenig später fest, sein Vorgehen sei „nichts als eine ruhmlose und nutzlose Vergeudung, und was folgt, wird aller Wahrscheinlichkeit nach auch nur verderblich und schimpflich sein". Wohl wahr, denn am 6. September mußte Essex einen Waffenstillstand mit dem Grafen von Tyrone schließen, was einem enormen Prestigeverlust Englands gleichkam. Der Graf wollte vollendete Tatsachen schaffen und eilte gegen den ausdrücklichen Befehl Elisabeths nach London.

Hier kam es am 28. September 1599 zum finalen Eklat. Kurz nach 10 Uhr stürmte Essex mit verdreckten Reitstiefeln in den Palast. Er eilte durch Audienzzimmer und Geheimkabinett, wo er verdutzte Pagen und Hofdamen beiseite stieß, um dann in das private Schlafgemach der Königin einzudringen. Dort sah er Elisabeth, die eben erst aufgestanden war, wie sie noch nie zuvor ein männlicher Untertan erblickt hatte: ohne Perücke und Schminke, ohne Halskrause und Juwelen – eine gealterte Frau von 66 Jahren. Elisabeth warf Essex hinaus und ließ ihn internieren. Vor einem Gerichtshof musste er sein Vorgehen in Irland rechtfertigen, was ihm gründlich misslang. Am 3. Juni 1600 wurde er sämtlicher Ämter enthoben, aber freigelassen.

Essex missbrauchte die Gnade der Königin. Da sie ihm verboten hatte, jemals wieder am Hof zu erscheinen, unternahm er Anfang Februar 1601 in London einen wahnwitzigen Schritt. Mit einer Bande von Abenteurern plante er, Tower und Palast zu besetzen und Elisabeth eine

Ernennung zum Lord-Protektor von England abzutrotzen. Er wollte dadurch vor allem seine immensen Schulden loswerden und verkündete, die Königin, „geistig ebenso krumm und schief wie körperlich", werde sich nicht widersetzen. Die Revolte scheiterte und nun hatte Essex seine Rolle ausgespielt. Man verurteilte ihn am 24. Februar 1601 als Hochverräter zum Tode. „Alles, was er mir angetan hat, kann ich verzeihen, aber ich kann niemandem vergeben, der England schaden will", sagte Elisabeth und unterzeichnete – anders als im Fall Maria Stuart – das Urteil ohne Zögern. Essex wurde am 25. Februar 1601 im Hof des Tower geköpft.

Einst hatte Elisabeth an Essex geschrieben: „Vertraut nicht allzu blind auf Euer morsches Schiff, denn das Glück ist auf dem Ozean nicht immer gewogen."

58. Die Weiße Frau – Ein Gespenst macht Geschichte

Bevor Napoleon I. am 14. Mai 1812 auf seinem Feldzug nach Russland in Bayreuth abstieg, hatte er von Aschaffenburg einen Kurier vorausgeschickt. Seine Instruktion lautete: Der Kaiser wolle keinesfalls jene Gemächer bewohnen, in denen nachts die Weiße Frau zu erscheinen pflege. Napoleons Furcht vor dem Hohenzollerngespenst besaß gute Gründe.

Als der Brandenburger Kurfürst Albrecht Achilles, einer der stärksten Männer seiner Zeit, am 11. März 1486 bei der Königswahl in Frankfurt/ Main starb, geschah in seinem Bayreuther Schloss Erschreckliches. Mehrere Wachtposten erspähten um Mitternacht eine weißgekleidete Frauengestalt, die ebenso schweigend wie drohend durch die Flure streifte. Es war das erste Mal, dass dieses Gespenst auftauchte.

> „Gehüllt in weiße Witwentracht,
> Im weißen Nonnenschleier,
> So schreitet sie um Mitternacht
> Durch Burg und Schlossgemäuer",

dichtete später der Romantiker Christian Graf zu Stolberg.

Schon zwei Jahre nach Albrechts Tod wurde die Weiße Frau auf der ebenfalls den Hohenzollern gehörenden Plassenburg bei Kulmbach gesichtet.

Böse Zungen behaupteten, dahinter stecke ein Fräulein von Rosenau, das derart kostümiert ungehinderten Zugang bei ihrem Galan bekam.

Im Berliner Schloss trieb sich die Weiße Frau mehrfach herum. Am 1. Januar 1598 trat sie drohend vor den Kurfürsten Johann Georg. Der hatte die Geliebte seines Vaters, die „Schöne Gießerin" Anna Sydow, entgegen seinem Versprechen in der Festung Spandau einsperren lassen, wo sie 1575 starb. Als Strafe für diesen Wortbruch sei ihm die Weiße Frau erschienen. Acht Tage später war Johann Georg tot.

Auch die Kurfürstin Luise Henriette, eine eher nüchterne Dame aus den Niederlanden, hatte kurz vor ihrem Tod Ende Juni 1667 eine merkwürdige Begegnung. Gemeinsam mit ihren Kammerjungfern sah sie die Weiße Frau an ihrem Schreibtisch sitzen. Ihr Gemahl, der Große Kurfürst Friedrich Wilhelm, starb 1688. Kurz zuvor berichtet der Hofprediger Anton Brunsenius vom Auftauchen des Hohenzollerngespenstes.

Im Februar 1713 erschien dem ersten Preußenkönig Friedrich I. kurz vor seinem Ableben eine weiße Frauengestalt mit Leuchter und Altarkreuz. Offenbar wollte sie den in Glaubensdingen eher desinteressierten Monarchen zu letzter Buße und Reue ermahnen.

Bei so vielen Begebenheiten stellte sich natürlich die Frage, ob eine historische Gestalt hinter der Weißen Frau steckte. So stießen die Gelehrten auf die 1351 gestorbene Gräfin Kunigunde von Orlamünde. Sie hatte sich als Witwe in den Nürnberger Burggrafen Albrecht den Schönen von Hohenzollern verliebt. Er wies sie jedoch zurück mit der Bemerkung, zwischen ihnen stünden vier Augen im Wege. Ein Chronist berichtet weiter, „Kunigunde tötete alsbald in ihrem Liebeswahn mit eigener Hand ihre zwei Kinder, indem sie ihnen eine Nadel in den Kopf stieß."

Der entsetzte Albrecht konnte den Irrtum nicht mehr rückgängig machen, denn mit den „vier Augen" meinte er seine Eltern, die einer Heirat nie zugestimmt hätten. Gräfin Kunigunde ging auf Pilgerfahrt nach Rom, wo ihr der Papst das Versprechen abnahm, ein Kloster zu stiften. Im Tal von Berneck bei Nürnberg gründete sie daraufhin das Kloster Himmelskron und trat dort als (weißgekleidete) Novizin ein.

Diese fromme Kindsmörderin konnte natürlich nur Unheil verkünden. Am Vorabend der Schlacht bei Saalfeld am 10. Oktober 1806 erschien sie im Rudolstädter Schloss dem Prinzen Louis Ferdinand von Preußen, wie dessen Adjutant Karl von Nostitz berichtet. Am folgenden Tag fand der Prinz im Reitergefecht den Tod.

Kaum weniger glimpflich kam ein anderer Militär davon. Im Frühjahr 1809 übernachtete der französische Kürassier-General Jean-Louis d'Espagne im Schloss zu Bayreuth. Kurz nach Mitternacht wurden seine Ordonnanzoffiziere durch einen furchtbaren Schrei geweckt; den General fanden sie unter einem umgestürzten Bett. Zitternd berichtete er, wie eine weiße Frauengestalt gedroht habe, ihn zu erwürgen. Wenige Tage später kam d'Espagne in der Schlacht bei Aspern ums Leben.

Sein Bericht beeindruckte offenbar auch Napoleon I., weshalb er die eingangs geschilderte Vorsichtsmaßnahme ergriff. Trotzdem verbrachte der Kaiser eine äußerst unruhige Nacht im Bayreuther Schloss. Am nächsten Morgen verließ er das Gebäude laut Augenzeugen mit den Worten „Ce maudit château!" (Dieses verfluchte Schloss). Wahrscheinlich hatte der Hohenzollern-Hausgeist Napoleon seinen baldigen Untergang voraus gesagt.

Merkwürdig war nur, dass man 1822 nach dem Tod des Schlosskastellans in dessen Nachlass ein langes weißes Frauenkleid entdeckte...

59. 1607 – Geburtsstunde der US-Nation

Als im Dezember 1607 John Smith von den Algonquin-Indianern gefangen wurde, schien das Ende nahe. Der Gründer von Jamestown, der ersten europäischen Siedung in Übersee seit den Tagen der Wikinger, war dem sicheren Tode geweiht. Doch eine edelmütige Indianerin rettete sein Leben.

Im Alter von 16 Jahre verließ John Smith 1596 sein Elternhaus in Lincolnshire. Zunächst heuerte er als Matrose bei der Königlichen Kriegsmarine an, kämpfte als Söldner der Franzosen gegen die Spanier und in kaiserlichen Diensten auf dem Balkan gegen die Türken. Kurzzeitig geriet er verwundet in osmanische Sklaverei, konnte sich aber über Nordafrika absetzen und kehrte 1604 nach England zurück.

Der umtriebige Smith lernte hier Thomas West, den 3. Lord de la Ware, kennen, einen führenden Aktionär der Virginia Company, die von König James I. eben eine Handels- und Siedlungserlaubnis für Nordamerika erhalten hatte. Die Company beauftragte John Smith, der auch ein glänzender Selbstdarsteller war, mit der Führung dieser Expedition.

Ende 1606 stach ein Schiff mit 108 Siedlern von London aus in See, nicht nur, um in Amerika eine neue Heimat zu finden, sondern auch, um im Auftrag der Londoner Company nach Gold zu suchen oder womöglich den Seeweg nach Indien zu erkunden. Am 14. Mai 1607 landeten die Engländer an der Chesapeake-Bucht (Virginia). Zehn Tage später ließ Smith hier eine Siedlung errichten, die er zu Ehren des englischen Königs Jamestown nannte. Es handelte sich anfangs nur um einige Dutzend Blockhütten samt Kirche und Lagerhaus. Das dreieckige Areal wurde von einem Palisadenwall umgeben.

Die Lebensbedingungen der Kolonisten erwiesen sich als schwer. Viele starben an Entkräftung oder Krankheiten wie Skorbut und Sumpffieber. In ihrer Nähe wohnende Indianer der Powhatan-Sippe zeigten sich zunächst friedfertig und begannen einen kleinen Tauschhandel (Nahrungsmittel gegen Metallgegenstände) mit den Fremden. Doch bald waren Smith Leute so ausgehungert, dass sie die Powhatans mehrmals überfielen und beraubten.

Die Indianer schlugen zurück und nahmen Smith im Dezember 1607 gefangen. Wie er später behauptete, habe ihm aber eine Indianerin namens Pocahontas das Leben gerettet, weil sie sich in ihn verliebt hatte. Schutzflehend hätte die Häuptlingstochter sich über ihn geworfen, als schon die Kriegsbeile drohten.

Tatsache ist, dass Smith 1608 freigelassen wurde. In seiner Mini-Kolonie lebten mittlerweile nur noch 60 Menschen und nach einer Unfallverletzung segelte Smith (ohne Pocahontas) nach England zurück, um Hilfe zu holen. Als Lord de la Ware schließlich 1610 mit Versorgungsschiffen eintraf, fand er Jamestown einsam und verlassen vor; die Siedler hatten sich in alle Winde zerstreut. Es gelang ihm, sie zu finden und zur Rückkehr zu überreden. 1612 begann man hier mit dem Anbau von westindischem Tabak und damit erhielt Virginia erstmals ein wichtiges wirtschaftliches Standbein. Der große Aufschwung begann dann 1620, als mit der „Mayflower" eine große Siedlerschar, die sogenannten Pilgerväter, am Cape Cod (Massachusetts) landete.

John Smith, Geburtshelfer der US-Nation, kehrte 1614 noch einmal nach Nordamerika zurück und erkundete zwei Meeresbuchten an den Küsten der späteren Bundesstaaten Maine und Massachusetts. Er taufte diese Gegend „New England", wie sie heute noch heißt. Danach verliert sich Smith Spur im Dunkel der Geschichte. Er starb höchstwahrscheinlich 1631.

Zu dieser Zeit existierte in Virginia bereits seit zehn Jahren die erste demokratische Selbstverwaltung des Kontinents, mit dem erklärten Ziel, „eine solche Form der Regierung einzurichten, die das Volk vor jedweder Ungerechtigkeit, allen Mißständen und jeder Form der Unterdrückung bewahrt und beschützt".

60. Ein Attentat verhindert den 30-jährigen Krieg

König Heinrich IV. von Frankreich hatte in seinem 56-jährigen Leben insgesamt 17 Attentate überstanden. Bei einem dieser Anschläge wurden ihm zwei Vorderzähne ausgeschlagen. Der joviale Herrscher nahm es mit dem ihm eigenen Humor. Das 18. Attentat erfolgte am 14. Mai 1610 mitten in Paris. Die Dolchstöße des Schullehrers Francois Ravaillac beendeten nicht nur Heinrichs Leben, sondern verzögerten auch einen gesamteuropäischen Konflikt um acht Jahre.

Frankreich war Anfang des 17. Jahrhunderts ein konsolidierter Staat. Nach jahrzehntelangem opferreichem Religionskrieg hatte König Heinrich IV. durch eine tolerante Innenpolitik das Land geeint und wirtschaftlich gestärkt. Jeder Bauer, so der König, solle sonntags „sein Huhn im Kochtopf" haben. Nun begann ein Phänomen, das sich öfter in Frankreichs Geschichte zeigt: Immer wenn eine Revolution oder ein Bürgerkrieg überstanden waren, richtete sich die Aggressivität des Staates nach außen.

Als Betätigungsfeld bot sich das Deutsche Reich an, wo die religiösen Gegensätze besonders hart aufeinanderprallten. Die evangelischen Fürsten hatten sich 1608 zur „Union" zusammengeschlossen, um ihre Interessen durchzusetzen. Als Gegenbewegung gründeten 1609 die katholischen Fürsten um Kaiser Rudolf II. die „Liga". In dieser brisanten Situation starb Ende März 1609 Herzog Johann Wilhelm von Jülich-Kleve in Düsseldorf. Sein etwa 7.000 Quadratkilometer großes Territorium am Niederrhein besaß große strategische Bedeutung, weshalb sofort ein Streit losbrach.

Johann Wilhelm war kinderlos gestorben, hinterließ aber vier verheiratete Schwestern, deren Ehemänner und Anverwandten ihre Ansprüche geltend machten. An der Spitze standen Kurfürst Johann Sigismund von Brandenburg und Pfalzgraf Philipp von Neuburg. Beide gehörten zur evangelischen „Union".

Kaiser Rudolf II. handelte entgegen seinem Naturell diesmal ohne Zögern. Er ließ Truppen aus den Spanischen Niederlanden (etwa das heutige Belgien) nach Jülich-Kleve einmarschieren und erklärte das Land zum kaiserlichen Eigentum. Formell war der Habsburger damit im Recht, denn ein Land, dessen Fürst ohne Erben gestorben war, fiel als „erledigtes Lehen" an den Kaiser zurück.

Der Brandenburger und der Pfalzgraf wollten sich damit natürlich nicht abfinden. König Heinrich IV., dem eine Ausweitung der kaiserlichen Macht am Rhein nicht ins Konzept passte, bot der „Union" militärischen Beistand an. Dabei steuerte er zielbewusst auf einen gesamteuropäischen Konflikt hin, denn Frankreichs Diplomaten verhandelten nicht nur mit den evangelischen Fürsten Deutschlands, sondern auch mit England und den Niederlanden, die das Habsburgerreich von Norden angreifen sollten, während der Herzog von Savoyen die Rolle des Angreifers von Italien aus übernahm.

Heinrichs Kanzler und Freund Maximilien de Sully begann im Winter 1609/10 mit großangelegten Rüstungen. 6.000 Söldner aus der Schweiz wurden angeworben, 2.000 Mann kamen aus Piemont; in Frankreich hob Sully weitere 20.000 Soldaten aus. Im Frühjahr 1610 sollte das Heer marschbereit sein. Anfang Mai 1610 rollte bereits der gesamte Artilleriepark aus den Pariser Arsenalen Richtung Rhein. Am 17. wollte König Heinrich IV. zur Hauptarmee nach Chalons an der Marne abreisen, um den Oberbefehl zu übernehmen. Ein Zufall verhinderte das.

Kanzler Sully war plötzlich erkrankt und Heinrich wollte seinem Freund vor Kriegsbeginn noch einen Besuch abstatten. Am Nachmittag des 14. Mai 1610 begab sich der König in einer offenen Karosse vom Louvre-Palast zur Wohnung Sullys. Er saß mit drei Begleitern in dem Gefährt. Auf dem Weg durch die enge Rue de la Ferronnerie am nahegelegenen Friedhof des Franziskanerklosters Aux Saints-Innocents mussten sie anhalten, weil zwei mit Wein und Heu beladene Fuhrwerke den Weg versperrten.

In diesem Augenblick stieg unversehens ein Mann auf das Rad der Kutsche und stieß dem König zweimal einen Dolch in die Brust. Der dritte Stoß ging fehl. Heinrich rief „Ich bin verwundet!" Es waren seine letzten Worte. Der Attentäter wurde festgenommen und die Karosse fuhr eilends zum Louvre zurück. Als man dort ankam, atmete der König bereits nicht mehr. Sein Nachfolger Ludwig XIII. war erst acht Jahre alt.

Francois Ravaillac, der 31-jährige Mörder, wurde unter grässlichen Folterqualen hingerichtet. Ob er im Auftrag politischer Hintermänner handelte, ist bis heute unklar. Gewiß ist nur, dass er (unfreiwillig) Europa für die nächsten acht Jahre vor einem kontinentalen Krieg bewahrte.

61. Auftakt einer Katastrophe – der Prager Fenstersturz

Auf der Prager Hradschin-Burg sah man am Vormittag des 23. Mai 1618 unterhalb der Alten Schloss-Stiege zwei völlig verdreckte Männer um ihr Leben rennen. Sie schleiften einen Verwundeten mit sich. Schüsse krachten ihnen um die Ohren. Wundersamerweise überlebten die drei nicht nur den Beschuss, sondern hatten auch den vorhergehenden Fenstersturz aus 16 Meter Höhe überstanden. Ihr persönliches Glück im Unglück aber mündete in eine der größten Katastrophen der europäischen Geschichte – den 30-jährigen Krieg.

Im Königreich Böhmen kulminierten Anfang des 17. Jahrhunderts die europaweit vorhandenen religiösen Gegensätze. Das Land unterstand den katholischen Habsburgern in Wien und wurde durch Statthalter regiert. Obwohl ein kaiserliches Privileg, der „Majestätsbrief" von 1609, den Böhmen Religionsfreiheit garantierte, gab es immer wieder Übergriffe und Zwangsmaßnahmen. So ließ der Erzbischof von Prag Ende 1617 die eben erst erbaute evangelische Kirche von Klostergrabe niederreißen.

Gegen diese Übelstände protestierten Vertreter des böhmischen Adels Anfang 1618 zunächst bei den Statthaltern, und als sie dort auf taube Ohren stießen, bei Kaiser Matthias persönlich. Sie ersuchten ihn, die Religionsfreiheit wiederherzustellen und kündigten an, eine Ständeversammlung einzuberufen, welche die Forderungen der Evangelischen durchsetzen sollte.

Die Antwort des Kaisers war streng und drohend. Er wolle die Abhaltung eines protestantischen Parlaments nicht dulden, etwaige Urheber von Unruhen werde man vor Gericht stellen. Dies rief große Empörung hervor und es entstand das Gerücht, die kaiserlichen Statthalter Jaroslaw von Martinitz und Wilhelm von Slavata hätten das provozierende Schreiben verfasst und es bloß nach Wien zur Unterschrift gesandt. Beide Männer waren schon seit langem verhasst, weil sie die protestantischen Bauern auf ihren Gütern tyrannisierten. Man sagte ihnen nach, dass sie die Menschen mit Hunden in die katholischen Kirchen hetzten und ihnen den Mund gewaltsam aufreißen ließen, damit sie die Hostie vor einem katholischen Priester verschluckten.

Unter Führung des Heinrich Matthias von Thurn beschlossen die protestantischen Vertreter, sich am 21. Mai 1618 öffentlich in Prag zu versammeln. In diese aufgeheizte Atmosphäre fiel eine Meldung, wonach auf Befehl des Kaisers die evangelische Kirche in Braunau geschlossen werden solle. Dahinter steckte aber nicht der todkranke Matthias, sondern sein Cousin und Nachfolger Ferdinand, der seit 1617 die Königskrone von Böhmen trug.

Am Morgen des 23. Mai 1618 sammelte sich vor der Prager Burg, dem Hradschin, eine bewaffnete Volksmenge. Einige Dutzend Adlige, angeführt von Heinrich Matthias von Thurn und Graf Andreas Schlick, drangen in den großen Sitzungssaal ein. Hier befanden sich fünf Männer: Martinitz und Slavata sowie der Burggraf Adam von Sternberg, Böhmens Kanzler Diepold von Lobkowitz und der Geheimschreiber Philipp Fabricius Platter. Anfangs ruhig, geriet die Diskussion in immer hitzigere Phasen. „Ihr seid Verräter, Feinde der Stände und des Vaterlandes", schrie man Martinitz und Slavata entgegen. Schließlich rief jemand, angeblich Wenzel von Ruppa: „Wozu die Umstände? Man werfe sie nach altböhmischem gutem Brauch zum Fenster hinaus!"

Nach diesem Signal wurden Sternberg und Lobkowitz aus dem Saal geleitet. Ein Böhme hielt dem um Gnade flehenden Martinitz die Hände auf dem Rücken fest, zwei andere packten ihn an den Beinen. Ein Fensterflügel wurde aufgerissen und der Statthalter fiel 15 bis 16 Meter in die Tiefe. Gleich darauf folgte Slavata. Der völlig unschuldige Schreiber Fabricius hatte sich derweil unter einem Tisch versteckt, wurde aber von den aufgeputschten Männern hervorgezerrt und ebenfalls aus dem Fenster geworfen.

Alle drei hatten Glück, denn sie fielen auf einen hohen und weichen Müllhaufen. Slavata war aber im Fallen mit dem Kopf an einen steinernen Sims gestoßen und trug eine erheblich blutende Wunde davon. Als die solcherart „Fenestrierten" sich davonmachen wollten, wurden sie aus den Burgfenstern beschossen. Martinitz bekam drei Streifschüsse ab. Wenig später eilte Fabricius nach Wien, um als erster dem Kaiser von der Schreckenstat zu berichten. Er wurde dafür unter dem Namen „von Hohenfall" geadelt, während Martinitz und Slavata Entschädigungen kassierten und in höchste Staatsämter aufstiegen.

Nach dem Prager Fenstersturz wählten die böhmischen Stände einen neuen König – Friedrich V. von der Pfalz, wegen seiner kurzen Regentschaft „Winterkönig" genannt. Ende 1620 rückten die Truppen des neuen Kaisers Ferdinand II. nach Prag vor; in der Schlacht am Weißen Berg erlitten die Böhmen eine katastrophale Niederlage. Wenig später wurden fast alle Teilnehmer am Fenstersturz hingerichtet. Der 30-jährige Krieg steuerte einem ersten Höhepunkt zu.

62. Etikettenschwindel – Die Windsor-Dynastie

Am 17. Juli 1917 fasste König George V. von Großbritannien einen heroischen Entschluss. Per Dekret verlieh er seiner Dynastie den Namen „Windsor". Die Familie trug es mit Fassung, denn man war derartige Wechselfälle gewohnt. Seit fast 80 Jahren nannte sie sich Sachsen-Coburg-Gotha zuvor hieß man Hannover, Oranien, Stuart, Tudor, York, Lancaster, Plantagenet… Kein Fürstenhaus dieser Welt hat je so intensiven Etikettenwechsel betrieben wie das von Merry Old England.

Als Richard III. 1485 bei Bosworth Schlacht und Leben verlor, erlosch mit ihm die letzte rein englische Königsdynastie, das Haus York. Nun bestieg Heinrich VII. den Thron, kein Engländer, sondern ein Waliser, Sohn des Owain ap Tudur, Fürst von Wales. Dies geschah, weil sich der englische Hochadel in den „Rosenkriegen" zwischen den Lancasters und den Yorks nahezu selbst ausgerottet hatte. Heinrich, der immerhin mit einer englischen Prinzessin verheiratet war, nannte seine Dynastie „Tudor". Aus ihr ging u. a. der frauenverschlingende König Heinrich VIII. hervor.

1603 starb die letzte Tudor-Monarchin Elizabeth I. Die „jungfräuliche Königin" hinterließ keine Kinder und vermachte ihre Krone testamentarisch an König James VI. von Schottland. Er stammte aus der katholischen Stuart-Dynastie, war mit einer deutschstämmigen dänischen Prinzessin verheiratet und trat sein Amt als James I., König von England an. Das Land regierte nun statt eines Walisers ein Schotte.

König James I. von England

Die Stuarts hielten sich – unterbrochen von Oliver Cromwells Großer Revolution – bis 1688 an der Macht. Dann setzte der englische Hochadel König James II. ab und rief den Prinzen Wilhelm von Nassau-Oranien, einen Deutschen, ins Land. Er war mit einer Stuart-Prinzessin verheiratet und bestieg im Gefolge der sogenannten Glorreichen Revolution 1688 als William III. Englands Thron.

Den Oraniern war keine lange Regierungszeit beschieden. Schon 1714 starb Williams einzige Tochter, Königin Anne, kinderlos. Nun schien guter Rat teuer. Doch Ersatz fand sich wieder in Deutschland. Hier regierte Kurfürst Georg Ludwig von Hannover, ein entfernter Verwandter der Stuarts. Ihn holte man nach London und rief ihn hier als George I. zum Monarchen aus.

Georgs vier Nachfolger aus dem Haus Hannover heirateten immer wieder deutsche Prinzessinnen, bis es 1837 mit dem männlichen Nachwuchs vorbei war. Nun bestieg eine Frau den Thron: Victoria von Hannover, die später als „Großmutter Europas" berühmte Queen Victoria. Sie vermählte sich 1840 mit dem Prinzen Albert von Sachsen-Coburg-Gotha. Damals war es üblich, die Dynastie nach dem Mann zu benennen, auch wenn er wie Albert als „Prince consort" (Prinzgemahl) nur eine untergeordnete Rolle spielte. Also wurde Großbritannien seit 1840 von der Dynastie Sachsen-Coburg-Gotha regiert.

Als 1914 der 1. Weltkrieg ausbrach und eine Welle antideutscher Ressentiments das Land durchzog, blieb das Herrscherhaus zunächst davon unberührt. Das verwundert, denn sowohl der damalige König George V., als auch seine Gemahlin Mary, geborene von Teck, waren rein deutscher Herkunft. 1917 empfand man dann doch die Peinlichkeit der Situation und betrieb den geschilderten Etikettenschwindel. Die Dynastie wurde kurzerhand in das britischer klingende Windsor umbenannt. Namensgeber war der bevorzugte Aufenthaltsort der Familie, Windsor Castle, ein bis 1373 erbautes Schloss am westlichen Stadtrand von London.

Georgs Enkelin Elizabeth II. herrscht bis heute über das Vereinigte Königreich. Verheiratet ist sie mit Lord Philipp Mountbatten. Aber warum heißt dann die Dynastie weiter Windsor und nicht Mountbatten? Wohl um nicht einen weiteren Etikettenschwindel zu offenbaren. Denn der aktuelle Prinzgemahl ist deutscher Herkunft und hieß früher Philipp von Battenberg.

Eine deutsche Dynastie Battenberg auf dem Thron wäre wohl für die neuerdings so nationalempfindlichen Briten gleichbedeutend mit dem Untergang ihres Empires.

63. Giftmordskandal in Versailles

Ludwig XIV. reagierte entsetzt auf den Bericht seines Pariser Polizeichefs. Was Nicholas de la Reynie seinem königlichen Herrn melden musste, wirkte in der Tat schockierend: Ein Giftmordkomplott, in das nahezu der gesamte Hochadel Frankreichs verstrickt war.

Marie Madeleine, Marquise de Brinvilliers, darf man wohl als die skrupelloseste Giftmörderin des 17. Jahrhunderts bezeichnen. Die 1630 geborene Adlige hatte einen Mann geheiratet, der sein Vermögen fast gänzlich verschwendete. Also spekulierte die Brinvilliers auf ihr väterliches Erbe, das sie freilich mit drei Geschwistern teilen musste. Um 1665 machte sie den Abenteurer Jean Baptiste Sainte-Croix zu ihrem Liebhaber. Dieser dunkle Ehrenmann war bei den kundigsten Giftmischern Italiens in die Lehre gegangen.

Sainte-Croix stellte eine langsam wirkende, aber tödliche Mischung her, die aus Arsenik, Vitriol und Krötenfett bestand. Die herzlose Marquise testete diese Mixtur, indem sie damit imprägnierten Zwieback an die Armen im Pariser Krankenhaus „Hotel de Dieu" verteilte. Nach erfolgreichem Experimentieren vergiftete sie 1666 zunächst ihren Vater. Die beiden Brüder starben 1670 kurz hintereinander und als wenig später auch ihre Schwester schwer erkrankte, schien der Fall langsam verdächtig.

Doch erst 1672 kam die entscheidende Wende. Sainte-Croix hatte sich bei einer seiner gefährlichen Manipulationen selbst vergiftet und im Nachlass fand man eine Kassette. Ihr Inhalt bestand u. a. aus der peniblen Auflistung aller Giftlieferungen an die Brinvilliers. Rechtzeitig vor ihrer Verhaftung konnte die Marquise ins Ausland fliehen.

Nun nahm sich Nicolas de la Reynie der Sache an. Der königliche Polizeikommissar von Paris war ein scharfsinniger Detektiv und Urvater der französischen Kripo. Er lockte die Giftmörderin unter Vorwänden aus Lüttich nach Paris, wo man ihr den Prozess machte. Nach ausführlichem

Geständnis (allerdings unter der Folter) wurde sie am 15. Juli 1676 enthauptet.

Während seiner Recherchen stieß la Reynie auf brisante Tatsachen. Ganz offenbar stellte die Brinvilliers keinen Sonderfall dar. Vielmehr existierte in Paris ein ganzes Netzwerk von Giftmischern, Satanisten, Hexern und Kindsmördern. Ihre Kundschaft reichte bis in die Spitzen der Gesellschaft. Deshalb ordnete Ludwig XIV. im April 1677 die Errichtung eines Sondergerichtshofes an, der „Chambre ardente" (feurige Kammer), so genannt, weil der Tagungsraum schwarz drapiert und von zahlreichen Kerzen erleuchtet war.

La Reynie machte als Leiter der Chambre schockierende Entdeckungen. Bei „Schwarzen Messen" kam es zu kannibalischen Handlungen. Verkommene Priester kauften Prostituierten ihre neugeborenen Kinder ab, die dann auf dem nackten Körper von Frauen per Halsschnitt getötet, ihr Blut in einem Abendmahlskelch aufgefangen und in Hostien verbacken wurde.

Schlüsselfigur dieser Abscheulichkeiten war Cathérine Deshayes, von ihrer Kundschaft vertraulich „La Voisin" (Nachbarin) genannt. Bei ihr war alles zu haben: Gift, Liebestränke, Abtreibungen, Teufelsbeschwörungen. Die Voisin war steinreich geworden, denn sie bediente nur die Aristokratie. Aber auch sie konnte es nicht lassen, über ihre Abnehmer Buch zu führen.

Am 12. März 1679 wurde die Voisin verhaftet. Nun bemerkte la Reynie das ganze Ausmaß des Skandals. Immer mehr Zeugen wurden vernommen. Zu den Kunden der Voisin gehörten die Herzogin von Angouleme und der Erzbischof von Narbonne ebenso wie die Marquise de Orléans, ein königlicher Prinz, Ludwigs Ex-Mätresse Olympia Mancini und sogar der Hofdichter Jean de Racine. Von Madame de Lusignan erfuhr man, dass sie splitternackt eine Osterkerze zu obszönen Zwecken missbrauchte.

Eminent gefährlich wurde es, als ein Name fiel: Athenais de Montespan. Diese temperamentvolle Brünette hatte es vermocht, den launenhaften König elf Jahre lang als Mätresse zu fesseln. Aber nun, nach der Geburt von sieben Kindern, begann die Schönheit der 38-Jährigen zu welken. Ludwig XIV. wandte sich reizvolleren Frauen zu, darunter der blutjungen Marie Angélique de Fontanges.

Außer sich vor Eifersucht und voller Angst um ihre Privilegien, nahm die Montespan Zuflucht zu Schwarzen Messen, wo sie sich Hostien zwischen die Beine legte und dann Geschlechtsverkehr hatte. Noch übler war der Fall, dass sie bei der Voisin Zaubertränke bestellte, um Ludwigs Liebe neu zu entfachen. Dieses Gebräu enthielt ekelhafte Zutaten wie Feldermausblut, getrocknete Maulwurfspfoten und zermahlene Föten. Vermengt mit stark gewürztem Wein flösste sie das Zeug dem König ein. Nun wusste Ludwig, warum er nach jedem Stelldichein unter Schwindelanfällen und Sehstörungen litt. Da dies aber die einzige Wirkung war, besorgte sich die Montespan endlich ein tödliches Gift, mit dem sie den König und seine Mätresse Fontanges ermorden wollte.

All dies musste la Reynie dem König darlegen. Am 23. Januar 1680 begann eine Verhaftungswelle gegen 319 Personen, darunter zehn Angehörige des Hochadels; 36 Hinrichtungen und hohe Gefängnisstrafen folgten. Athenais de Montespan und Olympia Mancini durften freilich nicht belangt werden und wurden nur vom Hofe verbannt. Es hätte den eitlen Sonnenkönig vor aller Welt lächerlich gemacht, als Opfer von verseuchten Liebestränken dazustehen.

Die Voisin wurde im Februar 1680 als Hexe verbrannt. „Dabei", so die Augenzeugin Marie de Sévigné, „stieß sie bis zum letzten Augenblick grauenhafte Flüche aus."

64. Wiens zweite Errettung vor den Türken

Vor 154 Jahren hatte zum letztenmal ein Türkenheer Wien belagert. Nun holte das Osmanische Reich wieder zur massiven Aggression gegen das Abendland aus. Großwesir Kara Mustafa marschierte im Frühjahr 1683 mit 160.000 Mann durch Ungarn nach Wien. Dort standen kaum 15.000 Soldaten zur Verteidigung bereit. Dennoch war ihre Situation günstiger als bei der ersten Belagerung im Jahre 1529.

Die Wiener staunten nicht schlecht, als Kaiser Leopold I. am 7. Juli 1683 mit großem Gefolge die Stadt verließ und nach Linz zog. Zwar hatte man von einem riesigen Türkenheer gehört, das von Osten her anrückte, aber dass die Gefahr so groß war, wollten die Wenigsten wahrhaben. Als einen Tag später der General Karl von Lothringen mit 4.000 Mann Kavallerie in Wien einrückte und kurz darauf 6.000 Infanteristen folgten, zeigte sich der Ernst des Geschehens. Schon am 5. Juli hatten die Türken das westungarische Raab erreicht. Stadtkommandant Graf Ernst Rüdiger von Starhemberg ergriff sofort Gegenmaßnahmen.

König Jan Sobieski vor Wien

Wien besaß starke Mauern, es war in den letzten Jahren nach modernen Fortifikationsmethoden ausgebaut worden. Zwölf mächtige, sich gegenseitig flankierende Bastionen umgaben den Stadtkern etwa im Bereich der heutigen Ringstraße. Belagerungsartillerie konnte diese Festung kaum gefährden. Die Verteidiger durften – anders als 1529 – auch auf Unterstützung von außen hoffen. Papst Innocenz XI. hatte nicht nur große Geldbeträge für den Türkenkrieg aufgebracht, sondern auch ein Bündnis zwischen dem Kaiser und König Jan Sobieski von Polen vermittelt. Gemeinsam mit den deutschen Reichsfürsten sollte dessen Heer die Belagerung Wiens sprengen.

Die Bevölkerung Niederösterreichs wurde von den Türken auf ihrem Vormarsch wieder aufs Schlimmste malträtiert. Ihre „Renner und Brenner" genannten Horden plünderten, mordeten, ließen Häuser, Gehöfte und Kirchen in Flammen aufgehen, verschleppten Tausende als Sklaven nach Anatolien. Alle Orte rings um Wien wie Hainburg, Schwechat, Pellendorf und Laa wurden niedergebrannt. Am 14. Juli 1683 standen Kara Mustafas Truppen vor der Stadt und begannen am nächsten Tag mit der Beschießung. Schon am 16. Juli war Wien eingeschlossen – von Nußdorf im Norden über Dornbach im Westen bis Simmering im Süden.

Bald merkte Kara Mustafa, dass seine meist kleinkalibrigen Kanonen nur wenig gegen die Stadtmauern ausrichten konnten. Der Wesir ließ daraufhin Gräben ziehen und Tunnel mit Sprengminen graben. Die Türken wühlten sich durch die Erde bis zu der im Südwesten gelegenen Löwelbastion und der benachbarten Burgbastion. Hier explodierte am 2. August die erste Mine und riss Teile der Stadtmauer ein.

Den Türken gelang es nun immer öfter, in die Befestigungsanlagen vor dem Schottentor einzudringen. Wilde Kämpfe entbrannten. Dabei wurde Stadtkommandant Starhemberg schwer am Kopf verwundet. Trotzdem führte er die Verteidigung persönlich weiter und ließ sich mit einer Sänfte zu den Kampfschauplätzen tragen.

Anfang September wurde die Lage kritisch. Unter den Verteidigern wütete eine Ruhrepidemie, Munition und Lebensmittel gingen zur Neige, mehrere Bastionen lagen in Trümmern. Starhemberg schickte einen dringenden Hilferuf an Karl von Lothringen, der mit seinen Truppen nördlich von Wien auf Verstärkung wartete. In der Nacht vom 7. auf den 8. September (die Belagerung dauerte nun schon 56 Tage) stiegen vom Kahlenberg Leuchtraketen auf. Sie signalisierten das Nahen des Entsatzheeres vom nördlichen Rand des Wienerwaldes.

Hier hatte sich eine gewaltige Streitmacht versammelt. Fast 75.000 Mann standen bereit, davon 24.000 aus Polen unter König Jan Sobieski, 21.000 Mann unter Karl von Lothringen, 10.000 Bayern, 9.000 Sachsen, 4.000 Brandenburger. Kara Mustafa wurde vom Auftauchen dieser Armee in seinem Rücken völlig überrascht.

Am 12. September 1683 kam es auf dem Gebiet des heutigen Wiener Stadtteils Währing zur Schlacht. Sie wurde vor allem durch die polnischen Panzerreiter entschieden, eigentlich eine antiquierte Waffengattung. Sie drängten die türkische Spahi-Kavallerie zurück, so dass Karl von Lothringen sie bei Nußdorf in die Zange nehmen konnte. Gleichzeitig hämmerten sämtliche Wiener Kanonen aus den noch intakten Bastionen auf die Türken ein. Ihr Rückzug verwandelte sich schnell in eine wilde Flucht.

Wien wurde tatsächlich im letzten Moment gerettet. Den Ernst der Lage schilderte Jan Sobieski seiner Frau: „Die gemauerten Bastionen, mächtig und hoch, haben die Türken in entsetzliche Felstrümmer verwandelt und so ruiniert, dass sie weiter nicht standhalten konnten." Er sandte Papst Innocenz XI. die erbeutete Fahne des Propheten Mohammed mit den Worten: „Venimus, vidimus, Deus vincit" (Wir kamen, wir schauten, Gott hat gesiegt). Wien war für alle Zeiten von der Türkengefahr befreit.

65. Als die Franzosen Westdeutschland in Flammen setzten

1689 loderten im Rheinland, Baden, Württemberg und der Pfalz zahlreiche Städte und Dörfer. Die Truppen des Franzosenkönigs Ludwig XIV. verwüsteten Worms und Mannheim, brannten das Renaissanceschloss von Heidelberg nieder. Pforzheim und Durlach sanken ebenso in Schutt und Asche wie Baden-Baden, Marbach oder Oppenheim. Besonders hart traf es die alte deutsche Stadt Speyer.

Seit den 60er Jahren des 17. Jahrhunderts überzog König Ludwig XIV. seine östlichen Nachbarn mit Krieg. Sein Ziel bestand darin, soviel holländisches und deutsches Gebiet wie möglich zu rauben und Frankreich einzuverleiben. Beschönigend nannte er das „Réunion" (Wiedervereinigung). Als 1688 Kaiser Leopold I. in einen schweren Konflikt mit den Türken verwickelt war, ließ der „Sonnenkönig" ein Heer von 20.000 Mann in Westdeutschland einfallen. Zur Begrüßung wurden in der Gegend von Ulm und Rothenburg 17 Dörfer niedergebrannt. Die Franzosen verlangten von der Bevölkerung hohe Kontributionen. Wer nicht zahlte, wurde ermordet.

Am 10. November 1688 rückte der berüchtigte Joseph de Montclar mit 6.000 Soldaten in das rechtsrheinische Gebiet vor. Sein Auftrag lautete, alle Landschaften, die ihre Unterwerfung verweigerten, bis auf das letzte Gebäude niederzubrennen und die Einwohner nach Frankreich zu verschleppen. Doch Ludwigs Rechnung, durch lähmenden Terror jeden Widerstand zu brechen, ging nicht auf. Die kleine Festung Schorndorf im württembergischen Jagstkreis leistete erfolgreich Widerstand und das unter Führung einer Frau, der Bürgermeistergattin Barbara Walch. Zur selben Zeit schlossen Brandenburg, Sachsen sowie Hessen-Kassel ein Bündnis mit dem Kaiser und stellten ein Heer von 22.000 Mann auf, das die gequälten deutschen Lande befreien sollte.

Die Folgen waren furchtbar. Da bis zum Eintreffen der Entsatzarmee noch mehrere Monate vergingen, befahl Ludwig, das besetzte Gebiet systematisch zu verwüsten. Sein Kriegsminister Louvois wurde mit der Exekution beauftragt. Im März 1689 begann der Terror mit der Einäscherung von Mannheim und weiteren elf unterpfälzischen Städten.

Besonders schlimm wütete General Ezechiel de Mélac. Er leitete die Zerstörung des Heidelberger Schlosses, eines der schönsten Renaissancebauten Deutschlands. Seine Truppen verwüsteten auch die Burg Rheingrafenstein, das Kloster Hirsau, die Ebernburg. „Bevor sie Brand anlegten, plünderten sie nicht nur alles, was sie Gutes vorfanden, sie vergewaltigten auch schamlos Mädchen und Frauen und begingen Tausende von Übergriffen solcher Art", heißt es in einem zeitgenössischen Bericht aus Heidelberg.

Für Speyer dachten sich die Besatzer eine besondere Gemeinheit aus. Die 1700 Jahre alte Kaiserstadt mit ihrem romanischen Dom war seit September 1688 von französischen Truppen besetzt. Am 16. Mai 1689 befahl General Montclar, „alle Einwohner müssten innerhalb sechs Tagen die Stadt verlassen; aber niemand dürfe bei Todesstrafe den Rhein überschreiten. Alle Vertriebenen sollten sich in Elsaß ansiedeln und dort Untertanen des Königs von Frankreich werden. Ein unbeschreiblicher Jammer hub in Speyer an", berichtete der Rektor des Gymnasiums Daniel Hofmann aus jenen Tagen.

Vor allem die Zerstörung des Domes besaß für die Franzosen Priorität. Dieses massive Steingebäude konnte man nicht ohne weiteres anzünden. Montclar machte scheinbar großzügig den Speyerern das Angebot, alle Habseligkeiten, die sie nicht mitnehmen könnten, unter dem Dach des Doms aufzustapeln. Man werde die Kirche verschonen. „Da weitaus nicht genug Wagen zum Fortschaffen der Hausgeräte und Möbel aufzutreiben waren, so brachte man alles Überschüssige in das Schiff des Domes, das bald damit angefüllt war", berichtet Magister Hofmann.

Im Dom zu Speyer waren acht deutsche Kaiser begraben, darunter Rudolf von Habsburg. Ihre Gräber wurden von den Franzosen am 31. Mai aufgebrochen und die Gebeine in der Umgegend verstreut. Dann zündeten sie das reichlich vorhandene Brennmaterial im Kirchenschiff an und brannten das Gebäude sowie die ganze Stadt nieder.

Das weitere Schicksal der Familie Hofmann ist charakteristisch. Auf einem Bauernfuhrwerk rettete sie sich zunächst in das Städtchen Bellheim. Dort kam auch eine verheiratete Tochter des Rektors an, die aus ihrer total verwüsteten Heimat Durlach fliehen mußte. Als die Franzosen näher rückten, floh die Familie diesmal zu Fuß und geriet wenige Stunden später dennoch in die Hände eines Franzosenhaufens. Sie wurden vollständig ausgeplündert und erreichten nur noch mit Hemden bekleidet die Stadt Esslingen.

Bevor die Befreiungsarmee anrückte, waren große Teile Westdeutschlands eine menschenleere Wüstenei. Der zeitgenössische Chronist Johann Friedrich Seidenbender verwünschte den Urheber dieses Unglücks, Ludwig XIV. als „den allerbarbarischsten Unmenschen, grausamsten Wüterich und Mordbrenner, der jemals gelebt haben mag oder noch ins Leben wird kommen können".

66. Ungarns Befreier – die Feldzüge des „Türkenlouis"

Nach ihrer Niederlage bei der zweiten Belagerung Wiens 1683 gingen die türkischen Heere kurzzeitig in die Defensive. Doch schon bald drohte der Halbmond wieder, ganz Ost- und Mitteleuropa zu okkupieren. Es dauerte noch drei Jahrzehnte, bis die Gefahr endete, vor allem durch den Einsatz des genialen Feldherren Prinz Eugen von Savoyen. Bevor er jedoch zum Zuge kam, sprang ein anderer Mann in die Bresche, den das Volk „Türkenlouis" nannte: Markgraf Ludwig Wilhelm von Baden.

Als Ludwig Wilhelm 1677 mit 22 Jahren Regent der kleinen Markgrafschaft Baden-Baden wurde, besaß er schon militärische Erfahrung. Im Dienst des Kaisers hatte er am Rhein gegen Frankreich gekämpft. Seit 1679 General, schlug für ihn im Osten des Reiches die große Bewährungsstunde.

Seit dem 14. Juli 1683 belagerte ein mehr als 100.000 Mann zählendes Osmanenheer zum zweiten Mal die Stadt Wien. Ihr Anführer, der Groß-wesir Kara Mustafa, setzte seine Artillerie so massiv ein, dass nach acht Wochen die Stadtmauer in Trümmern lag. Doch am 12. September griff eine europäische Entsatzarmee die Türken am Kahlenberg an. Unter Führung von Herzog Karl von Lothringen und dem Polenkönig Jan Sobieski errangen sie einen totalen Sieg. Die Infanterie des linken Flügels unter Markgraf Ludwig Wilhelm drang als erste in die feindlichen Lauf-gräben ein. Die Befreiungsarmee hatte nur 600 Tote zu beklagen, die Türken hingegen 10.000.

Doch der Triumph besaß auch eine bittere Seite. König Jan Sobieski be-richtete: „Die Türken haben viele unschuldige hiesige Österreicher, vor allem Frauen erschlagen, so viele sie nur konnten. Eine sehr große Men-ge totgeschlagener Frauen und viele verwundete liegen überall herum."

Ein Jahr später geriet der Herzog von Lothringen bei Ofen, dem heutigen Budapest, beinahe in eine Falle. Ludwig Wilhelm konnte ihn im letzten Moment an der Spitze mehrerer Kavallerieregimenter heraushauen. Aller-dings verlor die Armee ihren gesamten Tross. 2.500 kranke und verwun-dete Soldaten wurden von den Türken erbarmungslos niedergemetzelt.

Die Rache erfolgte am 2. September 1686, als die Festung Buda (heute Teil von Budapest) am rechten Donauufer den Türken entrissen wurde.

Für seinen tapferen Einsatz ernannte der Kaiser den erst 31-jährigen Markgrafen zum Feldmarschall. Im folgenden Jahre befehligte er die Kavallerie und entschied die Schlacht von Mohács am 12. August 1687. Das Ende der Türkenherrschaft in Ungarn schien gekommen. Doch inzwischen tobte am Rhein wieder Krieg gegen Frankreich. Die besten Truppen und Offiziere wurden nach Westen beordert. Am 6. April 1689 erhielt Ludwig Wilhelm den Oberbefehl in Ungarn, ein Himmelfahrtskommando gegen die erdrückende türkische Übermacht.

In den folgenden drei Jahren zeigt der „Türkenlouis", wie ihn die Soldaten nennen, sein überragendes Feldherrentalent. Als erstes überwältigt er den Pascha von Bosnien. Nach einem nächtlichen Gewaltritt mit nur 3.000 Kavalleristen überrumpelt er die Türken, denen nach schweren Verlusten der Rückzug gelingt. 1689 schlägt er bei der serbischen Stadt Niš ein weiteres Türkenheer.

Im März 1690 wird Ludwig Wilhelm in seiner badischen Heimat begeistert als „Türkenlouis" begrüßt; er heiratet in aller Kürze eine blutjunge Prinzessin und eilt wieder auf den Kriegsschauplatz. Hier brennt es lichterloh. Der türkische Heerführer Mustafa Köprülü hat große Teile Ungarns und Serbiens zurückerobert. Mit einem gewaltigen Heer steht er in der Nähe von Belgrad sprungbereit Richtung Wien.

Ende Juli 1691 verfügt der Markgraf über 33.000 einsatzfähige Soldaten. Kerntruppe sind 6.000 Mann aus Brandenburg unter Führung des späteren Feldmarschalls Hans Albrecht v. Barfus. Obwohl im Winkel zwischen Donau und Save fast 60.000 Türken aufmarschiert sind, entschließt er sich, ihnen den Weg nach Westen zu verlegen. Seine Offiziere murren, denn der „Türkenlouis" ist wegen seines Jähzorns und seiner Arroganz wenig beliebt. Doch Befehl ist Befehl und so kommt es am 19. August 1691 beim Ort Slankamen zur Schlacht.

Anfangs bestätigen sich alle Befürchtungen. Die Türken greifen aus einer Wagenburg an und drängen die kaiserliche Infanterie zurück. Aber Ludwig Wilhelm stürmt mit seiner Reiterei auf dem linken Flügel so heftig voran, dass der Einbruch in die Wagenburg gelingt und die türkische Schlachtordnung zusammenbricht. Am Abend ist das feindliche Heer vollständig zerschlagen. Mehr als 20.000 Türken, darunter Mustafa Köprülü und 18 Paschas, sind gefallen. Ludwig Wilhelms Männer (Verluste: 7.300 Mann) erbeuten 154 Kanonen und 5.000 Pferde.

Die militärische Leistung des Markgrafen bei Slankamen wird mit dem höchsten Orden des Reiches, dem „Goldenen Vlies" gewürdigt. Vorerst hat er die Türkengefahr gebannt und begibt sich Ende 1692 zurück nach Baden, um seine Markgrafschaft zu regieren.

Im Krieg gegen Frankreich Anfang des 18. Jahrhunderts erntet er weitere kriegerische Lorbeeren. In die Geschichte eingegangen ist der populäre Fürst aber für immer als „Türkenlouis".

67. Massenhysterie – Die „Hexen von Salem"

Anfangs benahmen sich nur zwei Farmerstöchter seltsam. Dann traten dubiose Zeugen auf. Eine Lawine von Verdächtigungen folgte. Europas Hexenwahn hatte 1692 auch die Neue Welt jenseits des Atlantiks erreicht und kostete dutzende unschuldiger Menschen das Leben.

Nachdem die ersten englischen Kolonisten 1607 in Nordamerika gelandet waren, entstanden längs der Küste im heutigen US-Bundesstaat Massachusetts zahlreiche Siedlungen. Die anfangs friedlichen Beziehungen zu den indianischen Ureinwohnern mündeten bald in blutige Konflikte. Ende des 17. Jahrhunderts konnten sich die Siedler nur noch mit schussbereiter Waffe durchs Land wagen, weil überall feindliche Indianer lauerten. Selbst bei Feldarbeiten hatten die Farmer eine geladene Waffe immer in Griffweite.

Diese Situation einer ständigen Bedrohung zeitigte auch psychologische Auswirkungen. Verstärkt wurde das durch eine Religion, welche die Siedler aus England mitgebracht hatten. Ihre Anhänger nannten sich „Puritans" (die Fehlerlosen/Reinen), lehnten jede kirchliche Autorität ab und wurden von ebenso wortgewaltigen wie fanatischen Laienpredigern beherrscht. Kernstück des Puritanismus, einer besonders rigiden Spielart des Calvinismus, war der unbedingte Glaube an die eigene Auserwähltheit. Nur Puritaner seien von Gott auserkoren – alle anderen Rassen und Religionen wären minderwertig und ihre Bekämpfung nicht nur erlaubt, sondern geradezu geboten. Da die Indianer schon wegen ihres Erscheinungsbildes für europäische Augen befremdlich wirkten, hatten puritanische Prediger leichtes Spiel, sie als Teufel und Dämonen zu verdammen.

Im strengen Winter 1691/92 bekam die junge Abigail Williams, Nichte eines Predigers aus dem Ort Salem nahe Tremont (heute Boston), hysterische Anfälle. Sie kroch auf dem Boden herum, stammelte unverständliche Worte, versteckte sich, wenn ein Mann den Raum betrat. Bald verhielt sich ihre Cousine Betty Parris ebenso seltsam. Dann folgte eine Bekannte, Ann Putnam, und binnen weniger Wochen führten sich acht junge Mädchen aus Salem völlig verrückt auf. Ihre erschreckten Familien waren überzeugt, hier könne nur der Teufel seine Hand im Spiel haben. Man begann die Jugendlichen zu bedrängen, sie sollten Namen derjenigen nennen, die sie verhext hätten.

In einer Atmosphäre gereizten Misstrauens gaben die Mädchen schließlich drei Personen an: Sarah Good, eine offenbar geistig behinderte Bettlerin, die häufig laute Selbstgespräche führte, Sarah Osborne, eine etwas schrullige alte Dame, sowie Tituba, eine indianische Sklavin. Diese drei gesellschaftlichen Außenseiter passten gut ins Hexen-Schema und wurden am 1. März 1692 ins Gefängnis geworfen. Die Aussagen dieser verwirrten und verängstigten Frauen setzten eine mörderische Spirale in Gang.

Immer mehr Leute gerieten in Verdacht. Abigail Williams und ihre vermeintlich besessenen Gefährtinnen sprachen vom „Schwarzen Mann", der sie heimgesucht habe. Nun wanderten auch männliche Verdächtige ins Gefängnis. Da in den nordamerikanischen Kolonien weder ordentliche Gerichte, noch eine zentrale Verwaltung existierten, verlief die Untersuchung völlig willkürlich. Das englische Mutterland war weit weg und den dort regierenden König Wilhelm III., gerade erst durch die „Glorreiche Revolution" auf seinen usurpierten Thron gelangt, plagten ganz andere Sorgen.

In Salem griff die Hysterie um sich. 16 Frauen behaupteten mittlerweile verhext zu sein. Mehr als 200 Angeklagte saßen in Haft, deren Bedingungen so erbärmlich waren, dass vier von ihnen im Kerker starben. Auch ein vierjähriges Mädchen wurde verhaftet. Unter Vorsitz von William Stoughton verhängte ein Sondergericht zahlreiche Todesurteile. Als erste wurde am 10. Juni 1692 Bridged Bishop gehängt. Neun Tage später folgten fünf weitere Delinquenten, darunter die Bettlerin Sarah Good. Am 22. September wurden acht Personen gehenkt. Auch ein angesehener Prediger, George Burroughs, musste sterben.

Während der Verhöre wurde auch gefoltert. Besonders schlimm traf es Giles Corey, einen alten Farmer, der sich weigerte, belastende Aussagen zu machen. In Ermangelung klassischer Folterwerkzeuge wurde gegen ihn die aus den französischen Kolonien stammende Tortur „Peine fort et dure" angewandt: der Delinquent wurde solange mit schweren Steinen zugedeckt, bis er gestand oder qualvoll erstickte. Der bedauernswerte Corey starb erst nach drei Tagen.

Das Geschehen um die „Hexen von Salem" erreichte mit der Zeit auch wirtschaftliche Dimensionen. Da immer mehr Farmer in Haft saßen, verkamen die Felder, starb das Vieh. Viele vernachlässigten ihre Arbeit und lungerten lieber bei den zahlreichen Prozessen und Hinrichtungen herum. Handwerker verließen mit ihrer Habe die gefährliche Gegend, ehe auch sie in Verdacht gerieten und zogen in Richtung des aufstrebenden New York. Schließlich kam der örtliche Handel fast zum Erliegen und die Indianergefahr drohte unverändert weiter.

Jetzt entschloss sich London doch zum Handeln. König Wilhelm III. beauftragte den Gouverneur Sir William Phips im Januar 1693 mit einer genaueren Untersuchung. Die Hexenprozesse, denen schon 24 Menschen zum Opfer gefallen waren, wurden ausgesetzt. Phips brauchte ein Jahr, bis die Unschuld der Angeklagten feststand. Die letzten wurden Anfang 1694 entlassen.

Die Hysterie von Salem ist bis heute schwer zu erklären. Manche Historiker meinen, die „besessenen" Mädchen hätten unter Wahnvorstellungen gelitten, die auf eine Mutterkornvergiftung durch verseuchtes Getreide zurückzuführen wären. Das erklärt aber nicht das Verhalten der anderen Prozessteilnehmer. Wahrscheinlicher ist aber die allgemeine Bedrohungsangst als Ursache. Nicht zufällig gehörte zu den ersten beschuldigten „Hexen" die Indianerin Tituba.

Die puritanischen Prediger behaupteten damals stets, junge Mädchen hätten sich heimlich mit Indianern zu teuflischen Ritualen vereinigt. Sie stellten die amerikanischen Puritaner als Armee Gottes dar, die von Satan und seinen Dämonen bedrängt werde. Dies ist eine Mentalität, die auch im 21. Jahrhundert bekannt anmutet.

68. Sachsens Herkules – August der Starke

Kurfürst August der Starke trug, im Gegensatz zu vielen anderen gekrönten Häuptern, seinen Beinamen zu Recht. Der Mann war tatsächlich bärenstark. Die von ihm mit bloßen Händen zerbrochenen Hufeisen sind ebenso sorgfältig dokumentiert, wie die zwischen seinen Fingern verbogenen Münzen. Auch im Bett soll der Monarch ein wahrer Kraftprotz gewesen sein. Als Beweis dienen seine angeblich 354 unehelichen Kinder. Da sich niemand der Mühe unterzog, ihre Namen zu nennen oder die jeweiligen Mütter ausfindig zu machen, riecht das Ganze verdächtig nach einer Legende.

Als der 17-jährige Prinz August sich 1687 auf eine Europareise begab, die im Hochadel übliche „Kavalierstour", schien ein fideles Leben ohne jede Verantwortung vor ihm zu liegen. Als Zweitgeborener besaß er keine Aussichten auf die Herrschaft in Sachsen. Für erste Aufregung sorgte August 1688. Während eines Aufenthaltes in Madrid gelang es ihm, die tugendhafte Marquesa de Manzera zu verführen und anschließend einer Mörderbande zu entkommen, die der gehörnte Ehemann auf ihn hetzte.

1693 heiratete er standesgemäß eine deutsche Prinzessin und nahm sich gleichzeitig seine erste Mätresse, Eleonore von Kessel. Dies war im 17./18. Jahrhundert ein völlig normaler Vorgang. Die Mätresse bekleidete gleichsam ein öffentliches Amt, sie nahm an allen Staatsakten, Empfängen und Festlichkeiten teil und zwar auch dann, wenn die legitime Ehefrau des Fürsten anwesend war. Wer ohne Mätresse in ehelicher Treue auf dem Thron saß, galt als verdächtiger Sonderling wie etwa Preußens „Soldatenkönig" Friedrich Wilhelm I.

1694 wurde die Kessel durch Aurora von Königsmarck ersetzt, eine geistreiche schwedische Adlige. Aus dieser Liaison entspross 1696 Moritz von Sachsen, der spätere Feldmarschall in französischen Diensten. Inzwischen hatte sich Bedeutsames ereignet. Augusts älterer Bruder, Kurfürst Johann

Georg IV., war im April 1694 an den Blattern gestorben, mit denen er sich bei seiner Mätresse angesteckt hatte. Plötzlich war August Herrscher von Sachsen und das für die nächsten vier Jahrzehnte. Er erwies sich als großzügiger Förderer von Kunst und Wissenschaft, lernfähiger Politiker und katastrophaler Militär. Was die Frauen betrifft, war der starke August ein unversiegbarer Quell von Gerüchten und Sensationen.

„Er unterhielt eine Art Harem der schönsten Frauen seines Landes. Als er starb, berechnete man, dass er von seinen Maitressen 354 Kindern gehabt habe." Die geschwätzige Feder der Markgräfin Wilhelmine von Bayreuth, Schwester Friedrichs des Großen, tischt hier erstmals diese Legende auf. Nur leider, Wilhelmine hat das augusteische Dresden nie gesehen und kannte auch August selbst nicht. Was den „sächsischen Herkules" tatsächlich antrieb, berichtet sein engster Vertrauter Jakob Heinrich von Flemming 1722: „Sein größtes Vergnügen war die Liebe, obwohl er nicht soviel Spaß an ihr fand, wie er anderen glauben machen wollte. Er hat geliebt, um Aufmerksamkeit zu erregen."

Für August war in erster Linie wichtig, als unwiderstehlicher Liebhaber von der Öffentlichkeit wahrgenommen zu werden. Von seinen gut einem Dutzend Mätressen hat er offensichtlich nur eine wirklich geliebt: Anna Constanze von Brockdorf, die er 1705 kennenlernte und zur Gräfin Cosel ernannte. Neun Jahre waren die beiden zusammen. Die intrigante, geldgierige, pfeiferauchende Cosel gebar drei Kinder, bezog als Residenz das eigens für sie erbaute Taschenberg-Palais in Dresden, schätzte allerdings ihre Macht zu hoch ein. Als August ihr Verhältnis

1715 lösen wollte, drohte sie damit, ein früheres Eheversprechen des Kurfürsten öffentlich zu machen. August ließ sie verhaften und auf der Festung Stolpen einsperren.

Zwei Kinder, später Graf und Gräfin Rutowski, hatte August von einer Türkin namens Fatima. Sie war ihm als „Kriegsbeute" von einem polnischen Adligen überlassen worden und wurde als Frau von Spiegel geadelt. Johann Georg „Chevalier de Saxe", geboren 1704, war ein Resultat der Beziehung mit Ursula Lubomirska, einer Adligen aus Polen. Von der Weinhändlerstochter Henriette Duval bekam der inzwischen zum König von Polen avancierte August 1707 eine Tochter, die spätere Gräfin Orzelska.

Es ging also durchaus fidel zu am Dresdener Hof. So berichtet der preußische Abgesandte Michael von Loen über den 48. Geburtstag Augusts am 17. Mai 1718: „Der ganze Garten war beleuchtet und hatte in den beiden Ecken zwei Kabinette zu stillen Vergnügungen… Am Ende großes Besäufnis. Der König, wacker in diesem Punkte, allen voraus."

Hält man sich an die Quellen, so sind dem potenzstarken Sachsen acht namentlich bekannte uneheliche Kinder zuzuschreiben. Auch wenn die „Dunkelziffer" hoch sein sollte, zu 354 Sprösslingen hat es August gewiß nicht gebracht.

69. Der Meisterstreich des „Schiefen Fritz"

Die Berliner empfingen ihren König, als kehre er aus einem siegreichen Feldzug heim. Mit 63 sechsspännigen Karossen fuhr er am 6. Mai 1701 durch blumengeschmückte Ehrenpforten über die Lange Brücke bis zum Schloss, an dessen neuer Fassade der berühmte Bildhauer Andreas Schlüter seit zwei Jahren arbeitete. Vier Monate zuvor war in Königsberg aus dem bisherigen Kurfürsten Friedrich III. von Brandenburg ein preußischer König geworden. Es begann eine Ära, in der sich die schlichten Brandenburger zu den europaweit bekannten Preußen wandelten.

Ende des 17. Jahrhunderts war das Kurfürstentum Brandenburg 110.000 Quadratkilometer groß. Sein zerrissenes Territorium reichte vom Niederrhein bis Ostpreußen. Die 1,5 Millionen Einwohner betrachteten sich je nach Herkunft als Pommern, Märker, Rheinländer oder Westfalen. Als 1688 Kurfürst Friedrich III. den Thron bestieg, richtete er all seinen politischen Ehrgeiz auf die Vereinheitlichung dieses Staates. Er suchte gewissermaßen eine gesamtstaatliche Klammer. Gemeinsam mit seiner Ehefrau Sophie Charlotte, einer hochintelligenten und emanzipierten Prinzessin aus Hannover, strebte er nach der Königswürde.

Sicher war dabei auch eine Portion Eitelkeit im Spiel. Friedrich wurde gleich nach seiner Geburt von der Hebamme so unglücklich fallen gelassen, dass er für den Rest seines Lebens eine verkrüppelte Schulter behielt. Die schon damals respektlosen Berliner nannten ihn deswegen den „Schiefen Fritz". Dieser körperlich benachteiligte Fürst hatte eine geniale Idee. Da es im Deutschen Reich neben dem Habsburger Kaiser keinen weiteren König geben durfte, mußte man ein auswärtiges Territorium suchen. August der Starke hatte es so 1697 geschafft, König von Polen zu werden. Für Friedrich bot sich das Herzogtum Preußen (das spätere Ostpreußen) an, das 1609 durch Erbfall an Brandenburg gekommen war. Dieses Land zählte nicht zum Deutschen Reich, bildete also den geeigneten Ort für die Ausrufung eines Königs.

Allerdings bedurfte diese Maßnahme der Zustimmung des Kaisers in Wien. Leopold I. ließ sich lange bitten. Als im Jahr 1700 der Spanische Erbfolgekrieg ausbrach und das kaiserliche Heer dringend Unterstützung benötigte, nutzte der Brandenburger diese neue Situation geschickt aus. Er bot Leopold 8.000 Soldaten als Waffenhilfe an (wofür Wien 150.000 Gulden im Jahr zu zahlen hatte) und versprach, bei künftigen Kaiserwahlen stets für einen Habsburger zu stimmen.

Nun stand einer Krönung nichts mehr im Wege. Friedrich bekam vom Kaiser die Erlaubnis, „über kurz oder lang, zu welcher Zeit es ihm gefallen möge" sich proklamieren zu lassen. Ende November 1700 setzte sich ein langer Zug von Berlin nach Königsberg, der preußischen Hauptstadt, in Bewegung. Am 17. Januar 1701 stiftete der Noch-Kurfürst hier als höchste preußische Auszeichnung den Orden vom Schwarzen Adler mit seiner Devise „Suum cuique" (Jedem das Seine).

Die Krönungsfeierlichkeiten fanden am 18. Januar statt. Den Plan für das Zeremoniell hatte Friedrich selbst entworfen. Es begann „mit einem Umritt der Hofbeamten und Kavaliere, die von vier Herolden in goldgestickten Kleidern, von Trompetern, Paukenschlägern und Dragonern geleitet wurden. Fünfmal hielt der Zug, und ein Herold verkündete die Erhebung Preußens zum Königreich."

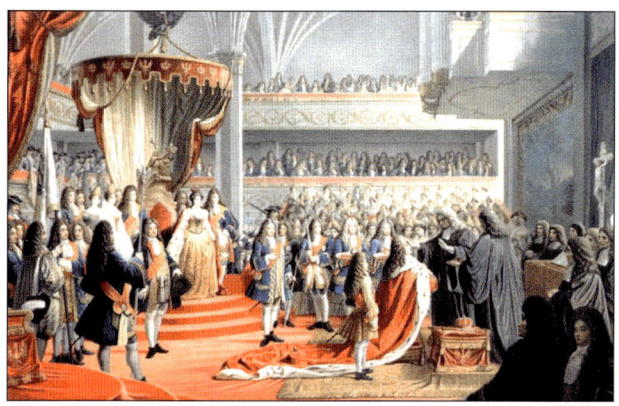

Um aller Welt seine Souveränität zu dokumentieren, setzte Friedrich sich im Großen Saal des Königsberger Schlosses die Krone selbst aufs Haupt, krönte dann seine Gemahlin Sophie Charlotte und ließ sich erst dann von zwei evangelischen Bischöfen salben. Sein Titel lautete jetzt: „Friedrich von Gottes Gnaden König in Preußen, Markgraf zu Brandenburg, des Heiligen Römischen Reiches Erzkämmerer und Kurfürst". Es hieß „in" und nicht „von" Preußen, weil es noch ein polnisch beherrschtes Westpreußen gab. Dieser feine Unterschied wurde allerdings kaum wahrgenommen. Fortan sprach man von der Königlich Preußischen Armee, von der Königlichen Akademie der Wissenschaften zu Berlin; in allen Teilen des Landes hießen die Provinzregierungen und nachgeordneten Behörden „Königliche". Wer künftig statt der Anrede „Majestät" noch das geringere „Durchlaucht" verwendete, mußte einen Dukaten Strafe zahlen.

Der Monarch, nunmehr Friedrich I., hatte mit seiner Erhebung nicht nur die politische Bedeutung seines Landes augenfällig befördert, sondern auch einen Grundstein für den Einheitsstaat Preußen gesetzt. Sein berühmter Enkel, Friedrich der Große, sollte die Früchte ernten. 1772, nach der ersten Teilung Polens, hieß er auch offiziell „König von Preußen".

70. Bauernsterben – die Sendlinger Mordweihnacht

Es war eine denkbar schlechte Idee des Kurfürsten Max Emanuel von Bayern, sich mit dem Franzosenkönig Ludwig XIV. zu verbünden. Seine Truppen erlitten 1704 im sogenannten Spanischen Erbfolgekrieg zwei eklatante Niederlagen gegen kaiserliche Heere. Ende des Jahres musste der Kurfürst in die Niederlande fliehen. Bayern wurde von österreichischen Truppen besetzt. Doch nach den Soldaten griffen 1705 die Bauern zur Waffe. Es sollte in einer Katastrophe enden.

Nach einem Jahr ist die Geduld der bayerischen Bevölkerung erschöpft. Im November 1704 war ihr Land der österreichischen Administration unterstellt worden und seither könnte man meinen, es solle unbewohnbar gemacht werden. Die Steuern sind vervierfacht worden, an manchen Orten sogar siebenmal höher als früher. Bürger werden ohne Begründung ins Gefängnis geworfen. Menschenjäger durchstreifen die Gegend, um junge Männer zum Armeedienst zu pressen.

Im Herbst 1705 erhebt sich erster Widerstand. In den Dörfern Schönau und Gern will ein österreichisches Rekrutierungskommando Bauernburschen ausheben. Die Soldaten werden von den Dörflern jämmerlich verprügelt und fliehen. Ober- und Niederbayern geraten in Aufruhr. Ende November besetzen Aufständische die Stadt Braunau am Inn. Unter der Losung „Lieber bayrisch sterben als kaiserlich verderben!" erheben sich die Bauern. Ihr Ziel ist die Eroberung Münchens und die Rückkehr des Kurfürsten Max Emanuel.

In der Hauptstadt München finden sich Verbündete. Die Schankwirte Johann Jäger und Georg Küttler wollen am Franziskanerkloster und am Hofbräuhaus Städter versammeln, den Bauern die Tore öffnen und gemeinsam die Garnison verjagen. Am 21. Dezember 1705 treffen im Kloster Schäftlarn südlich von München etwa 3.000 Bauern aus Oberbayern ein. Sie sind schlecht ausgerüstet, nur die Gebirgsschützen aus Tölz besitzen Handfeuerwaffen.

Nun mehren sich schlechte Nachrichten. Den Aufständischen aus Niederbayern haben kaiserliche Truppen alle Wege versperrt. Johann Jäger ist verraten worden und musste aus München fliehen. Die vereinbarten Raketensignale, Zeichen des Aufruhrs in der Stadt, bleiben aus. In den Straßen patrouillieren Soldaten. Dennoch beginnen die Oberbayern am

24. Dezember ihren Marsch. Gegen 23 Uhr treffen sie in Sendling ein, wo die meisten die eisige Nacht im Freien verbringen müssen.

Am Morgen des 25. Dezember bleiben etwa 700 Leicht- oder Unbewaffnete in Sendling zurück, der Rest marschiert in zwei Kolonnen auf das Tor am Roten Turm und das Angertor. Unter Führung des Bauern Johann Georg Aberle wird der Rote Turm erstürmt, die Österreicher ziehen sich auf das dahinterliegende, stärker befestigte Isartor zurück. Nach Sonnenaufgang rückt von Osten eine kaiserliche Truppe heran und schießt die Bauern zusammen.

Einige können sich bis Sendling durchschlagen und verschanzen sich hier an der alten Pfarrkirche. Im folgenden Kampf ragt ein riesiger Mann namens Balthasar oder Hans Mayer hervor, Schmied aus dem Dorf Kochel. Er hat sich eine 50 Kilogramm schwere nagelgespickte Keule gebastelt, mit der er Dutzende Gegner niederhaut. 1883 reimte der Dichter Hans Hopfen:

> *Und als an die Glocken der Frühwind fuhr,*
> *Da stand von den Bauern ein einziger nur,*
> *Das war der stärkste Mann des Lands*
> *Der Schmied von Kochel, der Maier Hans;*
> *Mit einer Keule von Eisenguß*
> *Drosch er sie nieder zu Pferd und Fuß.*

Doch leider – den Schmied von Kochel hat es nie gegeben. Er ist eine Erfindung der Aufständischen, die ihre Niederlage damit etwas erträglicher machen wollten. Tatsächlich fand in Sendling kein Kampf, sondern glatter Mord statt. Die Bauern legten ihre Waffen nieder, nachdem kaiserliche Offiziere ihnen Pardon versprochen hatten. Danach wurden die Wehrlosen von Infanterie und ungarischen Husaren gnadenlos abgeschlachtet, die Stadt Sendling geplündert.

Etwa 500 Verwundete karrte man nach München und warf sie als abschreckendes Beispiel auf die Straßen. Die Führer des Aufstands wurden im Januar 1706 auf dem Schrannenplatz, dem heutigen Marienplatz, enthauptet. Insgesamt kamen bei der „Sendlinger Mordweihnacht" mehr als 1.000 Bauern ums Leben. In Bayern herrschte bis zur Rückkehr von Kurfürst Max Emanuel im April 1715 Friedhofsruhe.

Der Schmied von Kochel aber gilt bis heute als bayerische Kultfigur. Alljährlich finden ihm zu Ehren im Dezember Gedenkveranstaltungen statt. Auch Ministerpräsident Edmund Stoiber wurde dabei schon gesehen…

71. Lieselotte von der Pfalz – eine Deutsche in Versailles

„Madame war eine liebe und brave Freundin", schrieb der geistreiche Herzog Louis de Saint-Simon. „Sie war sicher, aufrichtig, bieder, leicht zu beeindrucken und zu schockieren… sehr deutsch in ihrem ganzen Verhalten." Lieselotte von der Pfalz, Schwägerin des „Sonnenkönigs" Ludwig XIV., hinterließ fast 3.000 Briefe. Ihre Beschreibungen des französischen Königshofes sind von entlarvender Originalität.

In einem der schönsten Renaissanceschlösser Deutschlands, dem zu Heidelberg, wurde am 27. Mai 1652 Elisabeth Charlotte geboren, Tochter des Kurfürsten Karl Ludwig von der Pfalz. Sie war ein echtes Pfälzer Kind: geradlinig, humorvoll, erdverbunden, ohne Allüren. Mit Gleichaltrigen streifte sie durch die Gassen Heidelbergs, unternahm

Wettbewerbe im Blaubeerenpflücken und besuchte die von ihrem Vater geförderten Handwerker in Mannheim und Schwetzingen. Ihre Jugendzeit verbrachte sie bei einer Tante in Hannover und kehrte 1663 nach Heidelberg zurück.

In Frankreich begann zu jener Zeit König Ludwig XIV. nach Niederschlagung einer innenpolitischen Revolte, seine Aggressionen gegen die Nachbarländer zu richten. Da schien es dem Kurfürsten Karl Ludwig eine gute Idee, durch Heiratspolitik sein Land aus der Schusslinie zu nehmen. Nach langen Verhandlungen wurde vereinbart, dass Lieselotte (wie Elisabeth Charlotte jetzt allgemein hieß) den Bruder des Franzosenkönigs, Herzog Philipp von Orléans, heiraten sollte. Diese Ehe wurde Ende 1671 geschlossen und die 19-jährige Lieselotte mußte unter bitteren Tränen Abschied von ihrer Heimat nehmen.

Was sie in Paris erwartete, war denkbar unerfreulich. Ihr Ehemann erwies sich als halb analphabetischer, eitler Waschlappen mit homosexuellen Neigungen. Vor seinem königlichen Bruder zitterte er und wagte niemals Widerspruch. Pflichtgemäß machte er seiner Frau zwei Kinder, trieb sich aber ansonsten in den liederlichsten Männerkreisen von Paris herum. Unter den offiziellen Titeln „Monsieur" und „Madame" residierten beide im Palais Royal, lebten aber schon seit 1676 getrennt.

Die Verhältnisse am verlotterten Versailler Hof befremdeten Liselotte sehr. In zahlreichen Briefen an ihre deutsche Verwandtschaft gab sie diesen Gefühlen Ausdruck. So berichtet sie über die Fressgier Ludwig XIV.: „Ich habe oft den König vier Teller verschiedener Suppen essen sehen, einen ganzen Fasanen, ein Rebhuhn, einen großen Teller mit Salat, zwei große Scheiben Schinken, mit Knoblauch zubereitetes Hammelfleisch mit Brühe, einen Teller voller Backwaren und dann noch Obst und harte Eier."

Über Ludwigs gleichnamigen Sohn schreibt sie: „Er sucht sein Vergnügen, wo er es finden kann und ist fürchterlich ausschweifend." Aus ihren Briefen spricht angewiderte Empörung, wenn sie vom Umgang Ludwigs mit seinen Hofdamen berichtet: „Der König war hart zu ihr und ironisch bis zur Beleidigung." Immer wieder ist von Giftmorden die Rede, denen Höflinge, Kurtisanen und Minister zum Opfer fallen. Ludwigs bevorzugte Mätresse, Madame de Maintenon, nennt Liselotte nur „die alte Vettel, die alte Schlump".

Die nunmehrige Herzogin von Orléans sehnt sich zurück in ihre Heimat. „Frankreich hat mich niemals poliert", sagt sie. Liselotte vermisst das deutsche Essen, möchte einmal wieder Sauerkraut, Grünkohl oder Rindfleisch mit Meerrettich kosten. Alle Pfälzer, die sich in Paris aufhalten, haben freien Zutritt an ihrem Hof. Aufmerksam beobachtet sie die Entwicklung in ihrer Heimat und schreibt mit höchst aktuellem Bezug: „Ich kann nicht vertragen, Deutsche zu finden, die ihre Muttersprache so verachten, dass sie nie mit anderen deutsch reden und schreiben wollen."

Nachdem 1680 ihr Vater und 1685 der Bruder gestorben waren, meldete Ludwig XIV. Ansprüche auf die Pfalz an und begründete das ausgerechnet mit seiner Verwandtschaft zu Lieselotte. 1688 ließ er Truppen einmarschieren, die „wie rasende Hunde" das ganze Land furchtbar verwüsteten. Lieselotte mußte hilflos mitansehen, wie ihre Heimatstadt Heidelberg von der Soldateska des berüchtigten Generals Mélac zerstört, das Schloss niedergebrannt wurde.

Die Franzosen verheerten deutsche Traditionsstätten wie Speyer, die Ruhestätte vieler Kaiser, Worms, Mannheim und Oppenheim. „Am meisten betrübt mich, dass der König, um alles zu verwüsten, gerade gewartet hat, dass ich ihn zu Gunsten von Heidelberg und Mannheim angefleht habe. Und man nimmt es auch noch schlecht auf, wenn ich mich darüber betrübe."

Sie fühlt sich immer mehr als Fremdkörper in Frankreich, darf aber das Land auch nach dem Tod ihres Mannes 1701 nicht verlassen. Am von Kriecherei und Devotion beherrschten Hof zu Versailles ist sie die einzige, welche dem gottähnlichen „Sonnenkönig" unverblümt ihre Meinung sagt. Immer wenn Ludwig erkrankt, ist ihr die Schadenfreude anzumerken. „Er erscheint dick und alt, wird von Tag zu Tag faltiger", notiert sie 1694. Über die öden Vergnügungen des Hofes mokiert sie sich: „Das Billardspiel ist eine ganz unausstehliche Sache. Man geht an den Tisch und legt sich auf den Bauch, ohne dass jemand ein Wort spricht. So bleibt man zusammengekauert, bis der König eine Partie gespielt hat. Danach wird dann eine alte Opern-Arie gesungen, die man schon hundertmal gehört hat."

1722 stirbt Liselotte 70-jährig. In einem ihrer letzten Briefe schrieb sie: „Ich habe es jederzeit für eine Ehre gehalten, eine Deutsche zu sein und die deutschen Maximen zu behalten, obwohl sie hier nicht gefallen."

72. Mord oder Heldentod?
Karl XII. von Schweden

Die Belagerung der norwegischen Festung Frederikshald stand 1718 kurz vor dem Ende. König Karl XII. von Schweden wollte wie immer persönlich den entscheidenden Sturm anführen. Doch kurz zuvor wurde er tödlich verwundet. Bis heute hält sich die Version, seine eigenen Soldaten hätten ihn ermordet.

Unter der seit 1699 währenden Regierung des jungen Königs Karl XII. erlebte Schweden seinen höchsten Aufstieg und tiefsten Fall. Der begnadete Feldherr besiegte 1701 eine schier übermächtige Koalition aus Russland, Sachsen und Dänemark. Sein Triumph über ein riesiges russisches Heer bei Narwa machte in ganz Europa Furore. In den Schlachten von Klissow 1702 und Pultusk 1703 schlug er mehrere sächsisch-polnische Armeen und zwang Kurfürst August „den Starken" zum Verzicht auf Polens Königsthron, den ein schwedischer Vasall bestieg.

1708 errang Karl einen weiteren Sieg über die Russen, wurde aber bei Poltawa von der reorganisierten Armee Peters des Großen geschlagen. Von nun an ging es bergab mit dem Heldenkönig. Nach jahrelanger türkischer Gefangenschaft und einer abenteuerlichen Irrfahrt durch halb Europa gelangte Karl XII. wieder in seine Heimat. Dort begann er sogleich einen neuen Krieg – diesmal gegen das dänisch besetzte Norwegen. Mehrere militärische Schlappen hinderten ihn nicht daran, die Festung von Frederikshald (östlich der heutigen Hauptstadt Oslo) zu belagern.

Schweden lag durch die endlosen Kriege des ehrgeizigen Monarchen wirtschaftlich und finanziell am Boden, Karls Autorität war untergraben. Am 11. Dezember 1718 gegen 21 Uhr beobachtete er das Feuer aus der Festung. Seine Silhouette zeichnete sich deutlich an dem von Leuchtkugeln erhellten Nachthimmel ab. Mit den Worten „Seid unbesorgt." stieg er auf eine Schanze und sank wenige Sekunden später zusammen – ein Geschoss hatte seine linke Schläfe durchschlagen. In aller Heimlichkeit wurde der Leichnam des 36-jährigen Königs nach Stockholm überführt.

Der Tod Karls XII. war von Anbeginn mit Gerüchten behaftet. Die offizielle Version, wonach er von einem Kartätschsplitter aus der Festung Frederikshald getroffen worden sei, stand auf schwachen Füßen. Karls

Generaladjutant Johan von Kaulbars berichtete, er habe lediglich „einen dumpfen Laut, wie wenn ein Stein in den Sumpf fällt" gehört. Das passt kaum zur Explosion einer Kartätschgranate. Augenzeugen beschrieben Karls Kopfwunde: „Sie war so groß, dass man drei Finger hineinlegen konnte." Das heißt, für eine Musketenkugel zu groß, für einen Kartätschsplitter, der wahrscheinlich den Schädel zerschmettert hätte, zu klein.

Die Version, wonach Karl von den eigenen Soldaten erschossen wurde, die des kriegsbesessenen Mannes müde waren, konnte ebensowenig belegt werden, wie die These vom gegnerischen Geschoss. Im Jahre 1917 wollte man Gewissheit haben und exhumierte die Leiche. Bei einer Röntgenuntersuchung wurden keinerlei Spuren von Blei gefunden, also schied eine Musketenkugel als Todesursache aus. Andererseits ergaben Messungen, dass die Schusswunde tatsächlich zu klein für ein normales Kartätschgeschoss war.

Das Rätsel blieb bestehen, bis 1994 der Historiker Rolf Uppström auf ein bisher unbeachtetes Dokument stieß. Oberst Philippe Maigret, ein französischer Belagerungsexperte, der in Karls Stab diente, hatte unweit der Todesstelle einen stark abgeplatteten, bleigefüllten Messingknopf gefunden, wie ihn die schwedischen Soldaten gewöhnlich an ihrer Uniform trugen. Das würde erklären, warum sich an der Wunde keine Bleispuren befanden. Uppströms Schlussfolgerung: „Die einzige Möglichkeit scheint ein messingummanteltes Spezialprojektil, abgeschossen mit einer Muskete, zu sein und das bedeutet mit fast hundertprozentiger Sicherheit Mord."

Diese „Kugelknopf"-Theorie wurde heiß diskutiert. Nur ein schnöder Mord an Schwedens großem König? Dagegen spricht eine Entdeckung, die der Ingenieur und Historiker Svante Stahl 2003 veröffentlichte. Anhand des Studiums mehrerer militärwissenschaftlicher Spezialwerke (darunter Egon Eriksen „Dansk artilleri 1675-79") wies er nach, dass es in Skandinavien zu Karls Zeiten Kartätschgeschosse gab, die aus kleinen geschmiedeten Eisenkugeln bestanden. Eine solche „Traubenkugel" war laut ballistischem Gutachten durchaus in der Lage, am Kopf des Königs die festgestellte ca. 4,5 cm große Wunde zu verursachen, ohne den Schädel zu zersprengen. Der norwegische Forscher Odd Fjeld konnte überdies nachweisen, dass zur Festungsmunition von Frederikshald 1718 auch Kartätschen mit geschmiedeten Eisenkugeln von einem wesentlich kleiner Kaliber gehörten, als man bisher angenommen hatte.

Karl XII. fiel demnach höchstwahrscheinlich im gegnerischen Feuer – so wie es sich für einen wahren Heldenkönig geziemt.

73. John Law und der größte Börsenkrach aller Zeiten

Der 25. Oktober 1929, bekannt unter dem Namen „Schwarzer Freitag", gilt als Beginn der schlimmsten Börsenkrise der Geschichte. Auch die Kursverluste nach dem 11. September 2001 haben viele Aktienbesitzer noch in schmerzlicher Erinnerung. Doch beide Ereignisse sind eher harmlos, verglichen mit dem Börsenkrach in Frankreich 1720. Damals standen ein ganzes Volk und ein Staat vor dem kollektiven Bankrott.

John Law war kein Betrüger im klassischen Sinn. Er wollte vielmehr die Menschen reich und glücklich machen. Zu diesem Zweck hatte der aus Edinburgh stammende Ökonom ein Finanzsystem ersonnen, das auf einer stetigen Vermehrung der Geldmenge sowie staatlich garantierten Banknoten basierte. Was sich in der Theorie plausibel anhörte, musste noch praktisch erprobt werden. Doch Law blitzte bei mehreren europäischen Fürstenhöfen mit seinen Plänen ab. Erst in Frankreich fand er Gehör. Da König Ludwig XV. noch ein kleines Kind war, führte Herzog Philipp von Orleans die Regentschaft – ein leichtlebiger Herr, arbeits- und verantwortungsscheu, aber stets dabei, wenn leichte Gewinne winkten.

Im Mai 1716 erteilte der Regent Law die Erlaubnis zur Gründung einer Privatbank. Erstmals wurde in großen Mengen Papiergeld mit staatlicher Deckung herausgegeben, was den Zahlungsverkehr sehr erleichterte. John Laws Name als solider Finanzier war in aller Munde und er wollte nun den Coup seines Lebens landen.

Anfang des 18. Jahrhunderts gehörten Süden und Mittelwesten der heutigen USA zum französischen Kolonialreich. Law stellte einige Journalisten in Dienst, die Propaganda von den märchenhaften Reichtümern machten, welche in Übersee zu holen wären. Bald durchzogen ganz Frankreich solche Gerüchte. 1718 gründete Law die „Compagnie des Indes", auch Mississippi-Kompanie genannt, und gab Anteilscheine im Nennwert von 50 Livre aus. (Nach Berechnungen der englischen Wirtschaftshistorikerin Janet Gleeson entsprechen 50 Livre etwa 175 Euro).

Diese Aktien stiegen tatsächlich binnen weniger Wochen auf das Zehnfache ihres Ursprungswertes. Nun griffen auch der Regent Philipp von Orleans und seine hochadlige Entourage zu und kauften Mississippi-Aktien in großem Stil. Die Sogwirkung war ungeheuer. Wenn so bedeutende Persönlichkeiten Kunden bei Law waren, dann verhieß das glänzende Geschäfte.

Karikatur von John Law

In Frankreich grassierte seit Anfang 1719 das Spekulationsfieber. An manchen Tagen drängten sich 15.000 Menschen vor Laws Hauptquartier in der Pariser Rue Quincampoix, um Aktien zu erwerben. Die Kurse stiegen und stiegen. John Law war der beliebteste Mann im Land und wurde mit Ehrungen überhäuft. Als der Regent ihn zum Ehrenmitglied der Akademie der Wissenschaften ernannte, stand das Volk auf den Straßen Spalier und schrie: „Gott segne den König und Monsieur Law!" An manchen Tagen hätte man für eine Mississippi-Aktie im Nennwert von 50 Livre fast 2000 erzielen können. Aber niemand dachte daran. Habgier, Leichtsinn und Herdentrieb sorgten dafür, dass jedermann seine letzten Groschen zusammenkratzte, um sie bei Laws Gesellschaft anzulegen.

Es begann ein Phänomen, das bis heute bei erfahrenen Börsianern höchste Alarmstufe auslöst: Immer mehr Leute kauften in Erwartung künftiger Gewinne Aktien auf Pump und Kredit. Viele verschuldeten sich damit für Jahrzehnte. Als erster erkannte der irische Bankier Richard Cantillon die Gefahr. Er hatte Mississippi-Aktien gekauft, als sie bei 150 Livre standen. Im August 1719 waren sie auf über 2.000 geklettert und Cantillon verkaufte in aller Diskretion.

Weit weniger verschwiegen handelte der Prince Louis de Conti. Im Oktober 1719 legte er Law Anteilscheine im Wert von 4,5 Millionen Livre vor und verlangte dafür Münzen. Conti musste drei Fuhrwerke kommen lassen, um sein Hartgeld fortzuschaffen. Nun drohte eine Panik, aber Law vermochte durch geschickte Propaganda seine Aktionäre bei der Stange zu halten. Am 5. Januar 1720 wurde er sogar vom Regenten zum „Generalkontrolleur der Finanzen" ernannt, also quasi zum Finanzminister.

Doch es knirschte bereits im Gebälk. Am 28. Januar 1720 erließ Law ein Ausfuhrverbot für Münzen und Edelmetall. Eine Woche später wurde der Ankauf von Juwelen und Perlen untersagt, wenig später der Besitz von Gold und Silber im Wert von mehr als 500 Livre. Offensichtlich versuchte Law dadurch den Zusammenbruch seines Systems zu verhindern. Aber im Mai stürzten die Kurse der Mississippi Aktien rapide. Wieder drängten sich die Menschen in der Rue Quincampoix, diesmal um ihre Aktien loszuwerden. Am 17. Juli 1720 war Laws Gesellschaft zahlungsunfähig. Seine Bank muße ihre Pforten schließen. John Law floh ins Ausland und starb 1729 verarmt in Venedig.

Verarmt waren auch fast alle Franzosen. Es gab nur zwei große Gewinner: eine Handvoll Aristokraten und Finanzhaie, die schlau genug waren, ihre Aktien rechtzeitig zu verkaufen sowie natürlich die Banken, welche ihrer außer Rand und Band geratenen Kundschaft Kredite zu Wucherzinsen ausgereicht hatten. Die restliche Bevölkerung – vom Dienstmädchen bis zur Prinzessin – stand vor dem finanziellen Ruin. Es war die größte Geldvernichtungsaktion aller Zeiten.

So katastrophal die materiellen Verluste auch waren, die ideellen erwiesen sich als schwerwiegender. Nach dem Krach von 1720 verloren das französische Bürgertum und sogar Teile des Adels vollständig ihr Vertrauen in die Monarchie als regulierende Institution. Sie wandten sich hasserfüllt oder zynisch von ihr ab. Es begann eine Entwicklung, die 1789 zur Französischen Revolution führte.

74. König für sieben Monate – Theodor I.

Zwei Jahrzehnte war der politisierende Abenteurer Theodor von Neuhof durch halb Europa gezogen – immer auf der Suche nach dem ganz großen Coup. 1736 schien er gelungen. Auf der Insel Korsika wählten ihn die Einheimischen zum König Theodor I. Doch sein Glück währte nur kurze Zeit.

Vieles ist geheimnisvoll an der Person des Barons Theodor von Neuhof. Bis heute kennt niemand seinen genauen Geburtsort. Wahrscheinlich kam er 1694 irgendwo in Westfalen zur Welt. Neuhof trat zuerst in schwedische Kriegsdienste, dann verschlug es ihn nach Spanien und schließlich nach Paris. Hier wurde er, wie so viele deutsche Landsleute durch Liselotte von der Pfalz protegiert, einer Schwägerin des Franzosenkönigs Ludwig XIV. Beim großen Börsensturz von 1720 verlor er sein gesamtes Vermögen und trieb sich nun bevorzugt in Diplomatenkreisen herum.

Die entscheidende Wende in Neuhofs Leben kam 1732. Er gewann durch überzeugendes Auftreten das Vertrauen von Kaiser Karl VI., der ihn als Residenten nach Florenz schickte. Hier geriet er erstmals in Kontakt mit korsischen Exilpolitikern, die von Italien aus den Freiheitskampf ihrer Heimat betrieben.

Die Insel Korsika gehörte seit 1299 zur Stadtrepublik Genua und wurde von Statthaltern regiert. Viele Korsen wehrten sich gegen diese Fremdherrschaft. 1730 kam es unter Luigi Giafferi zu einem großen Aufstand. Die Genuesen wurden aus den meisten Festungen vertrieben. Im Januar 1735 erklärte eine Adelsversammlung die ewige Trennung Korsikas von Genua. Da die genuesische Flotte aber das Meer beherrschte, entstand eine Patt-Situation und man begann Verhandlungen. Entgegen aller Zusagen wurden die korsischen Unterhändler verhaftet und in Genua eingesperrt.

Theodor von Neuhof erreichte dank seiner Beziehungen in Wien, dass die Gefangenen wieder freigelassen wurden. Das erhöhte sein Ansehen bei den Exilkorsen immens. Sie boten ihm den Königstitel an, wenn es ihm gelänge, militärische Unterstützung zu organisieren. Nun setzte Neuhof sämtliche Hebel in Bewegung, reiste durch halb Europa, orderte ein britisches Schiff, kaufte Waffen, Munition und Getreide beim Bei von Tunis.

Am 12. März 1736 landete er bei Aléria an der korsischen Ostküste. Er trug eine phantastisch herausgeputzte Uniform, sein Schiff hatte eine weiße Fahne gehisst, auf der ein abgeschlagener Mohrenkopf mit Stirnband zu sehen war, bis heute die Landesflagge der Insel. Von einem Nationalkonvent wurde Neuhof am 15. April 1736 als Theodor I. zum erblichen König von Korsika gewählt.

Die Regierung des neuen Monarchen, der im Bischofspalast von Cervione südlich der Hauptstadt Bastia residierte, begann vielversprechend. Er erließ eine liberale Verfassung, legte Straßen an, ließ Geld prägen (die Münzen zählen heute zu den seltensten von Europa), gründete den Ritterorden „De la Liberazione", dem auch Ausländer beitreten durften, allerdings nur gegen eine saftige Gebühr. Theodors Truppen eroberten die letzten genuesischen Stützpunkte im Süden, Porto Vecchio und Sartene.

THEODORUS ANTONIUS
BARON van NIEUWHOF,
verkoren
KONING van CORSICA.

Der König merkte indes schnell, dass seine Korsen ein höchst eigenwilliges Volk waren – einerseits tapfer, treu und todesverachtend, andererseits rachsüchtig, krankhaft ehrgeizig und eifersüchtig. Die Unsitte der Blutrache (Vendetta) spaltete das Volk. So kam Theodors fähigster General Angelo Fabiani bei einer solchen Fehde mit der Familie Paoli ums Leben.

Genuas Flotte schnürte derweil die Insel von allen Wirtschaftsverbin-
dungen ab und eroberte Porto Vecchio zurück. Theodors Stellung wurde
bald unhaltbar, sein Leben bedroht. Unter dem Vorwand, ausländische
Hilfe herbeizuschaffen, verließ er am 11. November 1736 als Priester verkleidet die Insel und ging in Livorno an Land. Neuhof hatte trotz aller
Querelen Korsika so liebgewonnen, dass er überall um Unterstützung
nachsuchte.

1737 konnte er in Amsterdam einige vermögende Kaufleute gewinnen,
die ihm gegen Zusicherung unbegrenzter Handelsfreiheit mit Korsika
eine neue Expedition anvertrauten. Mit drei Schiffen kehrte Neuhof im
September 1738 zur Insel zurück. Der korsische Adel zeigte sich aber so
feindselig, dass der König es nicht wagte, an Land zu gehen. Seine holländischen Kapitäne setzten ihn schließlich in Neapel ab.

Die folgenden Jahre hielt Theodor von Neuhof unbeirrt an seinem Königstitel fest. Tatsächlich erkannten ihn 1744 seine Anhänger noch einmal als Monarchen an, konnten sich aber nicht gegen die mächtigen
Genuesen durchsetzen. Der Kurzzeit-Monarch starb 1756 verarmt und
vergessen in London. Die Republik Genua verkaufte Korsika 1768 für
zwei Millionen Franc an Frankreich.

75. Culloden – die letzte Schlacht auf britischem Boden

Der Führer des schottischen MacDonald-Clans war beleidigt. Obwohl
ihm und seinen Leuten nach alter Tradition der Platz am rechten Flügel der Schlachtordnung zustand, hatte der Oberbefehlshaber sie an die
linke Flanke gestellt. Als das Zeichen zum Angriff ertönte, blieben die
meisten MacDonalds einfach stehen und sahen zu, wie ihre Landsleute
von den Engländern abgeschlachtet wurden an diesem 27. April 1746
bei Culloden. Es wurde ein böser Tag für Schottland und war gleichzeitig die letzte Schlacht auf britischem Boden.

Seit 1707 bildeten England und Schottland eine Union, das Land hieß
seitdem „Großbritannien". König und Premierminister regierten von
London aus die Insel. Doch auf dem Kontinent residierte die Stuart-
Dynastie, Nachkommen des 1688 vertriebenen katholischen Königs
James II. Sein 1720 geborener Enkel Charles Edward besaß in Schott-

land, Heimat der Stuarts, viele Anhänger. Frankreich unterstützte den Thronanwärter finanziell, der von den Schotten „Bonnie Prince Charlie" genannt wurde.

Wobei es ungenau ist, von „den Schotten" zu sprechen. Im Land bestanden große Gegensätze zwischen den Bergbewohnern, den Highlandern, und den Bewohnern des Flachlands. Letztere hielten die Landsleute aus dem Norden mit ihren Kilts und Dudelsäcken für unzivilisierte Barbaren; sie wollten nichts mit ihnen zu schaffen haben und teilten keineswegs deren Enthusiasmus für die Stuarts. So kam es, dass im englischen Heer auch viele Schotten aus den südlichen Grafschaften Dumfries, Lanark, Roxburgh und Berwick kämpften.

Charles Edward Stuart beschloss 1745, sein Königreich zurückzuerobern. Mit zwei französischen Schiffen landete er am 13. Juli im äußersten Norden Schottlands. Während der folgenden Wochen zog er durch die Berge, sprach mit den Häuptlingen der einzelnen Clans und sammelte Anhänger. Im August folgten ihm schon 2.000 Mann und am 21. September errangen seine Truppen bei Prestonpans nahe Edinburgh ihren ersten Sieg über die Engländer. Durch diesen Erfolg erhielt der Stuart-Prätendent immer mehr Zulauf. Anfang November überschritt er die englische Grenze und stand am 4. Dezember bei der Stadt Derby, kaum 200 Kilometer vor London.

Die Situation wurde bedrohlich, denn Englands relativ kleines Berufsheer befand sich hauptsächlich in den überseeischen Kolonien; im Mutterland waren kaum 15.000 Mann stationiert. Sie standen unter dem Kommando des Herzogs William von Cumberland, einem Sohn des britischen Königs George II. Er war ein ebenso fähiger wie brutaler Heerführer. Seine Truppen nahmen den Feind von zwei Seiten in die Zange und der schottische Oberbefehlshaber Lord George Murray befahl den Rückzug.

Im Januar 1746 erfochten die Schotten einen weiteren Sieg bei Falkirk. Das ist erstaunlich, denn die englischen Soldaten waren gut ausgebildet und bewaffnet, während die Highlander einen ausgesprochen archaischen Kampfstil bevorzugten. Viele gaben nur einen einzigen Gewehrschuss ab, ließen dann diese Waffe fallen und kämpften mit ihrem *claymore* genannten Breitschwert. Zur Verteidigung benutzten sie kleine metallene Rundschilde, wie sie anderenorts schon seit mehr als 200 Jahren aus der Mode gekommen waren.

Am 27. April gelang es dem Herzog von Cumberland, seinen Gegner in der Nähe von Inverness beim Hochmoor von Culloden zu stellen. Er verfügte über 9000 Mann, davon 850 Kavalleristen, während die Schotten nur 5000 Kämpfer zählten. Noch entscheidender war die artilleristische Überlegenheit der Engländer, deren 20 Kanonen nur acht mit ungeübten Mannschaften gegenüberstanden.

Die Schlacht begann gegen 12 Uhr und dauerte kaum 45 Minuten. Nachdem die britische Artillerie furchtbar in den eigenen Reihen gewütet hatte, gab Lord Murray den Angriffsbefehl, der aber, wie eingangs geschildert, vom MacDonald-Clan missachtet wurde. Unter wildem Kriegsgeschrei durchbrachen die Highlander aus den Clans Atholl, Mac-Lean, Cameron und MacLachlan die erste Linie des Feindes. Sie wurden danach durch Gewehrsalven der 2. und 3. Linie zurückgeworfen. Die in Reserve stehenden Schotten gerieten dadurch in Verwirrung und erlagen den Bajonetten der britischen Rotröcke.

Zum Schluss griff die Kavallerie ein und schlug den Feind in die Flucht. Mehr als 1.200 Schotten fielen, ihre Verwundeten wurden auf Befehl des Herzogs von Cumberland allesamt erschossen, was ihm den Beinamen „Butcher" (Schlächter) einbrachte.

Die Schlacht von Culloden bildete das Ende aller schottischen Unabhängigkeitsbestrebungen. Charles Edward Stuart floh und kehrte nie wieder zurück. Das Land wurde strengen Repressionen ausgesetzt, seine Kultur systematisch unterdrückt. Noch 1746 erging der „Disarming Act", wonach Herstellung und Tragen von Waffen verboten waren. Diese Maßnahmen trafen auch die bisher stets loyalen Schotten im Tiefland. Sie trugen dazu bei, dass die Animositäten zwischen Engländern und Schotten bis heute nicht völlig verschwunden sind.

76. Trenck – Preußens galanter Abenteurer

Über den Gefangenen auf der Festung Magdeburg sprach man nur hinter vorgehaltener Hand. Es sollte sich um einen gefährlichen Feind König Friedrich II. von Preußen handeln, der um ein dunkles Familiengeheimnis der Hohenzollern wusste. Aber Friedrich Freiherr von der Trenck war womöglich nur Opfer seiner Prahlerei.

Der gescheite Offizierssohn fiel König Friedrich II. bei einer Inspekti-
onsreise nach Ostpreußen auf. Trenck, 1726 in Königsberg geboren, sah
blendend aus, gab schlagfertige Antworten und schien prädestiniert für
eine militärische Laufbahn. 1744 trat er in die preußische Armee ein
und wurde Ordonnanzoffizier des Königs. Bald kannte die ganze Garni-
sonstadt Potsdam den schneidigen Kavalleristen, der keinem Duell und
keiner Rauferei aus dem Weg ging.

In jene Zeit fällt eine Begebenheit, die sein gesamtes Leben bestimmen
sollte: Trenck lernte in Berlin „eine große Dame" kennen und beide entbrannten in „beiderseitiger erster Liebe", heißt es in seinen Memoiren
und: „Ihrem Umgang habe ich die Politur meiner sittlichen und persönlichen Eigenschaften zu verdanken." Jene Dame unterstützte ihren
Liebhaber mit erheblichen Geldbeträgen, so dass er sich „auf allen Seiten
glücklich" fühlte.

Doch schon ein Jahr später fand das Idyll ein jähes Ende. Am 28. Juli
1745 wurde Trenck auf Befehl des Königs verhaftet und in der schlesischen Festung Glatz interniert. Offizieller Grund war die Korrespondenz mit seinem Vetter Franz, der als Oberst der Panduren im Dienst
Österreichs stand, einem Land, gegen das Preußen gerade Krieg führte.
Die Haftbedingungen kann man durchaus komfortabel nennen. Trenck

berichtet von allerlei Annehmlichkeiten, „so durfte ich auch in der Festung herumspazieren". Als Anlass seiner Internierung vermutete der Gefangene ganz andere Gründe als den Briefwechsel mit seinem Cousin. Offenbar hatte der König von gewissen nächtlichen Abenteuern Trencks erfahren. Voller Ungeduld brach er schließlich 1746 gewaltsam aus, was Friedrich II. als Schuldgeständnis wertete.

Trenck bot seine Dienste nun Kaiserin Maria Theresia an und prozessierte in Wien um das Erbe seines 1749 im Kerker gestorbenen Vetters Franz. Der Zorn des Preußenkönigs schwebte wie ein Damoklesschwert immer über ihm. Als 1754 seine Mutter in Danzig starb, wollte Trenck dorthin reisen. Seine Wiener Widersacher verrieten diesen Plan und als er im Mai preußisches Territorium streifte, wurde er wieder verhaftet und auf der Festung Magdeburg interniert.

Diesmal waren die Haftbedingungen alles andere als komfortabel. Der König höchstselbst befahl, den Freiherrn in einer dunklen Zelle auf der Sternschanze festzusetzen. Nach einem Fluchtversuch wurde er mit schweren Ketten an Hals, Armen und Beinen an die Wand geschmiedet.

Diese für den Rechtsstaat Preußen ungewöhnlich despotische Maßnahme erregte Aufsehen. Gerüchte verdichteten sich, jene „große Dame" sei die jüngste Schwester des Königs, Prinzessin Amalie, gewesen. Friedrich wäre über ihr intimes Verhältnis zu Trenck entsetzt und wohl auch eifersüchtig gewesen. 1751 hatte er Amalie ins Kloster Quedlinburg als Äbtissin gesteckt. Im Normalfall geschah das aus Versorgungsgründen für Prinzessinnen, die keinen standesgemäßen Bräutigam bekamen, weil sie unattraktiv, zu alt oder arm waren. Doch Amalie wird übereinstimmend als hübscheste der sechs Friedrich-Schwestern bezeichnet, zählte erst 27 Jahre, als sie ins Kloster musste und war als Angehörige des preußischen Königshauses gewiss nicht arm. Also konnte nur etwas anderes dahinterstecken.

Trencks österreichische Verwandtschaft erreichte endlich, dass Kaiserin Maria Theresia sich für den Gefangenen einsetzte. 1763, nach fast neunjähriger Haft, wurde er freigelassen. Da es keine Möglichkeit mehr gab, Amalie wiederzusehen, zog der Freiherr rastlos durch Europa, mal in kaiserlichen, mal in russischen Diensten, querulierend, duellierend, prozessierend. 1786 veröffentlichte er seine Memoiren, die heute noch spannend zu lesen sind, nicht zuletzt aufgrund der Fabulierfreude des

Autors. Trenck zeigte sich diskret genug, bei der Schilderung seiner Liebschaften den Namen Amalie von Preußen nie zu erwähnen, doch jeder kundige Leser wusste, von wem die Rede war.

Während der Französischen Revolution begab sich Trenck nach Paris und beobachtete das Geschehen, um neuen Stoff für seine Erzählungen zu sammeln. Als die blutige Jakobinerdiktatur 1793/94 in jedem Ausländer einen Spion witterte, geriet auch der Preuße Trenck in die Fänge ihrer Revolutionsjustiz. Als angeblicher Geheimagent Österreichs wurde er verhaftet und des „verschwörerischen Briefwechsels mit Kaiser Joseph II." angeklagt. Dieser Monarch war schon vier Jahre zuvor gestorben. Im Schnellverfahren empfing Trenck sein Todesurteil und rief den Richtern zu: „Friedrich von Preußen war groß und erbärmlich. Ihr seid nur erbärmlich!"

Am 25. Juni 1796 bestieg der abenteuernde Trenck das Schafott. Nur zwei Tage später stürzte das Parlament die Jakobiner – sämtliche politischen Gefangenen wurden freigelassen.

77. Friedrichs unmöglicher Sieg – Roßbach 1757

Normalerweise hätte Friedrich der Große keine Chance gehabt. Mit völlig abgekämpften Truppen steht er am 5. November 1757 einem zahlenmäßig weit überlegenen Feind gegenüber. Die Franzosen freuen sich schon auf den bevorstehenden Spaziergang nach Berlin. Doch der geniale Preußenkönig macht ihnen einen Strich durch die Rechnung und gewinnt die Schlacht.

1757 stand das Schicksal Preußens auf Messers Schneide. König Friedrich II. hatte am 17. Juni bei Kolin eine Niederlage gegen die Österreicher erlitten. Im August unternahmen russische Truppen eine Offensive gegen Ostpreußen. Und nun, im Herbst, rückte auch noch eine französische Armee von Westen an und zog plündernd durch Thüringen.

In Eilmärschen mussten die Preußen von Böhmen und Sachsen aus den Franzosen entgegenmarschieren. Trotz aller damit verbundenen Strapazen konnte der König sich auf seine Männer verlassen. Das Zerrbild des zwangsrekrutierten, geprügelten, gedemütigten Preußensoldaten, der Tag und Nacht nur ans Desertieren dachte, hat sich bis heute gehalten. Tatsächlich kamen gewaltsame Rekrutierungen kaum vor. Kavallerie und Jägertruppe bestanden ohnehin aus Freiwilligen, Infanteristen wurden im sogenannten Kantonalsystem, einem Vorläufer der allgemeinen Wehrpflicht, ausgehoben. Die Prügelstrafe vollzog man im Krieg selten und wenn, dann nicht häufiger als bei anderen Armeen damals üblich.

Einen gravierenden Unterschied gab es freilich: In den meisten europäischen Ländern hielt man den Soldatenberuf für eine Schande. Oft war es der Bodensatz des Volkes, Zuchthäusler und Landstreicher, die in Uniformen gesteckt wurden. Bei den Preußen hingegen galt es als Ehre, des Königs Waffenrock zu tragen. Noch der letzte Rekrut durfte sich allgemeiner Wertschätzung sicher sein. Das brachte eine hohe Kampfmoral hervor, gepaart mit Korpsgeist und eiserner Disziplin. Wäre dies anders gewesen, hätte Friedrich der Große sieben schwere Kriegsjahre niemals überstanden.

Der König gab auch ein persönliches Beispiel. Mit seinen Soldaten teilte er die meisten Strapazen und setzte sich ohne Rücksicht auf die eigene Person Gefahren aus, wenn es nötig schien. In der Schlacht bei Zorndorf 1758 ergriff er persönlich eine Regimentsfahne und führte seine Männer zum Angriff.

Anfang November 1757 beschloss Friedrich, dem französischen Angriff zuvorzukommen. „Meine Leute sehen aus wie die Grasteufel, aber sie beißen", sagte er. Der französische Oberbefehlshaber Charles de Rohan, Prince de Soubise näherte sich der Stadt Naumburg an der Saale. In seiner Armee kämpften auch deutsche Truppen. Da Friedrich mit dem Kaiser zu Wien im Krieg lag, wurde gegen ihn die „Reichsarmee" aufgeboten. Es war ein hochtrabender Name für diese schlecht ausgerüstete und zusammengewürfelte Streitmacht. Tapfer, aber äußerst disziplinlos, agierten Soubises Panduren, eine aus Ungarn stammende Reitereinheit.

Am 4. November zogen Franzosen und Reichsarmee mit der Kavallerie als Vorhut von den Schortauer Höhen auf das Städtchen Roßbach (Sachsen-Anhalt) zu. Es waren 45.000 Mann mit 144 Kanonen, denen Friedrich nur 22.000 Mann mit 79 Geschützen entgegenstellen konnte. Alles hing vom Überraschungsmoment ab. Dafür besaß Preußen genau den richtigen Mann: General Friedrich Wilhelm von Seydlitz. Dieser schneidige Kavallerieführer eröffnete Attacken regelmäßig, indem er seine Tabakpfeife in die Luft warf.

General Seydlitz bei Roßbach

Nun griff Seydlitz mit seinen Kurassieren die gegnerische Reiterei an und zersprengte sie im ersten Anritt. Vom Janushügel griff dann die preußische Infanterie unter Feldmarschall Jakob von Keith ein. Soubises Infanterie, durch die zurückflutenden Reitermassen verwirrt, geriet schnell in Unordnung; einige Bataillone der Reichsarmee warfen ihre Waffen weg und liefen davon. In diesem Moment griff Seydlitz zum zweiten Mal an und fiel dem Feind in seine rechte Flanke. Marschall Keiths Regimenter attackierten sofort die linke Flanke. Es war ein klassischer Kombinationsangriff von Kavallerie und Infanterie.

Nach knapp drei Stunden wälzten sich die Franzosen in wilder Flucht nach Westen. Ihre Niederlage war vollständig – 3.000 Gefallene und 7.000 Gefangene. Dank Friedrichs geschickter Taktik verloren die Preußen nur 548 Mann und – was noch entscheidender war – sie erbeuteten 72 feindliche Kanonen. Ihre artilleristische Unterlegenheit konnte damit für einige Zeit kompensiert werden.

Der glänzende Sieg von Roßbach löste bei vielen Deutschen Freude und Begeisterung aus. Die französischen Söldner, die seit Jahrzehnten

Deutschland als militärischen Tummelplatz betrachteten und die Bevölkerung ausplünderten, waren noch nie so vollständig geschlagen worden. Nun nannte man König Friedrich im ganzen Land „den Großen".

„Wir waren damals alle Fritzisch gesinnt", erinnerte sich der Frankfurter Johann Wolfgang Goethe. Ein Spottlied machte die Runde:

> *„Und wenn der große Friedrich kommt*
> *Und klopft nur auf die Hosen,*
> *Dann rennt die ganze Reichsarmee,*
> *Panduren und Franzosen."*

78. Doktor Struensees Roßkur für Dänemark

Zur Mittsommernacht 1770 hatte König Christian VII. von Dänemark einen Maskenball arrangiert. Herren und Damen zogen in skurrilen Verkleidungen durch die hell erleuchteten Räume von Schloss Christiansborg. Ein Herr in hellrotem Seidenkostüm näherte sich dem Reigen der Tanzenden und zog eine maskierte Dame heraus. Die beiden verschwanden in der nächstbesten Loge. Kein ungewöhnlicher Vorfall, wäre besagte Dame nicht Königin Karoline Mathilde und ihr Galan der künftige Premierminister Struensee gewesen. Dänemark stand eine Revolution bevor.

Als Johann Friedrich Struensee sich 1751 in die Matrikel der Universität seiner Heimatstadt Halle an der Saale einschreibt, ist er erst 14 Jahre alt. Der intelligent-frühreife Pastorensohn absolviert sein Medizinstudium mit Bravour und promoviert 1756 „summa cum laude" zum Doktor. Nach zwei Jahren, die ihn als Wanderarzt u. a. nach Berlin führen, landet er 1758 in Altona, damals der südlichsten Stadt Dänemarks. Nachdem Struensee dort „Stadtphysikus" (Amtsarzt) geworden ist, lernt er viel soziales Elend kennen. Er will den Menschen helfen und gleichzeitig seinen brennenden Ehrgeiz befriedigen.

Struensee verkehrt zu Altona in der gehobenen Gesellschaft und lernt dort den Grafen Karl von Rantzau kennen, der Beziehungen zum Kopenhagener Königshof pflegt. Rantzau glaubt in dem umtriebigen

Doktor einen geeigneten Mann gefunden zu haben, um die desolaten Verhältnisse der königlichen Familie zu bereinigen. Der seit 1766 regierende König Christian VII. ist ein geistig minderbemittelter Rohling. Seine Ehe mit der blutjungen englischen Prinzessin Karoline Mathilde gestaltet sich denkbar unglücklich. Das Paar zeugt zwar pflichtgemäß ein Kind, geht sich aber ansonsten tunlichst aus dem Weg. Beide brauchen dringend einen Arzt, meint Rantzau, „der eine für seinen kranken Geist, die andere für ihre einsame Seele".

1768 wird Struensee dem König vorgestellt, die beiden begeben sich auf eine Deutschlandreise, verstehen sich sogar bestens und schon 1769 beruft man den Deutschen als königlichen Leibarzt nach Kopenhagen. Hier begegnet er der erst 18-jährigen Karoline Mathilde, die sich Hals über Kopf in den klugen, weltläufigen Mann verliebt. Struensee erwidert dieses Gefühl und beide machen bald kein Hehl mehr aus ihrer Beziehung. König Christian, latent homosexuell, duldet das stillschweigend – ganz im Gegensatz zu seiner Mutter und der orthodoxen dänischen Geistlichkeit.

Sein intimes Verhältnis zum Königshaus nutzt Struensee politisch aus. Im September 1770 entlässt der König auf seinen Wunsch den Leitenden Minister Johann Graf Bernstorff. Statt seiner wird der deutsche Doktor zunächst „Meister der Berichte" und im Juni 1771 „Geheimer Kabinettsminister", womit die Leitung der Innen- und Außenpolitik des Landes in seinen Händen liegt. Im Juli 1771 erhebt ihn Christian sogar in den Grafenstand und just zu dieser Zeit bringt Karoline Mathilde eine Tochter zur Welt. Struensee erkennt sie als sein Kind an, was einen Skandal hervorruft.

Nun folgt die wohl hektischste Zeit in der Geschichte Dänemarks. Binnen 16 Monaten erlässt Struensee fast 1800 Gesetze und Verordnungen. Das Land soll ein moderner aufgeklärter Staat werden. Der neue Premierminister schafft nach preußischem Muster die Pressezensur und die Folter ab, läßt die Frondienste der Bauern beschränken, vereinheitlicht die Rechtsprechung, ruft Bildungs- und Wohlfahrtsanstalten ins Leben. All dies geschieht im Hauruck-Verfahren ohne Rücksicht auf berechtigte Einwände oder Bedenken.

Häufig zeitigen gut gemeinte Maßnahmen gegenteilige Resultate. So will Struensee das Übel der Korruption eindämmen und verbietet bei drakonischen Strafen die bis dato allgemein übliche Bestechung von Beamten.

Dadurch wurde Tausenden die Existenzgrundlage entzogen, denn die Bezahlung der niederen Beamtenschaft war so erbärmlich niedrig, dass sie dringend auf Schmiergelder angewiesen war. Man hätte also gleichzeitig die Gehälter der Beamten erhöhen müssen, was aber unterblieb.

Um neuzeitliche liberale Wirtschaftstheorien zu verwirklichen, hebt Struensee die Einfuhrzölle für ausländische Waren auf. Als Folge wurden tausende Lohnarbeiter arbeitslos, die einheimischen Fabrikanten und Reeder erlitten Millionenverluste. Erschwerend kommt hinzu, dass Struensee kein Wort Dänisch spricht und sämtliche Verordnungen in Deutsch abgefasst sind. Das empfinden viele als Affront; überdies können in der ausufernden Gesetzesflut manche Vorhaben schlicht aus Zeitmangel nicht realisiert werden.

Ende 1771 hat sich Johann Friedrich Struensee fast das ganze Land zum Feind gemacht. „Pillendreher" nennt man ihn verächtlich. Seine wohlmeinenden Maßnahmen haben das Land in ein verwaltungstechnisches Chaos gestürzt. Die ehebrecherische Beziehung zur Königin erregt zunehmend Anstoß.

Im Januar 1772 verbündet sich eine Hofkamarilla gegen den Staatsminister. An ihrer Spitze stehen die Königinmutter und Ove Guldberg, Erzieher des Kronprinzen. Am Morgen des 17. Januar nötigen sie dem schwachsinnigen Christian VII. einen Haftbefehl ab. Struensee wird noch am selben Tag in der Zitadelle von Kopenhagen interniert. Man klagt ihn wegen Machtmissbrauch, Ehebruch und Verschwörung gegen die Krone an. Am 6. April 1772 wird er zum Tode verurteilt und am 28. April auf dem Osterfeld zu Kopenhagen hingerichtet. Der Henker schlägt ihm erst die rechte Hand, dann den Kopf ab.

Dr. Strunsees Verhaftung

Karoline Mathilde wird zur Scheidung genötigt und stirbt kaum 24-jährig im deutschen Exil. Christian VII. fällt 1784 einer Palastrevolution zum Opfer, nachdem zuvor nahezu alle Verordnungen Struensees annulliert wurden.

79. Katharinas Männer, Günstlinge und Favoriten

Die 63-jährige Herrscherin schien belustigt. Eben hatte man ihr ein Flugblatt aus Paris gezeigt, in dem von „unerhörten Orgien in den Kellern des Winterpalastes" die Rede war. „Ich bin nie in den Kellern dieses Palastes gewesen", stellte Katharina fest. „Wie köstlich hätten wir uns dort amüsieren können, wenn wir das gewusst hätten." Tatsächlich hatte die Zarin für private Zusammenkünfte in ihren Gemächern eine Gästeordnung erlassen, deren Benehmensregeln heutzutage eher prüde wirken.

Die Tochter eines preußischen Generals, 34 Jahre erfolgreiche Herrscherin des riesigen Russland, ist bis heute mit dem Ruf einer unersättlichen Sexmaschine behaftet. Dabei begann alles ganz harmlos. Nach einem achtjährigen Ehemartyrium an der Seite des wahrscheinlich impotenten russischen Thronfolgers Peter nahm sie sich ihren ersten Liebhaber, von dem sie ein Kind bekam und der rasch in der Verbannung verschwand. Die folgenden 24 Jahre (1752 bis 1776) pflegte Katharina Beziehungen zu zwei Männern: Grigori Orlow und Grigori Potjomkin. Ersterer wurde abserviert, als er die Zarin massiv bedrängte, ihn zu heiraten. Potjomkin blieb die große Liebe ihres Lebens, nicht zuletzt weil er über beträchtliche Intelligenz verfügte. Er stand ihr als Liebhaber bis 1776 und als Staatsmann bis zu seinem Tod 1791 zur Seite.

Im Alter von 47 Jahren begann Katharina sich für männliche Favoriten zu interessieren. Im Sommer 1776 eröffnete der charmante Ukrainer Pjotr Sawadowski den Reigen. Wie alle anderen durchlief er eine Prozedur, die Anlaß zu unsinnigen Missdeutungen gab. Katharinas Leibarzt untersuchte den künftigen Liebhaber – jedoch nicht auf sexuelle Potenz oder Ausmaße seines Geschlechtsteils, sondern auf eventuell venerische oder sonstige ansteckende Krankheiten, eine ebenso berechtigte wie sinnvolle Maßnahme. Anschließend nahm Potjomkin den Kandidaten in Augenschein, um sich ein Bild von dessen Geistesgaben, seinem Benehmen und seinem Charakter zu machen.

Da es sich bei den Auserwählten meist um etwas ungehobelte Gardeoffiziere handelte, übernahm es die Gräfin Praskowja Bruce, den jungen Männern Anstand und höfischen Schliff beizubringen, damit sie sich an der Seite ihrer Kaiserin nicht blamierten. Das diente einigen als Vorwand, der Gräfin Bruce das offizielle Amt einer „Eprouveuse" (Erproberin) anzudichten. Sie hätte jeden Liebhaber hinsichtlich seiner sexuellen Leistungsfähigkeit zweimal zu testen und darüber der Zarin minutiös Bericht zu erstatten.

Da Katharinas Leben durch tausende Briefe, Augenzeugenberichte und Akten sorgfältig dokumentiert ist, kommt man bei großzügiger Auslegung auf insgesamt 18 Liebhaber in 44 Jahren, eine überschaubare Zahl. Einer von ihnen fällt aus dem Rahmen: Alexander Lanskoi. Im Oktober 1779 machte die Zarin den 29 Jahre jüngeren Mann zu ihrem Favoriten. Er war ein begabter, feinsinniger, menschenfreundlicher Jüngling, bar jeder Arroganz. Die geistigen Interessen der Kaiserin fanden bei ihm regen Widerhall. Mit Eifer untersuchte er die Klosterarchive, um Katharina bei der Abfassung eines Werkes über russische Geschichte zu helfen.

1784 starb Lanskoi an Diphtherie. Katharina hatte daraufhin für mehrere Monate genug von Männern, ehe sie wieder in alte Gewohnheiten verfiel. All das geschah in einer Zeit, als es von Fürsten geradezu erwartet wurde, dass sie sich eine Nebenfrau oder mehrere Mätressen hielten. Warum dann diese völlig erfundenen Berichte über Katharinas abartige Sexualpraktiken?

Die Ursachen liegen in der Französischen Revolution, deren erbitterte Feindin Katharina war. Die um Ausstreuung von Frivolitäten nie verlegenen Franzosen stellten Russlands Kaiserin (die „dicke alte Cateau") in Wort und Bild als geile Megäre dar, die sich kompanieweise von Männern befriedigen ließ. Diese Pamphlete kursierten in ganz Europa und hinterließen Wirkung.

Ohne Rücksicht auf Tatsachen schlachtet man bis heute die eher harmlosen Bettgeschichten der Zarin aus. Voyeuristische Berichte im deutschen Fernsehen machten unlängst viel Aufhebens um pornografisch verzierte Möbel und Bilder, welche Ende 1941 deutsche Wehrmachtangehörige im Palast von Gatschina, 40 Kilometer vor Leningrad, aufstöberten. Abgesehen davon, dass von diesem Inventar nur noch einige Schwarzweiß-Fotos existieren und dass Schloß Gatschina nicht Katharina, sondern Grigori Orlow gehörte, muß man diese Möbel nach Stil und Dekor viel eher dem späten 19. Jahrhundert als dem 18. Jahrhundert zuordnen.

Doch wie schrieb Katharina 1773 so treffend: „Frau Klatschmaul und ihre Familie werden wohl ewig leben."

80. Die „Halsbandaffäre" – ein Schwindel erschüttert Frankreich

Am 31. Mai 1786 war ganz Paris vom Freudentaumel erfasst. Eine vor Begeisterung tobende Menge schrie immer wieder: „Es lebe der unschuldige Kardinal!" Soeben hatte das Parlément, der oberste Gerichtshof, Louis René de Rohan vom Vorwurf der Fälschung und des Betruges freigesprochen. Zum Zeichen ihrer Solidarität trugen Männer wie Frauen rote Hüte. Es bedeutete das Ende der „Affaire du Collier" (Halsbandaffäre) und gleichzeitig eine schwere moralische Niederlage für das französische Königshaus. Schon drei Jahre vor Ausbruch der großen Revolution war die Dynastie Bourbon in den Augen der Öffentlichkeit erledigt.

Frankreich litt in den 80er Jahren des 18. Jahrhunderts unter einen schweren Finanzkrise. Nachdem der Krieg gegen die Engländer in Nordamerika Unsummen gekostet hatte, war Sparsamkeit das Gebot der Stunde. Königin Marie Antoinette dachte jedoch nicht daran, ihren äußerst luxuriösen Lebensstil einzuschränken. Sie zeigte sich in immer opulenteren Kleidern, extravagantem Schmuck und skurrilen Frisuren. Natürlich gab sie damit hunderten Handwerkern und Dienstleistern Arbeit, aber damals begann man das Königshaus als moralisches Vorbild zu betrachten. Die Monarchen sollten, wie etwa König Friedrich der Große von Preußen, mit gutem Beispiel vorangehen.

Marie Antoinette, Tochter der großen Habsburger-Kaiserin Maria Theresia, war nach ihrer Heirat mit dem französischen Thronfolger 1770 durchaus beliebt gewesen. Die ebenso charmante wie hübsche Wiener Prinzessin machte an der Seite ihres unbeholfenen, schüchternen Gatten eine gute Figur. Nachdem sie 1774 Königin geworden war, änderte sich das allmählich. Man merkte, dass Marie Antoinette keinerlei Interesse an den Vorgängen außerhalb des Palastes von Versailles zeigte. Pamphletisten streuten wilde Gerüchte über ihr Privatleben und das allgemeine Misstrauen gegenüber dem Königshaus wuchs.

1785 kam es dann tatsächlich zum Eklat. Der Kardinal Louis René de Rohan, Fürstbischof von Straßburg, hegte den Ehrgeiz, Erster Minister von Frankreich zu werden, war aber wegen seines sittenlosen Lebenswandels bei Marie Antoinette in Ungnade gefallen. Jedermann wusste, dass Rohan alles daransetzte, die Gunst der Königin wiederzuerlangen. Das nutzte Jeanne de Lamotte, eine gerissene Hochstaplerin, und versicherte dem Kardinal sehr überzeugend, sie besitze entscheidenden Einfluss am Hofe. Zum Beweis legte sie eigenhändige Briefe der Königin vor. Diese hatte ihr Mithelfer gefälscht, der italienische Abenteurer Joseph Balsamo alias „Cagliostro".

Rohan, der naiv aber nicht dumm war, verlangte überzeugendere Beweise. Nun spielte das Gaunerpärchen ihm eine bühnenreife Komödie vor. Cagliostro engagierte eine Prostituierte namens Marie Leguay, die der Königin ziemlich ähnlich sah. Im Dämmerlicht der Parkanlagen von Versailles spiegelte die vermeintliche Marie Antoinette eine innige Zuneigung vor und der völlig überwältigte Rohan war nun zu allem bereit.

Die Lamotte holte zum nächsten Coup aus. Bei den Pariser Juwelieren Böhmer & Bassenge lag ein Diamantenhalsband im Wert von 160.000 Livre (heute etwa fünf Millionen Euro) zum Verkauf. Ursprünglich war es für eine Mätresse des verstorbenen Königs Ludwig XV. bestimmt; jetzt wollte niemand das teure Stück erwerben.

Im Januar 1785 redete die Lamotte dem Kardinal ein, er müsse nur für den Kauf des Colliers bürgen und es der Königin überlassen. Diese werde es danach ratenweise bezahlen. Ein weiterer gefälschter Billet überzeugte Rohan. Er verbürgte sich bei den Juwelieren, dass der Schmuck regelmäßig vom Hof bezahlt würde und händigte ihn am 1. Februar 1785 der Lamotte aus. Als mehrere Zahlungstermine verstrichen, mahnten Böhmer & Bassenge den Königshof energisch und der Skandal flog auf. Inzwischen war Jeanne de Lamotte über alle Berge, hatte die Diamanten aus dem Collier gebrochen und verkauft.

Frankreichs Justizminister riet dem König: „Wir sollten so wenig Lärm wie möglich darum machen." Doch obwohl Marie Antoinette in die Affäre persönlich nicht verwickelt war, forderte sie Genugtuung und veranlasste Ludwig XVI., den Kardinal am 15. August 1785 verhaften zu lassen – einen Mann, der selbst das geprellte Opfer war. Dieser entscheidende Fehler brachte auch die engsten Verbündeten gegen das

Königspaar auf. Der Hochadel war empört, weil man einen der ihren einfach ins Gefängnis warf; der Klerus zürnte, weil der Hof einen hohen Kirchenfürsten wie einen gemeinen Dieb traktierte. Sogar der Papst mischte sich ein und verlangte die Freilassung Rohans, weil ein Kardinal nur von der römischen Kurie abgeurteilt werden dürfe.

Die Komödie wuchs sich zur hochpolitischen Angelegenheit aus. Marie Antoinettes Verhalten erweckte den Anschein, sie habe irgendein persönliches Interesse an dem Fall. „Die Königin in eine Fälscheraffäre verwickelt", frohlockte ein Oppositionspolitiker. „Welcher Schmutz auf Bischofsstab und Königszepter!" Als das Parlement im Mai 1786 Rohan (und übrigens auch Cagliostro) freisprach, trug das Volk demonstrative Schadenfreude zur Schau. Das Königshaus stand ohne Verteidiger da und Marie Antoinette wurde nur noch „L'Autrichienne" (die Österreicherin), „Madame Defizit" oder gar „Hure" genannt.

Jeanne de Lamotte, die Auslöserin der „Halsbandaffäre", wurde schließlich auch erwischt, auf beiden Schultern mit der Lilie gebrandmarkt und zu lebenslangem Kerker verurteilt. Schon ein Jahr später entkam sie unter mysteriösen Umständen nach London. Dort stürzte sie 1791 nach einer wilden Orgie betrunken aus dem Fester und brach sich den Hals. Zwei Jahre später starb Marie Antoinette in Paris unter der Guillotine.

81. Die furchtbare Bastille – eine Legende

15 Kanonen feuerten am 14. Juli 1789 von der Pariser Bastille auf die Bevölkerung. Als es fast 100 Tote gab, stürmte das erbitterte Volk die verhasste Zwingburg, um die in ihren Kerkern schmachtenden Gefangenen, Opfer der königlichen Tyrannei, zu befreien. Wenige Tage später wurde die Bastille als Symbol des jahrhundertelangen Despotismus abgerissen. So steht es in vielen Geschichtsbüchern – doch nichts davon entspricht den Tatsachen. Die Französische Revolution begann mit einer Legende.

Die Bastille war ursprünglich als Festung zum Schutz von Paris 1370 mitten im Hundertjährigen Krieg gegen die Engländer erbaut worden. Das 23 Meter hohe viertürmige Gebäude verlor aber mit dem Aufkommen der Artillerie seine militärische Bedeutung. Seit Anfang des 17.

Jahrhunderts, unter der Herrschaft des Kardinals Richelieu, diente sie als Staatsgefängnis. In die Bastille kamen freilich keine gewöhnlichen Verbrecher; sie war ein vergleichsweise luxuriöser Internierungsort für die gehobenen Stände.

Es gab hier keine finsteren Verliese mit angeschmiedeten Gefangenen, sondern ganz normal eingerichtete Zimmer, die nur nachts abgeschlossen wurden, quasi ein „offener Vollzug". Unter den Insassen befanden sich im 18. Jahrhundert auch Leute, die ihre Schulden nicht bezahlten oder jemanden im Duell getötet hatten. Gelegentlich erwischte es sogar Sonderlinge, wie 1749 Henri Masers de Latude. Dieser überspannte Herr täuschte einen Anschlag auf die mächtige Mätresse Madame Pompadour vor, „entlarvte" ihn dann, um eine Belohung zu kassieren und wanderte deshalb in die Bastille. Als Sträfling benahm er sich derart aufsässig, dass man ihn 35 Jahre hinter den Mauern verwahrte. Hier schrieb Latude seine Gefängniserlebnisse auf, besser gesagt, er ließ seiner blühenden Phantasie freien Lauf.

Aus dem Gefängnis geschmuggelt, sorgten Latudes Greuelmärchen für Furore. Man glaubte ihm, obwohl sein Elaborat vor Ungereimtheiten strotzte. So behauptete er, alle Gefangenen seien nach ihrer Ankunft sämtlicher Kleider beraubt und in elende Lumpen gehüllt worden. Andererseits berichtete er von seinem Fluchtversuch mittels Strickleiter, die aus mehr als 120 zusammengeknoteten Hemden bestanden habe! Daß er nach seiner Entlassung 1784 für unrechtmäßig erlittene Haft die enorme Entschädigung von 60.000 Franc kassierte, verschwieg Latude tunlichst.

Als im Juli 1789 schwere Unruhen in Paris ausbrachen, befahl König Ludwig XVI., den Großteil der Pulvervorräte aus dem städtischen Arsenal in die Bastille zu verlagern. Für das Volk war dies Anlass, die „Zwingburg des Despotismus" zu stürmen. Am Vormittag des 14. Juli zog eine bewaffnete Menge vor den Festungsgraben und begehrte Einlass. Der Bastille-Kommandant de Launay zeigte sich kompromissbereit, auch weil er nur über 114 Soldaten verfügte, davon 82 kaum kampftaugliche Invaliden. Er verhandelte mit den Aufständischen und ließ zur Warnung nur einen einzigen Kanonenschuss in die Luft abfeuern. Einige Gewehrschüsse forderten Opfer auf beiden Seiten, führten aber nicht zu dem später kolportierten Blutbad. Schließlich schleppten die Pariser auch Geschütze herbei und feuerten auf die Bastille, aber so dilettantisch, dass dabei mehrere Wohnhäuser zerstört wurden.

Gegen die Zusicherung freien Abzugs kapitulierte de Launay am Nachmittag, wurde aber, als er die Bastille verließ, von der Menge in Stücke gehauen. Ein Fleischergeselle schnitt ihm den Kopf ab und spießte ihn auf eine Lanze. Auch sechs Soldaten erlitten ein ähnliches Schicksal.

Nachdem das Volk dieserart seinen Mut gezeigt hatte, ging es daran, die zahlreichen in Ketten schmachtenden Gefangenen zu befreien und erlebte eine peinliche Enttäuschung. In der riesigen Bastille befanden sich ganze sieben wohlgenährte Häftlinge: ein gefährlicher Schwerverbrecher, vier Männer, die wegen Geldfälschung in Untersuchungshaft saßen sowie zwei offensichtlich Geistesgestörte, die von ihren Familien abgeschoben worden waren. Da mit solchen Gefangenen nur wenig Eindruck zu machen war, präsentierte man dem Volk wenigstens ein „fürchterliches mechanisches Folterinstrument" im Keller der Bastille. Wie sich später herausstellte, war es eine altertümliche Druckerpresse.

Der Sturm auf die Bastille wurde für einen Mann zum Millionengeschäft – Pierre Francois Palloy. Dieser umtriebige Bauunternehmer erschien bereits am späten Nachmittag des 14. Juli an der Spitze von 500 Tagelöhnern in den Festungsgräben. Mit Spitzhacken und Schlaghämmern rückten sie dem Gebäude zu Leibe. Nach zwei Tagen erhielt der „Patriot" Palloy den öffentlichen Auftrag zum Abriss der Bastille. Er verkaufte Steinquader Stück für Stück, teilweise mit Inschriften, als Souvenir an Parisbesucher. Nicht nur die „Kruste von den schrecklichen Gewölben" brachte ihm Gewinne. Palloy sicherte sich auch das Monopol auf Wachs- und Holzmodelle der Bastille, die im ganzen Land verkauft wurden.

Für Frankreichs Monarchie war der 14. Juli 1789 der Anfang vom Ende. König Ludwig XVI. notierte unter diesem Datum in seinem Tagebuch „Nichts". Dieser Eintrag wird in vielen Abhandlungen über die Französische Revolution als Beweis seiner Ignoranz zitiert. Tatsächlich führte er gar kein Tagebuch im klassischen Sinn. Er verzeichnete darin vor allem seine Jagdbeute, also was er wann geschossen hatte. Am historischen 14. Juli war keine Jagd angesetzt, demnach geschah in dieser Hinsicht „nichts". Eine Bewertung, die man auch den Legenden um die Pariser Bastille beimessen muß.

82. Mord beim Maskenball – Gustav III. von Schweden

Am 16. März 1792 erhielt König Gustav III. von Schweden einen anonymen Brief. Darin wurde er eindringlich davor gewarnt, den abendlichen Maskenball im Stockholmer Opernhaus zu besuchen. „Ich hasse Sie, Sire, aber ich verabscheue Meuchelmord", erklärte der unbekannte Verfasser. Gustav nahm den Brief nicht ernst – ein tödlicher Fehler.

Nachdem Schwedens Heldenkönig Karl XII. 1718 im Kampf gefallen war, begann im Lande die sogenannte Freiheitszeit. Tatsächlich war es die unstete Herrschaft zweier politischer Parteien, die sich „Hattar" (Hüte) und „Mössor" (Mützen) nannten. Beide brachten Schweden in eine demütigende Abhängigkeit vom Ausland und entmachteten das Königtum bis zur Bedeutungslosigkeit. Während die Hüte sich außenpolitisch stark an Frankreich lehnten und das Land dadurch in einen Krieg mit Preußen verwickelten, waren die Mützen quasi Vasallen Russlands.

1765 setzten sich zur Abwechslung die Mützen unter Thure Rudbek im regierenden Ständereichsrat durch. 1769 kamen wieder die Hüte ans Ruder. In dieser turbulenten Situation bestieg am 12. Februar 1771 der 25-jährige Gustav III. den schwedischen Königsthron. Die herrschenden Adelscliquen hielten den jungen Mann für völlig harmlos, zumal er im März 1772 die „Versicherungsakte" unterschrieb, die seine Königsgewalt noch mehr beschränkte.

Aber Gustav, ein ebenso eloquenter wie schlauer Mensch, spielte seine eigene Partie. Er verfasste anonyme Flugschriften über die Übelstände im Land, hielt flammende Reden vor Volk und Militär. Im Juli 1772 stiftete er sogar einen Aufstand in Schonen gegen die Parteienherrschaft an. Am 19. August 1772 kam es in Stockholm dann zum unblutigen Staatsstreich.

Gustav ritt mit gezogenem Degen an der Spitze seiner Garde unter Oberst Magnus Sprengtporten zum Reichsratsgebäude und ließ alle Parteiführer verhaften. Nur zwei Tage später verkündete er eine neue Verfassung, welche die absolutistische Monarchie wieder einführte. Im Stockholmer Schloss, umstellt von Soldaten und Kanonen, leisteten die Reichsstände am 21. August den Eid der Treue und unterschrieben die Verfassung.

Die folgenden Jahre brachten große Veränderungen. Gustav III. schaffte nach preußischem Muster die Folter ab, gewährte weitreichende Pressefreiheit, sprach zahlreiche Bauern vom Frondienst frei. Der Monarch förderte Kunst und Wissenschaften, schuf eine stabile Silberwährung und erlaubte 1775 den freien Getreidehandel. Als er aber auch das private Brennen von Schnaps verbot, gab es so großen Unmut, dass der die Verordnung wieder zurücknahm.

Zehn Jahre nach dem Staatsstreich war Gustav III. in ganz Schweden beliebt. Nur seine Mutter, die preußische Prinzessin Luise Ulrike, hintertrieb viele Maßnahmen des Königs und nannte dessen Sohn öffentlich einen Bastard. Mit dem Tod der Königinmutter 1782 fing für Gustav das fidele Leben richtig an. Kostspielige Bauten und prunkvolle Feste belasteten die Staatskasse, der Steuerdruck stieg. 1788 brach er einen Krieg mit Russland vom Zaun. Die schwedische Flotte errang in der Ostsee einen spektakulären Sieg, aber der Adel im Lande formierte sich zum Widerstand. Stützpunkt war das damals zu Schweden gehörende Finnland, wo sich oppositionelle Offiziere zum „Anjala-Bund" zusammenschlossen.

Doch Gustav deckte dieses Komplott auf und ließ sich Anfang 1789 von einem Reichstag in Stockholm unbeschränkte Souveränität und gänzliche Verfügung über die Staatseinkünfte bescheinigen.

Die Französische Revolution veränderte auch Schwedens Politik. Nach Entmachtung des Königs von Frankreich im September 1791 setzte Gustav alles daran, eine Koalition gegen die Revolutionäre zu schmieden. Er ließ die Armee mobilisieren und schloss einen Beistandspakt mit dem eben noch bekriegten Russland. Ein Anfang 1792 in Gävle abgehaltener Reichstag zeigte sich erstmals widerspenstig und verweigerte die Stellung von Soldaten für einen Krieg gegen Frankreich.

Bereits im Monat zuvor hatte sich eine Verschwörung gebildet, die unter Führung des „Hüte"-Politikers Graf Frederik Axel Fersen und des Grafen Arvid Horn stand. Diese Adligen fürchteten einen erneuten Staatsstreich des Königs. Ein von Gustav persönlich beleidigter Gardeoffizier, Jakob von Anckarström, bot sich als Meuchelmörder an. Er bewaffnete sich mit Pistole und Messer, dann ging er zum eingangs geschilderten Maskenball.

Als König Gustav am Abend des 16. März 1792 den Saal betrat, wurde er von vielen Maskierten umringt. Graf Horn klopfte ihm auf die Schulter und sagte: „Bon jour, beau masque!" (Guten Tag, schöne Larve). Dies war das verabredete Zeichen für Anckarström, der dem König von hinten in den Rücken schoss.

Gustav III., Schwedens großer Reformer, lebte noch zwölf Tage und regelte seine Nachfolge. Anckarström wurde gefasst, dreimal öffentlich ausgepeitscht und am 27. April 1792 hingerichtet. Die hochadligen Verschwörer, denen man nichts Konkretes nachweisen konnte, mussten den Weg ins Exil antreten.

83. Ein deutscher Robin Hood: Der Schinderhannes

Die französische Ballerina bekam den Schreck ihres Lebens. Unterwegs von Paris zu einem Gastspiel nach Mainz, wurde ihre Kutsche im Hunsrück-Gebirge von abenteuerlich kostümierten Gestalten überfallen. Mit gezogenen Pistolen geleitete man sie unterhalb der verlassenen Schmidtburg bei Kreuznach bis ins Dorf Griebelschied. Hier ging es hoch her. Mehrere Kapellen spielten zum Tanz auf. Betrunkene Räuber, Dirnen, Vagabunden und Bettler lagen sich in den Armen. Die Bürgermeister und Amtspersonen der umliegenden Ortschaften feierten an einem gesonderten Tisch. In diesem Trubel mußte die verstörte Tänzerin etliche Proben ihrer Kunst abliefern, dann wurde sie mit Handkuss und gefülltem Geldbeutel entlassen.

Präsident der Festlichkeit war Johannes Bückler, genannt Schinderhannes. In einem grünen Jägerkostüm, das sein Leibschneider extra für diesen Tag angefertigt hatte (selbstverständlich aus gestohlenem Tuch) genoss er das Schauspiel sichtlich. Dieser „Räuberball von Griebelschied" im Sommer 1801 war Höhepunkt im Leben des Schinderhannes und gleichzeitig der Anfang vom Ende.

Johannes Bückler wurde 1777 bei Nastätten im Hintertaunus geboren. Sein Vater arbeitete als Abdecker oder Schinder, daher der spätere Spitzname. Schon mit 14 Jahren beging er seinen ersten Diebstahl. 1795 wurde er in Kirn an der Nahe verhaftet, entwischte aber nachts über das Dach des Rathauses. Als flüchtiger Dieb steckbrieflich gesucht, tauchte Bückler unter und begann ab 1796 sein abenteuerliches Räuberleben.

Ende des 18. Jahrhunderts waren Räuberbanden keine fest strukturierten Einheiten. Die Mitglieder wechselten häufig, was ihre Identifizierung erschwerte. Etliche gingen tagsüber ehrbaren Berufen nach, agierten quasi als Freizeiträuber und wurden bei Bedarf durch Boten zusammengerufen. Untereinander verständigten sie sich in „Rotwelsch" (rot=Landstreicher, welsch=nichtdeutsche Sprache). Die meisten Worte stammten aus dem Jiddisch-Hebräischen und gingen später teilweise in die Alltagssprache ein: Gauner, Kittchen und Schlamassel oder beschummeln, mauscheln, schachern. Der Begriff Schmiere stehen kommt vom hebräischen Wort *śmira* (Wache, Bewachung).

Johannes Bückler, redegewandt, stattlich, des Lesens und Schreibens kundig, wurde unter dem Pseudonym „Schinderhannes" zur populären Figur. Er handelte als Krimineller mit Köpfchen. Die armen und geringen Leute ließ er in Ruhe, weil bei ihnen das Beutemachen kaum lohnte. Statt dessen verteilte er häufig Teile seines Raubgutes an Bauern und Tagelöhner – weniger aus Edelmut, als um Verbündete zu gewinnen, die vor Gefahren warnten oder kurzfristig sichere Schlupfwinkel boten. Der Dichter Carl Zuckmayer machte aus Bückler deshalb einen deutschen Robin Hood, dessen Taten 1958 mit Curd Jürgens in der Hauptrolle werbewirksam verfilmt wurden.

Tatsächlich agiert der Schinderhannes eher wie ein Mafia-Pate mittels Diebstahl, Einbruch, Raub und Schutzgelderpressung. Doch sorgt er dafür, dass möglichst kein Opfer körperlichen Schaden erleidet. Morde sind gänzlich tabu, denn darauf steht unweigerlich die Todesstrafe. Beim Überfall auf alleinstehende Häuser erschrecken seine Leute die Bewohner durch lautes Geschrei und Gesang, so dass diese kaum an Gegenwehr denken.

Zu Ostern 1800 erobert Schinderhannes die Frau seines Lebens: Julia Blasius, 19-jährige Tochter eines Musikanten. Als „Julchen" tritt sie der Bande bei und nimmt in Männerkleidung an Raubzügen teil. Sie hausen abgeschirmt von Schildwachen im Winkel von Rhein und Nahe bei Kallenfels, Hahnenbach und Birkenfeldermühle. Da die linksrheinischen Gebiete seit 1793 von Frankreich besetzt sind, pendelt die Bande häufig zwischen deutschen und französischen Territorien. Ein Zugriff der Behörden ist dadurch erheblich erschwert. Trotzdem wird Schinderhannes mehrfach verhaftet, so 1799 in Simmern, kann aber jedes Mal entkommen. In der Bevölkerung festigt das seinen legendären Ruf.

Schinderhannes und Julchen Blasius

Doch mit dem eingangs geschilderten Räuberball hat Bückler den Bogen überspannt. Systematisch gejagt, wird er am 31. Mai 1802 mit Julchen und mehreren Kumpanen verhaftet und nach Frankfurt/Main gebracht. Einige Verhöre erfolgen, dann liefert die Polizei ihn am 16. Juni an die französischen Behörden in Mainz aus.

Hier weht ein schärferer Wind. Der Erste Konsul Napoleon Bonaparte bekämpft das Banditenunwesen mit harter Hand. Auf räuberischen Einbruch in bewohnte Häuser steht die Todesstrafe. Als am 27. Oktober 1803 der Prozeß beginnt, weiß der Schinderhannes nichts von diesem Gesetz und verteidigt sich geschickt. Dennoch wird er am 20. November mit 19 seiner Spießgesellen zum Tode verurteilt. Julchen Blasius hat mehr Glück. Da sie von Bückler schwanger ist, bekommt sie nur zwei Jahre Haft.

Die Massenhinrichtung erfolgt vor tausenden Zuschauern am 21. November 1803 durch die Guillotine. Ein Augenzeuge, der Schriftsteller Johann Gottlob Schulz, berichtet: „Schinderhannes wurde zuerst hingerichtet. Als er auf die Guillotine kam, betrachtete er einige Augenblicke das Beil, dann sagte er mit ziemlicher Fassung: *„Ich sterbe willig, ich habe den Tod verdient, aber von diesen*, indem er auf die übrigen zeigte, *sterben wenigstens zehn unschuldig.“*

Ausgesprochen rechtsstaatlich ging es beim Prozeß tatsächlich nicht zu. Schon vier Tage vor Urteilsverkündung bestellte der Magistrat bei einem Mainzer Tischler „28 Särge für Johann Bückler und Consorten“.

84. Schicksalhafte Begegnung – Königin Luise und Napoleon

1807 existierte die preußische Monarchie erst seit 106 Jahren und schien dennoch schon dem Untergang geweiht. Durch Napoleon besiegt und von Rußland im Stich gelassen, blieben Preußen nur das Prinzip Hoffnung und die Waffen einer Frau – Königin Luise.

Russlands Zar Alexander I. hatte im Sommer 1807 alle Hoffnung verloren. In der Schlacht bei Friedland am 14. Juni mussten seine Truppen eine empfindliche Niederlage hinnehmen. Er gab daraufhin das russisch-preußische Bündnis auf und begann Friedensverhandlungen mit Napoleon. Die beiden Herrscher trafen sich auf einem Floß mitten im Grenzfluss Memel und führten eine Schmierenkomödie auf. Da ihre Heere völlig erschöpft waren und weitere Kriegführung ein hohes Risiko bedeutet hätte, taten Napoleon und Alexander so, als wären sie schon immer die dicksten Freunde gewesen.

Preußens König Friedrich Wilhelm III. gab bei diesen Zusammenkünften eine unglückliche Figur ab. Er konnte sich nicht verstellen und zeigte deutlichen Widerwillen gegen die Franzosen, welche seine Heere bei Jena und Auerstädt 1806 so gründlich geschlagen hatten. Folglich behandelte Napoleon den König wie einen Lakaien und gab zu erkennen, dass er nach dem Friedensschluss Preußen von der Landkarte streichen und mit Rußland teilen werde.

Diese gefährliche Situation alarmierte den preußischen Staatsminister Karl August von Hardenberg. Er war wesentlich flexibler als sein König und erkannte, dass die Existenz des Staates auf dem Spiel stand. Als letztes Mittel wollte Hardenberg die 30-jährige Königin Luise einsetzen, was im Nachhinein fast tollkühn anmutet. Denn abgesehen davon, dass Napoleons Abneigung gegen politisierende Frauen allgemein bekannt war, sah er in Luise seine härteste Gegnerin in Preußen.

Unrecht hatte der Franzose damit nicht. Luise, deren politisches Wirken häufig unterschätzt wird, bildete 1805/06 den Mittelpunkt einer Gruppe, die Preußen zum Widerstand gegen Napoleons Expansionsdrang aufrütteln wollte. Zu diesem Kreis zählten so renommierte Männer wie Scharnhorst, Stein, Hardenberg, Blücher und Prinz Louis Ferdinand. Doch König Friedrich Wilhelm wagte diesen Schritt erst, als es zu spät war. Nach der Schlacht bei Austerlitz Ende 1805, als Österreich schwer geschlagen aus dem Konflikt ausschied, verbündete er sich mit Russland.

Im preußisch-französischen Krieg von 1806 zeigte sich, dass Napoleon Königin Luise für die Entwicklung verantwortlich machte. Seine Bulletins bezeichneten sie als „schwertfuchtelnde Amazone", die den Preußen „so verderblich ist, wie es Helena für die Trojaner war". Der Kaiser bezichtigte sie sogar eines ehebrecherischen Verhältnisses mit dem Zaren. Auf der anderen Seite pflegte Luise den Korsen nur als „Ungeheuer" zu bezeichnen.

Die Voraussetzungen für ein Gespräch, das um die Erhaltung Preußens als Staat ging, waren also denkbar ungünstig. Dennoch beschwor Hardenberg die Königin, alle Antipathien zu vergessen: „Auf ihre richtige Einsicht, ihren Patriotismus und ihr Ehrgefühl setze ich noch meine einzige Hoffnung.“ Genauso ging es ihrem alten Bekannten Zar Alexander, der versicherte, sie allein könne die Lage noch retten. Luise sollte Napoleon in der ostpreußischen Stadt Tilsit treffen und sie zeigte sich entschlossen, „dorthin zu gehen, wo ich nicht begraben sein wollte“.

Napoleon war durchaus neugierig auf diese Begegnung. „Die schöne Königin von Preußen soll heute mit mir speisen“, schrieb er an seine Gemahlin Joséphine. Tatsächlich berichtet eine Hofdame von diesem Tag: „Ich erinnere mich kaum, Luise schöner gesehen zu haben, als gerade in dieser für sie so schweren Zeit.“ Da das Gespräch – entgegen fast aller bildlichen Darstellungen – unter vier Augen stattfand, kann man nur aus den folgenden Ereignissen auf seinen Verlauf schließen.

In seinem „Tagebuch von Sankt Helena“ resümierte Napoleon: „Trotz aller von mir aufgebotenen Geschicklichkeit, trotz aller meiner Anstrengung erwies sie sich stets als Beherrscherin, als die Tonangebende der Unterhaltung, kam immer auf ihr Thema zurück.“ Beide sprachen künftig wesentlich respektvoller voneinander. Napoleon meinte, „anstatt ihr eine Krone zu nehmen, möchte man versucht sein, ihr eine andere zu Füßen zu legen“. Das irritierte Frankreichs Außenminister Talleyrand so sehr, dass er den Kaiser mahnte, „nicht um ein paar schöner Augen willen Ihre größte Eroberung aufs Spiel zu setzen“.

Luises Verhandlungsgeschick und natürlich auch der Einfluss des russischen Zaren bewahrten Preußen vor dem Untergang. Zwar erlitt das Land große territoriale Einbußen, behielt aber soviel Substanz, dass der Weg zu entscheidenden gesellschaftlichen Reformen beschritten werden konnte.

1808, ein Jahr nach dem Gespräch von Tilsit, schrieb Luise eine erstaunliche Prophezeiung nieder: „Deshalb glaube ich auch nicht, dass der Kaiser Napoleon fest und sicher auf seinem jetzt freilich noch glänzenden Thron sitzt.“ Sieben Jahre später lebte Napoleon als Verbannter auf der Insel Sankt Helena und bemerkte: „Die Königin von Preußen war wohlunterrichtet… eine geistvolle und kluge Frau.“

85. Tirols großer Freiheitsheld Andreas Hofer

Die Schlachtplan Hofers war simpel. „Wenn ihr die Bayern trefft, so schlagt drauflos und werft sie den Berg hinab!" Seine Leute hielten sich daran, errangen am 11. April 1809 einen großen Sieg und Tirols Befreiungskampf gegen Napoleons Fremdherrschaft begann.

Seit 300 Jahren besaßen die Tiroler verbriefte Freiheitsrechte durch den Kaiser in Wien. Wohl kein Volksstamm der großen Habsburgermonarchie hielt deshalb so treu an den alten Gewohnheiten fest. Doch Napoleon übergab nach dem Sieg bei Austerlitz 1805 gegen die Österreicher und dem folgenden Friedensschluss das Land an seinen Verbündeten Bayern. Im Februar 1806 marschierten bayerische Truppen in Tirol ein.

Von Anbeginn zeigten die fremden Militärs und Beamten keinerlei Verständnis für die konservativen Eigenheiten Tirols. Rücksichtslos erhoben sie nie zuvor gekannte Steuern, pressten junge Männer zum Militärdienst, führten diskriminierende Gesetze ein. Insbesondere die Unterdrückung der altgewohnten religiösen Bräuche erbitterte die Einheimischen. Das Verbot von Wallfahrten, Prozessionen und Christmetten machte böses Blut, ebenso die Schließung vieler Klöster. Nach zwei Jahren Bayernherrschaft hatte sich soviel Zorn angestaut, dass es zum Aufstand kam.

Der Ende 1767 geborene Andreas Hofer, Wirt des Gasthofes „Zum Sand" im Passeiertal sowie Wein- und Pferdehändler, hatte als Führer einer Schützenkompanie 1796 gegen Frankreich gedient. Am 8. April 1809 rief er seine Landsleute zur Revolte auf, die schon lange vorbereitet war. Die Tiroler Bauern wurden per „Laufzettel" nach Sterzing beordert. Hofers Mitkämpfer Johannes Speckbacher, ein Wildschütz aus Hall und der rotbärtige, fanatische Kapuzinermönch Joachim Haspinger aus Schlanders, rührten die Trommel des Aufruhrs. Am 11. April 1809 besiegten Hofers Schützen ein zahlenmäßig weit überlegenes Heer aus Bayern und Franzosen am Berg Isel. Drei Tage später zogen seine Männer in die Hauptstadt Innsbruck ein, wo 4000 feindliche Soldaten kapitulierten.

Napoleon war empört, dass diese „Räuber aus den Bergen" seine wichtigste Verbindungslinie über die Alpen abgeschnitten hatten. Er setzte ein 40.000 Mann starkes französisch-bayerisches Heer in Marsch, das am 19. Mai Innsbruck wieder besetzte. Doch Hofer schlug diese weit überlegene Truppe in einer weiteren Schlacht am Berg Isel und zog mit 6.000 Bewaffneten am 30. Mai in Innsbruck ein. Inzwischen lag auch Österreich erneut im Krieg mit Frankreich, erlitt aber bei Wagram am 6. Juli eine Niederlage.

Wieder musste sich Hofer aus der Hauptstadt zurückziehen. Die Tiroler schienen geschlagen und Napoleon triumphierte. Er schickte seinen bisher unbesiegten Marschall Francois Lefebvre nebst 50.000 Soldaten nach Tirol, um endgültig Schluss mit dem Aufruhr zu machen. Aber die Einheimischen gaben nicht auf. „Mit den Waffen war das Volk von Jugend auf vertraut und kein altgedienter Soldat zielte besser als die sehnigen Männer im Lodenrock, die nach verwegenem Aufstieg so oft Adler und Gemsbock erlegt hatten, jede Schlucht und jeden Saumpfad kannten", berichtet ein Zeitgenosse.

Am 13. August 1809 errangen Hofer und Speckbacher auch einen Sieg über Marschall Lefebvre und marschierten wieder in Innsbruck ein. Kaiser Franz I. ernannte Hofer zum „Oberstkommandierenden von Tirol" und verlieh ihm ein Adelsdiplom, das der bescheidene Sandwirt ablehnte. Obwohl er keinerlei Erfahrung in Verwaltungsfragen besaß, regierte er das Land (unterstützt von dem Juristen Joseph von Hormayr) mit einer Mischung aus Schläue und Gerechtigkeitssinn. Bald nannte man ihn „Unser Vater und Erlöser."

Napoleon indes wollte und konnte sich mit den Verhältnissen in Tirol nicht abfinden. Nach dem Frieden zu Wien entsandte er wieder eine gewaltige Armee ins Land. Speckbacher wurde am 16. Oktober im Salachtal besiegt und Hofer musste eine Woche später Innsbruck aufgeben. Die Besatzungstruppen gingen nun zum offenen Terror über. Wer nicht binnen 24 Stunden die Waffen niederlegte, wurde mitsamt seiner Familie erschossen, die dazugehörigen Dörfer niedergebrannt. Hofer, nun Führer eines ausgebluteten Volkes in verwüstetem Land, wollte sich unterwerfen. Doch vor allem der beredsame Haspinger sowie falsche Siegesmeldungen veranlassten ihn zum letzten Widerstand.

Im November 1809 war alles zu Ende. Haspinger und Speckbacher flohen in die Schweiz; allein Hofer mochte seine geliebte Heimat nicht verlassen. Mit Frau und Sohn verbarg er sich in einer einsamen Alpenhütte bei Farteis. Die Franzosen hatten 1500 Gulden Kopfgeld ausgesetzt und es fand sich prompt ein Judas in Gestalt des Franz Raffl. Er verriet Hofers Zufluchtsort.

Am 27. Januar 1810 wurde Hofer von italienischen Hilfstruppen gefangen genommen und schwer misshandelt. Barfuß musste er den Weg bis nach Bozen zurücklegen. Dann wurde er in der Bastion Porta Ceresa von Mantua eingekerkert. Ein Kriegsgericht verurteilte ihn auf Napoleons ausdrückliche Weisung zum Tode. „Das Sterben kommt mich so leicht an, dass mir nicht einmal die Augen nass werden", kommentierte der das Verdikt.

Seine Hinrichtung erfolgte am 20. Februar 1810 in Mantua. Andreas Hofer erteilte selbst das Kommando: „Gebt Feuer!" Allerdings trafen die zwölf Soldaten so ungenau, dass Hofer ausgerufen haben soll: „Ach, was schießt ihr schlecht!" Erst ein 13. Nahschuss setzte seinem Leben ein Ende.

Der Leichnam des Freiheitshelden wurde 1823, als Tirol wieder zu Österreich gehörte, feierlich in der Hofkirche zu Innsbruck beigesetzt.

86. Die vergessene Armee von 1812

In seinem Roman „Krieg und Frieden" schreibt Leo Tolstoi treffend: „Am 22. Juni 1812 überschritten die Heere Europas die russische Grenze." In der Tat war Napoleons „Grande Armée" eine multinationale Truppe, unter der sich allenfalls 30 Prozent Franzosen befanden. Das größte Kontingent stellten die Deutschen. Fast alle diese Soldaten waren dem Tode geweiht, doch ihr Opfergang wird in der Geschichte weitgehend ausgeblendet.

Es ist wohl die buntscheckigste Soldatenschar aller Zeiten, die sich Mitte Juni 1812 am russischen Grenzfluß Njemen versammelt. Ihre Uniformen leuchten in sämtlichen Farben, leicht dominiert vom Dunkelblau der französischen Infanterie. Für den Russlandfeldzug hat Napoleon Truppen aus ganz Europa zusammengetrommelt. Zu seiner Armee gehören Polen und Italiener, Schweizer und Kroaten, Spanier und Portugiesen. Ungefähr 500.000 Mann stehen bereit; den Hauptteil der nichtfranzösischen Kontingente bilden die Deutschen, knapp 130.000 Mann. Unerbittlich hat der Imperator noch den kleinsten und ärmsten Staat herangezogen. Das winzige Fürstentum Schaumburg-Lippe muß eine Kompanie von 150 Soldaten stellten, aus Anhalt-Bernburg kommen ganze 240 Mann. Die größten Kontingente stellen Bayern (30.000), Westfalen (27.000), Sachsen (26.000) und Württemberg (14.000).

Die deutschen Truppen sind von unterschiedlicher Qualität. Viele Soldaten aus den Kleinstaaten sehen in dem Russland-Unternehmen keinen Sinn und desertieren. Andere, so die Sachsen und die Rheinländer aus Kleve-Berg, kämpfen mit einem Eifer, der einer besseren Sache wert wäre. Während der Schlacht von Borodino am 7. September 1812 verlieren die sächsischen Eliteregimenter *Garde du Corps* und *Zastrow-Kürassiere* fast drei Viertel ihres Mannschaftsbestandes.

Der Russlandfeldzug begann und endete als Desaster. Es ist eine Mär, dass Napoleon von „General Winter" besiegt wurde und die Grande Armée ihre horrenden Verluste wegen der eisigen Kälte auf dem Rückzug erlitt. Die weitaus meisten Todesopfer forderte der Vormarsch. Als Napoleon am 14. September in Moskau einrückte, hatte er mehr als 60 Prozent seiner Truppen verloren.

Schon das Überqueren des Njemen verhieß nicht Gutes. „Das Durcheinander war unglaublich", notiert der Badener Oberleutnant Heinrich v. Brandt. „Ungehorsam und Widersetzlichkeit offenbarten sich." Der Krefelder Trompeter Carl Schehl schildert, wie 150 polnische Gardereiter beim Flußübergang ertrinken. Nur fünf Tage nach Beginn des Feldzuges schreibt der 19-jährige württembergische Leutnant Christian v. Martens: „Von Hunger und Durst peinlich gequält, erreichten wir in beinahe völliger Auflösung den Lagerplatz." Am 1. Juli beklagt er den

„jämmerlichen Zustand" seiner Leute und findet am 4. Juli „die Reihen unserer Division schon bedenklich gelichtet".

Ende Juli berichten die drei württembergischen Soldaten Wagner, Hartmann und Offtermatt in einem Brief, dass viele Kameraden „teils vor Hunger und Kummer gestorben sind". Der sächsische General Ferdinand v. Funck notiert: „Das Wasser war trübe, morastig, übelschmeckend und stinkend. Die Pferde dursteten lange, ehe sie sich bequemten, dieses Wasser zu saufen, und nur die Not konnte die Menschen dazu bewegen."

„Es war eine so drückende Hitze, dass alle Regimenter Leute durch Erschöpfung verloren. In meinem Regiment fiel ein Offizier um, der auf der Stelle tot war", berichtet der westfälische Major Wilhelm v. Loßberg im Juli. Anfang August mehren sich die Hungertoten. So schreibt der württembergische Militärarzt Heinrich v. Roos am 8. August „von den vielen Leichen der Krieger, die durch Hitze, Hunger und Durst umgekommen waren". Es zeigt sich, dass Napoleon den Feldzug miserabel geplant, die Versorgungsprobleme sträflich unterschätzt hat.

Die deutschen Soldaten leiden besonders, denn sie werden fast ausschließlich von französischen Generalen kommandiert und als Kanonenfutter missbraucht. Das westfälische Korps ist dem General Junot unterstellt, einem halbirren Neurotiker, der ein Jahr später aus dem Fenster springt, weil er sich für einen Vogel hält.

Krankheiten schwächen die deutschen Soldaten. General von Funck notiert drastisch: „Die Ruhr wütete förmlich unter den Regimentern, und wenn wir unterwegs haltmachten, mußte allemal nach dem Winde die Seite bestimmt werden, nach der die Leute zur Befriedigung natürlicher Bedürfnisse antreten sollten, weil fast in wenigen Minuten die Luft verpestet war." Wenig später bemerkt er: „In unserem Aufzuge glichen wir mehr einer Horde zerlumpter Bettler als Soldaten." Konkrete Zahlen der Verluste nennt Leutnant von Martens am 3. September: „Die Stärke unserer Division, welche bei ihrem Ausmarsch 10.000 Mann zählte, bis Lesno 5.000, nach Smolensk aber auf 2.200 Mann herunterkam, betrug jetzt nicht mehr als 1.300."

All dies spielte sich binnen nur zehn Wochen ab und bildet die eigentliche Katastrophe des Feldzugs von 1812. Stellvertretend für die wenigen, welche heimkehrten, schrieb Leutnant von Martens am 21. Januar 1813: „Mittags kamen wir in meiner früheren Garnison Heilbronn an; zu demselben Tore fuhr ich hinein, durch welches das schöne Regiment Kronprinz jubelnd ins Feld hinauszog, aber nun nicht mit dem schwankenden Federbusch auf dem Helme und der glänzenden Schärpe angetan, sondern als einziger dieses Regiments mit erfrorenen Gliedern und wehmütigem Blick."

87. Yorck – Rebellion eines preußischen Generals

Am 30. Dezember 1812 schreiben sechs Offiziere Weltgeschichte. Ort des Geschehens ist eine Wassermühle in der Nähe des ostpreußischen Städtchens Tauroggen. Ihr gemeinsamer Entschluss läutet den europaweiten Befreiungskrieg gegen Napoleon ein.

Schwer geschlagen zogen sich im Dezember 1812 die Trümmer von Napoleons „Grande Armée" aus Russland zurück. Dieser Katastrophe entgingen nur zwei Formationen: 30.000 Mann österreichische Alliierte in Galizien sowie das X. Armeekorps unter dem französischen Marschall Etienne Macdonald, das im Norden Litauen besetzt hielt. Zu Macdonalds Korps gehörte neben Franzosen, Polen, Bayern und Westfalen auch die knapp 20.000 Mann zählende 27. preußische Division.

Unter ihrem Kommandeur, dem 53-jährigen Generalleutnant Hans David von Yorck, marschierten die Preußen Ende Juni 1812 auf Riga zu.

Da Litauen und Lettland von russischen Truppen nahezu entblößt waren, kam es zu keinen nennenswerten Gefechten; vielmehr bezogen die Preußen „eine müßige Stellung", wie Augenzeugen berichten.

Die Zwangsallianz mit Frankreich wurde in Preußen von vielen missbilligt. General Yorck hingegen, der „Verschlingungen der Politik" hasste, war ein überzeugter Konservativer und stand den Militärreformern um Scharnhorst und Gneisenau skeptisch gegenüber. Das war wohl der Grund, warum König Friedrich Wilhelm III. ihm das Oberkommando über die Invasionstruppe anvertraute und nicht dem Reformer und Franzosenfeind Gerhard von Scharnhorst.

Allerdings übersah der Monarch ein wichtiges Detail in Yorcks Biografie. Er wurde als junger Leutnant 1779 aus der preußischen Armee gestoßen, weil er den Befehl eines Vorgesetzten verweigerte, der ihm unrechtmäßig schien. Nach holländischem Kolonialdienst nahm man ihn 1786 wieder in die Reihen der Preußen auf. Yorck gehörte also keineswegs zu den bequemen Jasagern.

Als Napoleons totale Niederlage nicht mehr zu übersehen war, befahl Marschall Macdonald ab 20. Dezember 1812 den Rückzug seines Korps hinter den Memel-Fluss. Hier konnte er die Flanken des russischen Vormarsches bedrohen. Um dieser Gefahr zu begegnen, hatten Generale des Zaren mehrfach versucht, mit Yorck in Kontakt zu treten. Der Preuße berief sich dabei stets auf seine klaren Befehle aus Berlin, mit den Franzosen unbedingt zu kooperieren. Doch Ende Dezember kam auch Yorck ins Schwanken.

Der erst 27-jährige russische Generalmajor Johann von Diebitsch vereinbarte ein Treffen mit Yorck. Es fand am 30. Dezember 1812 in der Wassermühle des Dorfes Poscherun bei Tauroggen im Niemandsland statt. Hier verhandelten nominell Russen mit Preußen. Tatsächlich waren alles sechs Beteiligten preußischstämmige Deutsche. Dem Potsdamer Yorck saß der Schlesier Diebitsch gegenüber, der seit 1801 in Rußlands Armee diente, wo sein Vater Karriere gemacht hatte. Seine Begleiter waren Oberstleutnant Carl von Clausewitz, ein Brandenburger und später weltberühmter Militärphilosoph, sowie der ostpreußische Major Friedrich Graf zu Dohna-Schlobitten.

Clausewitz und Dohna waren Anfang 1812 aus Protest gegen die Allianz mit Frankreich in die russische Armee eingetreten. Yorcks Begleitung bildeten sein Stabschef Friedrich von Röder und Major Anton von Seydlitz.

Die Verhandlungen zielten darauf ab, dass Yorck seine Division zurückzog und für neutral erklärte. Das verstieß eindeutig gegen seine Befehle. Es ging für den General um die entscheidende Frage, ob er aus Gewissensgründen ein Bündnis seines Landes brechen dürfe. Yorck, von dem ein Militärkamerad urteilte, er sei „ein großes Talent, aber ein schroffer, schwer zu behandelnder Charakter", hat wohl sehr mit sich gerungen, ehe er den entscheidenden Satz aussprach: „Ihr habt mich!"

Die sechs Offiziere einigten sich auf eine Konvention von sieben Artikeln, die auf Deutsch niedergeschrieben wurde. Demnach verpflichteten die Preußen sich zur zweimonatigen Neutralität, falls keine anderslautende Order aus Berlin eintraf. Den empörten Marschall Macdonald unterrichtete Yorck mit den Worten: „Indem ich Ihnen, gnädiger Herr, dies erkläre, entledige ich mich aller Verpflichtungen Ihnen gegenüber."

Trotz dieses munteren Tones war Yorck klar, dass ihn seine Eigenmächtigkeit das Leben kosten konnte. Noch am Abend des 30. Dezember schrieb er an König Friedrich Wilhelm III.: „Euer Majestät lege ich willig meinen Kopf zu Füßen, wenn ich gefehlt haben sollte; ich würde mit der freudigen Beruhigung sterben, wenigstens als treuer Untertan und wahrer Preuße gefehlt zu haben." Der König reagierte zwar mit den Worten „Da möchte einen ja der Schlag rühren!", als er von Yorcks Tat hörte, ließ ihn dann aber wissen, er möge gemäß den Umständen handeln.

Die Konvention von Tauroggen leitete den allgemeinen Befreiungskampf gegen die napoleonische Fremdherrschaft ein. Yorck und Diebitsch nahmen daran entscheidenden Anteil. Beide wurden später zum
Generalfeldmarschall ernannt und in den Grafenstand erhoben.

88. Zwei deutsche Heldenmädchen von 1813

Als im Frühjahr 1813 Preußens König zum Befreiungskrieg gegen Napoleon aufrief, war das Echo ungeheuer. Tausende Männer zogen freiwillig
in den Kampf, oft erbärmlich gekleidet und schlecht bewaffnet. Auch
die preußischen Frauen wollten nicht zurückstehen. Sie spendeten ihren
Schmuck für die Kriegskasse und erhielten dafür nur eine Metallmünze
mit der Inschrift „Gold gab ich für Eisen". Einigen Frauen schien das
zu wenig. Sie opferten nicht Schmuck, sondern setzten Gesundheit und
Leben für ihr Vaterland aufs Spiel. Zwei davon waren Leonore Prochaska
und Johanna Stegen.

Über Kindheit und Jugend von Leonore Prochaska ist wenig bekannt,
aber sie können nicht besonders glücklich gewesen sein. Sie wurde am
11. März 1785 in Potsdam als Tochter eines Garde-Unteroffiziers geboren. Ihr Vater kehrte 1792 als Invalide heim, die Mutter war so krank,
dass sie ihre vier Kinder kaum versorgen konnte. Leonore kam deshalb
1794 in das Große Militärwaisenhaus zu Potsdam.

Nach Preußens Niederlage gegen Napoleon 1806 arbeitete Leonore als
Küchenmädchen und Haushaltshilfe. Immer wieder hörte sie begeisterte
Erzählungen von den Frauen in Spanien, die ihre Guerilleros kämpfend
unterstützen oder von den Tirolerinnen, die ihren Männern beim Freiheitskampf beistehen.

1813 scheint auch für Preußen die Stunde der Befreiung zu schlagen,
doch Napoleon erringt bis zum Sommer mehrere Siege. Im August hält
es Leonore nicht länger am Herd. Sie schneidet sich die Haare ab, kauft
Männerkleidung und ein Gewehr nebst Bajonett. Unter dem Namen
„August Renz" trägt sie sich in die Stammrolle des 1. Jägerbataillons
beim Lützowschen Freikorps ein. Bei dieser halb privaten Truppe gibt
es, anders als im regulären Militär, keine medizinische Anfangsunter-

suchung. So merkt niemand etwas, zumal Leonore ein guter Soldat ist. „Ich treffe auf 150 Schritt die Schießscheibe", schreibt sie stolz an ihren Bruder. Nur ihre weibliche Stimme kann sie nicht verstellen, aber auch hier weiß die 28jährige Rat. „Wegen meiner Stimme necken sie mich; da habe ich mich für einen Schneider ausgegeben, die können auch eine feine Stimme haben."

Leonore nimmt an mehreren Gefechten teil. Selbstbewusst berichtet sie dem Bruder: „Ehrenvoll oder nie siehst Du mich wieder." Vielleicht war es eine Vorahnung. Am 15. September bekommt der Trommler des Bataillons einen Armschuss. Man braucht einen Ersatzmann und Leonore, die beim Vater trommeln gelernt hat, nimmt das Instrument an sich.

Einen Tag später entbrennt beim Wald von Göhrde nahe Lüneburg ein Gefecht. Dabei zerschmettert ein Granatsplitter Leonores linkes Bein. Bevor ein Feldarzt sie untersucht, gesteht sie: „Herr Leutnant, ich bin ein Mädchen." Beim Stand der damaligen Medizin war ihre Wunde tödlich. Im Lazarett Dannenberg stirbt das Potsdamer Soldatenkind am 5. Oktober 1813. Sie wird von ihren Waffenbrüdern mit militärischen Ehren begraben. Ein preußischer Minister und der Kommandeur der Jägertruppen Oberst Graf Kielmansegg sind zugegen. In einem Augenzeugenbericht heißt es: „Eine dreimalige Gewehrsalve rief der vom Sturm geknickten Lilie den letzten Gruß nach in das Grab."

Unweit von Leonores Sterbeort, bei Lüneburg, spielt sich am 2. April 1813 ein Drama ab. Gleich das erste Gefecht gegen Napoleons Truppen scheint für die Preußen verloren. Eine von General Morand befehligte Division ist auf die Stadt vorgerückt, die vom 1. Pommerschen Infanterieregiment unter Major von Borcke verteidigt wird. Auf dem Weg ins Kampfgebiet war der Munitionswagen des Regiments mit Radbruch liegengeblieben. Gegen Mittag haben Borckes Männer kaum noch Patronen. Der Major will schon den Rückzugsbefehl geben, da sieht er zu seinem grenzenlosen Erstaunen ein Mädchen mit gerafften Röcken auf seine Männer zulaufen.

Die 20-jährige Johanna Stegen, Tochter eines Lüneburger Salzsieders, ist eher zufällig ins Gefecht geraten. Von einem Verwundeten hat sie das Missgeschick mit dem defekten Wagen erfahren. Ohne Zögern rennt sie unter dem Kugelhagel der Franzosen zu dem Gefährt, packt soviel Munition wie möglich in ihre Schürze und eilt zu den preußischen Soldaten. Der Kampf entbrennt von neuem, während Johanna immer wieder Kugeln und Kartuschen herbeischleppt. Schließlich gewinnen die Preußen Oberhand und schlagen den Feind zurück.

Die erbosten Franzosen setzen eine Kopfprämie auf Johanna Stegen aus, doch das Heldenmädchen von Lüneburg entkommt ihren Häschern. 1842 stirbt sie als glücklich verheiratete Frau und Mutter.

Leonore Prochaska und Johanna Stegen waren sicher Ausnahmeerscheinungen, aber nicht die einzigen. Im Februar 1814 meldete sich die erst 17-jährige Anna Lühring, Tochter eines Bremer Tischlermeisters, beim Lützowschen Freikorps. Unter dem Namen Eduard Kruse nahm sie an mehreren Gefechten, u. a. bei Jülich, teil und kehrte 1815 unversehrt in ihr Elternhaus zurück.

Die Brandenburger Schneiderin Friederike Krüger trat in selbstgefertigter Uniform 1813 in die 1. Kompanie des Kolbergschen Infanterieregiments ein. Die 23jährige schlug sich tapfer, und als man ihr Geschlecht entdeckte, durfte sie dennoch bis zum Kriegsende gemeinsam mit ihren Kameraden kämpfen. Sie wurde – einzigartig in der preußischen Militärgeschichte – zum Unteroffizier befördert und erhielt das Eiserne Kreuz.

Erst 1941 wurde diese Auszeichnung wieder an eine Frau vergeben – die Testpilotin Hanna Reisch.

89. Lord Byron – Sterben für Griechenlands Freiheit

Zweimal hatte die Festung Mesolongion am Golf von Patras langen türkischen Belagerungen getrotzt. Sie galt als Symbol des Freiheitskampfes der Griechen. Am 5. Januar 1824 traf hier ein Mann mit zwei Schiffen und 500 Soldaten ein, der europaweit bekannt war: Englands großer Dichter Gordon, Lord Byron. Er schwur, Griechenland die Befreiung zu bringen oder zu sterben.

„Freiheit oder Tod!" lautete auch die Losung, welche der Metropolit von Patras am 25. März 1821 ausgab. Große Teile Griechenlands folgten diesem Aufruf. Auf der Peloponnes-Halbinsel, in Epiros und Arkadien erhob sich die Bevölkerung gegen die seit 400 Jahren dauernde türkische Fremdherrschaft. Binnen weniger Wochen wurden 15.000 Türken umgebracht, Tausende flohen aus dem Land.

Das war ein denkbar schlechter Auftakt des Freiheitskampfes, denn der Sultan würde mit Sicherheit zurückschlagen. Im Januar 1822 proklamierte eine Nationalversammlung Griechenlands Unabhängigkeit. Daraufhin schloss sich auch die Ägäis-Insel Chios dem Aufstand an. Dieser isolierte und ungeschützte Ort bot sich für ein blutiges Exempel geradezu an. Anfang April erschien eine türkische Flotte vor Chios, die gelandeten Soldaten eroberten die Insel ohne Mühe. Danach wurden sämtliche Häuser niedergerissen, 23.000 Männer hingeschlachtet, 45.000 Frauen und Kinder in die Sklaverei verschleppt.

Das Gemetzel von Chios löste in weiten Teilen Europas Empörung sowie eine Sympathiewelle für den griechischen Befreiungskampf aus. In vielen Ländern entstanden Vereine der „Philhellenen" (Griechenfreunde) zur ideellen und materiellen Unterstützung der Rebellen. Ihnen gehörten auch populäre Schriftsteller wie der Deutsche Adelbert von Chamisso und der Franzose Victor Hugo an. Weit entfernt vom Ort des Geschehens, machten sich viele Philhellenen idealisierte Vorstellungen. Tatsächlich waren die Aufständischen politisch tief zerstritten. Oft bekämpften sie sich heftiger als den türkischen Feind. Ihr provisorischer Präsident Fürst Alexander Mavrokordatos besaß keinerlei Autorität.

Der Engländer Gordon, Lord Byron hatte Griechenland seit 1822 mit großen Geldbeträgen unterstützt. Dieser romantische Dichter war durch seine Epen „Childe Harold" (1816) und „Manfred" (1817) berühmt geworden. Er führte jahrelang ein unstetes Wanderleben, immer auf der Suche nach dem tieferen Sinn des Lebens. Den hatte er nun im griechischen Freiheitskampf gefunden. Ende Juli 1823 bestieg er in Livorno das englische Schiff „Hercules" und segelte zur Insel Kephallenia. Außer Waffen brachte er auch einen beträchtlichen Vorrat an Geld und Medikamenten mit.

Seit September 1823 belagerten die Türken unter Mustafa Pascha eine der wichtigsten Festungen des Landes – Mesolongion, damals Missolunghi genannt. Dort traf Byron Anfang Januar 1824 ein und wurde als Retter in höchster Not mit Jubel begrüßt. Er stellte sich an die Spitze einer Brigade von 2500 Mann, die das türkisch besetzte Lepanto erobern sollte.

An Ort und Stelle merkte Byron schnell, wie eigensinnig und zerstritten die Griechen waren. Der 36-jährige, bekannt für sein reizbares Gemüt, zeigte sich tief enttäuscht. Dennoch gelang es ihm, mehrere Streitigkeiten kraft seiner Autorität zu schlichten. Anfang April, kurz vor der Lepanto-Unternehmung, erkrankte er an Fieberschüben. Kaum genesen, zog Byron sich nach einem Spazierritt eine Lungenentzündung zu, die am 19. April 1824 zum Tode führte.

Byrons Ende trug zur kurzzeitigen Einigung der Griechen bei. 21 Tage lang trauerte das ganze Land um ihn. Sein Herz wurde im Mausoleum von Mesolongion aufbewahrt. Zwei Jahre nach Byrons Tod eroberten türkische Truppen die Stadt zurück. Sie hatten allerdings wenig Freude daran, denn die Überlebenden der Besatzung sprengten sich mitsamt den eindringenden Feinden in die Luft.

Entschieden wurde der griechische Freiheitskampf erst 1827 durch das Eingreifen der Großmächte Russland, Großbritannien und Frankreich. Seit 1830 war Griechenland wieder ein freier und unabhängiger Staat. Lord Byron hatte postum sein Ziel erreicht.

90. Ein Zar verschwindet spurlos

Als man am 25. März 1826 in der kleinen Kathedrale der Petersburger Peter-Paul-Festung einen Sarg deponierte, war dies das symbolische Ende der Regierungszeit von Alexander I. Pawlowitsch, Zar aller Reußen. Gestorben war der Kaiser bereits vier Monate früher in einem russischen Provinznest. Viele Umstände seines Todes erscheinen so rätselhaft, dass sich bis heute die Legende hält, Alexander sei Ende 1825 nicht verstorben, sondern in die Anonymität abgetaucht.

1825 befand sich Russland auf dem Höhepunkt seiner politischen Macht. Der Sieg über Napoleon war großenteils russischen Truppen zu verdanken. Zar Alexander I. führte die „Heilige Allianz", ein Bündnis zwischen Preußen, Österreich und Russland. Er bestimmte die Richtlinien der kontinentalen Politik, wurde gleichsam als Schiedsrichter Europas geachtet.

Doch Alexander war ein tiefunglücklicher Mensch. Jahrelang hatte er versucht, sein rückständiges Reich voller Leibeigenen und Zwangsarbeitern zu modernisieren. All seine Pläne scheiterten am Widerstand von Russlands Aristokratie. Als Ausgleich flüchtete er sich in einen exaltierten christlichen Mystizismus. Mehrfach äußerte er den Wunsch, sein Leben als einfacher Mönch in einem Kloster zu beschließen. Bestärkt wurde er darin von seiner Gemahlin Elisabeth, einer deutschen Prinzessin aus Baden, die seine religiösen Ambitionen teilte.

Im Herbst 1825 gab der 47jährige Alexander einen Entschluss bekannt, der allgemeines Erstaunen hervorrief. Er werde sich mit seiner Frau zur Wiederherstellung ihrer Gesundheit nach Südrussland, in die Stadt Taganrog begeben. Am Rande der Tatarensteppe gelegen, war Taganrog ein gottverlassenes Provinznest. Erbaut auf einer Anhöhe, wurde die Stadt von Winden aus dem nahegelegenen Asowschen Meer und aus der Steppe durchbraust. Berücksichtigt man noch die dortigen primitiven Hygiene-Verhältnisse, so war Taganrog gewiß kein geeigneter Ort, um seine Gesundheit zu fördern, sondern eher, um unerkannt zu verschwinden.

Das Zarenpaar erwarb ein eingeschossiges Haus an der Griechischen Straße. Es war so klein, dass die Dienerschaft im Keller wohnen musste. Am 25. September 1825 traf der Zar in Taganrog ein, seine Gemahlin folgte zehn Tage später. Anfang November machten beide einen Besuch auf der Halbinsel Krim. Ihren Gastgebern fiel auf, dass der gewöhnlich düstere und depressive Zar eine glückliche und zufriedene Stimmung zeigte. Zarin Elisabeth schrieb ihrer Mutter die ominösen Zeilen: „Der Zar hat alle Einzelheiten mit großer Genauigkeit geplant."

Nach offizieller Version war Alexander zu dieser Zeit bereits ein todkranker Mann. Sein Leibarzt Sir James Wylie berichtet aber nur von Schlafstörungen. „Ich kann mich selbst kurieren", soll der Kaiser zu ihm gesagt haben. Erstaunlicherweise findet Alexanders Krankheit auch im Tagebuch der Zarin keine Erwähnung, bis auf den Eintrag, er sei „nicht fieberfrei".

Am Morgen des 1. Dezember 1825 war Alexander I. tot. Sein Adjutant, der deutschstämmige General Johann Karl von Diebitsch, beschlagnahmte sogleich sämtliche kaiserlichen Papiere und sandte eine Auswahl per Eilkurier nach Petersburg.

Mit dem toten Zaren hatte man es weniger eilig. Erst 32 Stunden nach seinem Tod wurde eine Autopsie vorgenommen. Für diese Verzögerung gibt es keinen plausiblen Grund, es sei denn, die Zarin wollte Zeit gewinnen. Bei der Untersuchung des Leichnams stellten Ärzte fest, die Milz des Toten sei ohne Befund. Das ist verwunderlich, denn Alexanders Leibarzt Wylie diagnostizierte bei seinem Patienten eine stark vergrößerte und sehr weiche Milz.

Obwohl der Leichnam danach einbalsamiert wurde, befahl die Zarin, sein Gesicht mit einem Leinentuch zu verdecken. Erst am 10. Januar 1826, fast sechs Wochen nach dem Ableben Alexanders, setzte sich der Trauerzug nach St. Petersburg in Bewegung. Als die Bevölkerung unterwegs verlangte, den Sarg zu öffnen, weil sie einen letzten Blick auf den Sieger über Napoleon werfen wollte, wurde das kategorisch abgelehnt und es kam deshalb mehrfach zu Tumulten. Die Zarin weigerte sich, den Leichenzug zu begleiten.

Die mysteriösen Geschehnisse von Taganrog führten bald zur Legendenbildung. Statt des Zaren sei ein unbekannter Sterbender in das Haus an der Griechischen Straße geschmuggelt worden, hieß es. Alexander hingegen wäre nach Sibirien entflohen, um dort als einfacher Mönch sein Leben zu fristen.

Tatsächlich erschien Anfang 1840 in der sibirischen Stadt Tomsk ein „Starez" (heiliger Mann), der sich Fjodor Kusmitsch nannte und äußerliche Ähnlichkeit mit Alexander aufwies. Niemand wusste, woher er kam oder wie alt er war. Fjodor offenbarte gelegentlich erstaunliche Detailkenntnisse über das Leben am Zarenhof und über die Feldzüge gegen Napoleon. Er lebte bis zum Februar 1864. War er der verschwundene Zar? Wenn ja, dann hätte Alexander I. ein Alter von 86 Jahren erreicht, was eher unwahrscheinlich ist. Man darf dem großen russischen Dichter Puschkin zustimmen, der Zar war „eine Sphinx, die ihr Geheimnis mit ins Grab genommen hat".

Im Jahre 1866 wollte man den Gerüchten auf den Grund gehen. Der damalige Zar Alexander II. befahl, das Grab seines Onkels in St. Petersburg zu öffnen. Als man den Deckel des Sarkophags angehoben hatte, gab es eine Überraschung: Der Sarg Alexanders I. war leer...

91. Der Prinz und die Ballerina – Napoleon II.

Am Morgen des 20. März 1811 verkündeten 101 Salutschüsse den Parisern das freudige Ereignis: Kaiserin Marie Louise hatte einen Sohn geboren und Napoleon I. endlich den ersehnten Thronfolger bekommen. Das kurze Leben dieses Kindes, dem man schon in der Wiege den Titel „König von Rom" verlieh, war von Tragik und Romantik gleichermaßen erfüllt.

Der König von Rom war erst vier Jahre alt, als sein Vater zum zweiten und endgültigen Mal als Kaiser der Franzosen abdanken mußte. Die Mutter Marie Louise, eine österreichische Erzherzogin und Tochter des Kaisers Franz I., zeigte sich erleichtert, dass ihre Zwangsheirat mit Napoleon annulliert wurde und genoss das Leben in vollen Zügen. Skandalträchtig wurde ihre Liaison mit dem Grafen Adam von Neipperg, einem einäugigen Kriegsveteranen. Als aus dieser Beziehung 1821 ein Kind hervorging, sprach der Kaiser ein Machtwort. Marie Louise durfte ihren Galan in morganatischer (nicht ebenbürtiger) Ehe heiraten.

Der junge Napoleon Franz, die Bonapartisten nannten ihn Napoleon II., wurde von seiner Mutter vernachlässigt. 1814 hatte man ihn zum erbberechtigten Prinzen von Parma ernannt. Diesen Titel verlor er schon 1817 wieder, weil die Siegermächte Großbritannien und Russland keinen Bonaparte auf einem italienischen Thron sehen wollten. Als Kompensation schenkte ihm sein kaiserlicher Großvater die böhmische Herrschaft Reichstadt (heute „Zákupy") und erhob sie zum Herzogtum.

Der junge Mann, nunmehr Herzog von Reichstadt, residierte in Wien, erhielt im Alter von zwölf Jahren das Offizierspatent und wurde 1830 zum Major befördert. Die Taten und Schicksale seines Vaters beschäftigten ihn zeitlebens. Er hing mit leidenschaftlicher Verehrung an Napoleon I., den er doch kaum gekannt hatte. Voller Enthusiasmus studierte er die Kriegswissenschaften und sprach oft davon, dem Leben des Franzosenkaisers nachzueifern.

Wiens allgegenwärtiger Klatsch entzündete sich an der Beziehung des Herzogs zu Sophie von Bayern. Die sechs Jahre ältere Frau hatte 1824 einen österreichischen Erzherzog geheiratet. Statt mit ihrem Gemahl ging Sophie an der Seite von Napoleon Franz aus. Beide ließen sich oft gemeinsam auf Bällen, Konzerten und Theateraufführungen sehen. Es kursierten Gerüchte, wonach ein 1830 geborener Sohn Sophies, der spätere Kaiser Franz Joseph I., in Wirklichkeit Sprössling des Herzogs von Reichstadt sei. Darauf weise schon die fehlende typische Habsburger Unterlippe bei Franz Joseph hin!

Etwas mehr Wahrscheinlichkeit besitzt eine andere Affäre. In Wien trat Ende der 20er Jahre Fanny Elßler auf, eine Tänzerin, die mit ihrer Kunst für Furore sorgte. Die 1810 geborene Fanny (eigentlich Franziska) Elßler, Tochter eines Kammerdieners des Komponisten Joseph Haydn, begann schon im Alter von sieben Jahren ihre Karriere in der Ballettschule des Wiener Hoftheaters am Kärntnertor. Als temperamentvolle Primaballerina vervollkommnete sie ihre Technik 1824 bis 1826 am Teatro di San Carlo in Neapel. Von dort kehrte sie mit einem unehelichen Kind zurück; Vater sollte angeblich der Prinz Leopold von Salerno sein.

Fanny war gewiss ein lebenslustiges Fräulein mit Hang zu fürstlichen Liebhabern. Ihre „liebliche Leichtigkeit" und „die etwas kühne Biegung ihres Körpers" sicherten der Elßler eine große Anhängerschar. Man nannte sie „das anbetungswürdigste aller Mädchen der Welt". Ein Bildhauer meißelte ihre Füße (heutige Schuhgröße 35) in Carrarra-Marmor. 1830 feierte sie in Berlin einen ungeheuren Triumph als spanische Tänzerin.

Zurück in Wien, machte sie dem attraktiven Herzog von Reichstadt diskrete Avancen. Dessen Mutter Marie Louise, seit 1829 Witwe, sah das gar nicht gern. Doch es schien so, als ob die jungen Leute trotzdem eine Affäre begannen. Lange kann sie nicht gedauert haben. Der Herzog hatte schon früh mit Lungenproblemen zu kämpfen. Anfang 1832 erkrankte er an Tuberkulose. Aus politischen Gründen verweigerte man ihm eine Erholungskur in Italien. Ganze 21 Jahre alt, starb der Kaisersohn am 22. Juli 1832 auf Schloss Schönbrunn in Wien.

Ob es wirklich eine Beziehung zwischen Napoleon II. und Fanny Elßler gegeben hat, ist schwer nachzuweisen. Nachdem die Tänzerin 1884 gestorben war, fand man in ihrem Nachlass einen Fächer mit dem Monogramm des Herzogs von Reichstadt. Zu Zeiten des Biedermeiers galt das Verschenken eines Fächers als intimer Liebesbeweis…

92. Hoffmanns Lied – die Geschichte unserer Nationalhymne

Das Urteil des Zensors fiel vernichtend aus. „Es werden in diesen Gedichten die öffentlichen und sozialen Zustände in Deutschland vielfach mit bitterem Spotte angegriffen, verhöhnt und verächtlich gemacht", hieß es in dem Dossier von 1843. Die Verse seien geeignet, „einen Geist zu erwecken, der zunächst für die Jugend, aber auch im allgemeinen nur verderblich wirken kann". Der Zorn des Zensors richtete sich gegen die „Unpolitischen Lieder" des Dichters Heinrich Hoffman von Fallersleben. Letzteren kostete es seinen Professorentitel; den Deutschen bescherte es ihre Nationalhymne.

Wenn Deutschlands Kaiser Wilhelm II. eine seiner zahlreichen Haupt- und Staatsaktionen zelebrierte, wurde die Hymne „Heil Dir im Siegerkranz" gespielt. Befand er sich im Westen des Landes intonierte man auch „Die Wacht am Rhein". Viel seltener erklang das „Lied der Deutschen" (Von der Maas bis an die Memel…), dessen Melodie von Joseph Haydn stammte und ursprünglich für den Wiener Kaiser Franz II. komponiert wurde. Bis 1922 besaß Deutschland keine offizielle Nationalhymne. Erst der sozialdemokratische Reichspräsident Friedrich Ebert erklärte am 11. August 1922 das Deutschlandlied zur verbindlichen Reichshymne. Es war also eine echt demokratisch-republikanische Errungenschaft.

Der Dichter und Literaturprofessor Heinrich Hoffmann ahnte 1841 nichts davon, als er auf der Insel Helgoland Urlaub machte. Hoffman, der sich zur besseren Unterscheidung von seinen zahlreichen Namensvettern den Zusatz „von Fallersleben" gab, ist heute bekannt durch harmlose Kinderlieder wie „Alle Vögel sind schon da" oder „Ein Männlein steht im Walde". Anfang der 40er Jahre bekamen seine Gedichte aber einen starken politischen Bezug. Wie so viele damalige Linksdemokraten trat er für die Überwindung der deutschen Kleinstaaterei ein und forderte die Schaffung eines Großdeutschland unter Einschluss der österreichischen Monarchie. Ironisch nannte er seine Gedichtsammlung „Unpolitische Lieder". Darunter fiel auch das „Lied der Deutschen". Es entstand auf der Nordseeinsel Helgoland, die damals zu Großbritannien gehörte. Diese groteske Situation beförderte wohl Hoffmanns Wunsch nach deutscher Einheit.

Die von ihm genannten Gebiete Maas, Memel, Etsch und Belt waren damals die natürlichen Grenzen des von Deutschen bewohnten Territoriums. Hoffman forderte ja nicht ein Land von der Loire bis zur Wolga und vom Nordkap bis zum Mittelmeer. Trotzdem empfanden die herrschenden konservativen Kreise seinen Enthusiasmus für die Abschaffung der deutschen Teilstaaten als Provokation. Hoffman verlor 1843 seine Professur in Breslau und musste in den folgenden 17 Jahren ein ruheloses Wanderleben führen, ehe er endlich eine Anstellung als Bibliothekar fand.

Sein „Lied der Deutschen" durchlebte ein wechselvolles Schicksal. Nachdem Friedrich Ebert es zur Nationalhymne erklärt hatte, führte es im

Dritten Reich eher ein Schattendasein. Bei offiziellen Anlässen wurde es nur zusammen mit dem „Horst-Wessel-Lied", einem Kampfmarsch der SA, gespielt. Wenn aber Adolf Hitler die Szene betrat, ertönte einzig und allein der von ihm bevorzugte „Badenweiler Marsch".

Nach Gründung der Bundesrepublik im Herbst 1949 stellte sich die Frage nach einer neuen Nationalhymne, denn der Konkurrenzstaat DDR besaß mit „Auferstanden aus Ruinen" bereits eine solche. Der damalige Bundespräsident Theodor Heuss, ein alter schwäbischer Liberaler, fand das „Deutschland, Deutschland über alles" nicht geheuer, also wurde bei offiziellen Anlässen der Kirchenchoral „Ich hab mich ergeben mit Herz und mit Hand" gesungen. Aber dieses Lied besaß eine derart weinerliche Melodie und erinnerte voll unfreiwilliger Ironie an die bedingungslose Kapitulation vom Mai 1945, dass es sich nicht durchsetzen konnte.

1952 ergriff Bundeskanzler Konrad Adenauer die Initiative. In einem Schreiben vom 29. April ersuchte er Theodor Heuss, das Hoffmann-Haydn-Lied als Nationalhymne anzuerkennen. Der Bundespräsident kam dieser Bitte am 2. Mai 1952 nach und erklärte, „dass bei staatlichen Veranstaltungen die dritte Strophe gesungen werden soll". Die 1. Strophe klang wohl zu gesamtdeutsch, in der 2. war nur von deutschem Wein und deutschen Frauen die Rede, also präferierte Heuss die Nummer 3. Wahrscheinlich wussten schon damals die meisten Deutschen mit dem darin vorkommenden Begriff „Unterpfand" (Garantie/Versicherung) wenig anzufangen und dachten dabei eher an die Rückgabe von Leergut.

Nach der Wiederherstellung der deutschen Einheit wurde im August 1991 die Festlegung von 1952 nochmals durch Präsident und Kanzler bestätigt. Es gab nirgendwo einen Passus, wonach es verboten sei, die 1. und 2. Strophe des Deutschlandliedes zu singen. Es wird nur hierzulande nicht gern gesehen bzw. gehört. Zu DDR-Zeiten war das genauso. Im Honecker-Staat galt es seit den 70er Jahren als verpönt, die eigene Nationalhymne zu singen, war doch darin die Rede von „Deutschland einig Vaterland".

93. Eine Tänzerin löst die Revolution aus

König Ludwig I. von Bayern war den Tränen nahe, als er am 11. März 1848 das Ausweisungsdekret unterzeichnete. „Mir macht das ganze Regieren keine Freude mehr", soll er gesagt haben. Neun Tage später wurde er erlöst. In München brach die Revolution aus, Ludwig musste auf den Thron verzichten und ins Exil gehen. Ausgelöst hatte diesen Umsturz eine Tänzerin namens Lola Montez.

So etwas hatten die Besucher des Münchner Hof- und Nationaltheaters noch nie gesehen. Im Oktober 1846 trat hier eine spanische Tänzerin auf, deren Darbietungen namentlich dem männlichen Publikum den Atem verschlugen. Bekleidet mit einem Dutzend leuchtendbunter Röcke absolvierte diese Lola Montez den „Spinnentanz". Dabei lüftete sie zu Fandangoklängen einen Rock nach dem anderen und untersuchte ihn auf das Vorhandensein imaginärer Spinnen, die dann abgestreift und totgetreten wurden. Am Ende dieser Darbietung stand sie hüftabwärts nur mit einem fleischfarbenen Trikot bekleidet auf der Bühne. Es war der Gipfelpunkt aller biedermeierlichen Erotik.

Wenn auch Kritiker über „die wahrhaft känguruh-artigen Sprünge der Schönen" lästerten, viele Männer lagen ihr nach dem „Spinnentanz"-Striptease zu Füßen. Bayerns immerhin schon 60-jähriger Monarch verliebte sich so heftig in Lola, dass er ihr ein prunkvolles Palais in Münchens Gabelsbergerstraße kaufte, was beiden hinfort als Liebesnest diente.

Vielleicht wäre Ludwig etwas vorsichtiger gewesen, wenn er das Vorleben seiner Favoritin gekannt hätte. 1820 oder 1821 als Marie Dolores Eliza Gilbert in Irland geboren, trieb sie sich in halb Europa umher und sammelte Liebhaber wie andere Briefmarken. Der Komponist Franz Liszt teilte das Bett ebenso mit ihr, wie der Romancier Alexandre Dumas d. Ä.

1843 wechselte sie nach einer Tanzausbildung in Madrid und Sevilla ihre Identität und nannte sich künftig Lola Montez. Mit ihrem Aussehen – laut Zeitungsbericht „das schwarze Haar wie die Ranken des Geißblatts, ihre Augen ungezähmt und wild, ihr Mund wie eine Granatapfelknospe" – konnte sie gut als eine Spanierin gelten.

Ihr Tanzdebüt in London verlief erfolgreich, doch nachdem einer ihrer Liebhaber ihretwegen im Duell getötet wurde, setzte sie sich nach Bayern ab. König Ludwig I., der attraktive Frauen so sehr liebte, dass er für sie extra eine „Schönheitsgalerie" in seinem Schloss aufgestellt hatte, überschüttete Lola mit Geschenken.

All das wäre bisher nur eine Fußnote der Geschichte, wäre der Montez ihr Erfolg nicht zu Kopf gestiegen. Sie begann eine politische Rolle zuspielen. Als der bayerische Ministerpräsident Karl von Abel sich weigerte, ihr die Staatsbürgerschaft zu verleihen, wurde er im Februar 1847 auf Lolas Betreiben vom König entlassen. Wie zum Trotz erhob Ludwig sie auch noch als Marie Gräfin von Landsfeld in den Adelsstand.

Die frischgebackene Gräfin veranlasste das neue Ministerium, einen antiklerikalen, gegen den Papst gerichteten Kurs einzuschlagen. Als dies auf Widerstand stieß, wurde im November 1847 wiederum das Ministerium entlassen und an dessen Stelle einer von Lolas engen Freunden, der Fürst Ludwig von Öttingen-Wallerstein, ins Amt berufen. Umgeben von einer Leibgarde des Studentenkorps „Palatia" zog die Montez durch München und ging dabei keinem Streit aus dem Weg. Sie pflegte Ohrfeigen und Schläge mit ihrer Reitgerte auszuteilen, wenn es jemand wagte, ihr zu widersprechen.

Als sie im Februar 1848 demonstrativ die Universität besuchte, kam es zu Schlägereien mit Studenten, die nicht zur „Palatia" gehörten. Lola musste in die Theatinerkirche fliehen. Der erzürnte König Ludwig ordnete daraufhin die Schließung der Universität bis zum Wintersemester 1848/49 an und befahl allen Studenten, München binnen drei Tagen zu verlassen. Dies brachte das Fass zum Überlaufen. Vermieter, Geschäftsleute, Kneipwirte protestierten heftig. Eine Menge drohte, das königliche Schloss zu stürmen. Ludwig widerrief seine Order und war überdies gezwungen, seine geliebte Lola des Landes zu verweisen. Seinen Thron rettete er freilich damit nicht mehr.

Nach 1848 setzte Lola Montez ihr abenteuerliches Leben fort, ging 1851 in die USA und zeigte dort mit großem Erfolg den „Spinnentanz". Zwei ihrer Liebhaber begingen Selbstmord, einer starb bei einem Jagdunfall. Schon 1845 hatte Alexandre Dumas prophezeit: „Sie wird sicherlich jedem Unglück bringen, der sein Schicksal zu eng mit dem ihren verbindet. Sollte man je wieder etwas über sie hören, wird es gewiß im Zusammenhang mit einem fürchterlichen Unheil sein, dass über einen ihrer Geliebten gekommen ist."

Am 17. Januar 1861 starb Lola Montez in New York, verarmt und vergessen. Ihr königlicher Ex-Geliebter überlebte sie noch sieben Jahre. „Ich habe die schönen Spanierinnen immer geliebt", sagte er bei einem Diner zur französischen Kaiserin Eugenie. „Ich weiß, wovon ich spreche: Es hat mich den Thron gekostet."

94. Der letzte Krieg der Schweizer

Die Schweiz verkörpert heutzutage das Musterland friedlicher Neutralitätspolitik. Dabei zogen Schweizer Söldner jahrhundertelang als gefürchtete Krieger und Raufbolde durch halb Europa. Ihren letzten Krieg führten sie vor 160 Jahren. Er dauerte nur 26 Tage und fand im eigenen Land statt.

Laut der Verfassung von 1815 bildete die Schweiz einen Staatenbund von 25 Kantonen. Deren innenpolitische Gegensätze waren auf manchen Gebieten erheblich. Während die sogenannten Urkantone in der Zentralschweiz sich konservativ-katholisch ausrichteten, zeigten sich die äußeren Kantone eher liberal-reformiert. Letztere wollten dem damaligen Bundesparlament, der „Tagsatzung", mehr staatliche Befugnisse einräumen, während die Urkantone auf ihre Selbständigkeit pochten. Insbesondere der Luzerner Politiker Konstantin Siegwart-Müller trat für eine Abspaltung der sieben konservativen Kantone von der Eidgenossenschaft ein.

1844/45 kam es in Luzern zu bewaffneten Kämpfen zwischen Kantonstruppen und Freischaren aus Basel, Bern und Zürich, zu denen auch der junge Dichter Gottfried Keller gehörte. Die Luzerner vertrieben die Eindringlinge in blutigen Gefechten mehrmals. 1847 entzündete sich auch noch ein konfessioneller Streit: Die Urkantone wurden von der Mehrheit der Tagsatzung aufgefordert, die Mitglieder des katholischen Jesuiten-Ordens auszuweisen und fast alle Klöster aufzulösen.

Daraufhin verließen die Delegierten von sieben Kantonen (Uri, Schwyz, Unterwalden, Luzern, Zug, Freiburg und Wallis) am 29. Oktober 1847 unter Protest die Tagsatzung in Bern und spalteten ihren schon Ende 1845 gegründeten „Sonderbund" von der Schweiz ab. Fünf Tage später beschloss das Restparlament unter der Führung des radikalen Politikers Ulrich Ochsenbein, Waffengewalt anzuwenden. Eine Armee von fünf Divisionen (knapp 100.000 Mann) wurde dem Kommando des erfahrenen Generals Wilhelm Heinrich Dufour aus Genf unterstellt.

Der 60-jährige rückte mit seinem eidgenössischen Heer auf den isolierten Kanton Freiburg vor. Dufour versprach, „dass öffentliches und Privateigentum geschont und der katholische Kultus in seinen geistlichen, kirchlichen und religiösen Anstalten geschützt werde; dass überhaupt alles geschehe, um die von jedem Krieg unzertrennlichen Leiden zu mildern".

Die Truppen Dufours eroberten binnen 14 Tagen Freiburg und Zug; dann kam es am 23. November 1847 bei dem kleinen Dorf Gisikon nahe Luzern zum Gefecht. Nach mehreren Stunden gegenseitigen Abtastens erlitten die zahlenmäßig weit unterlegenen Truppen des Sonderbundes eine schwere Niederlage. Seine Einheiten lösten sich binnen weniger Tage auf. Nur der General Johann von Salis-Soglio verschanzte sich mit einigen tausend Soldaten im Kanton Wallis, mußte aber am 30. November kapitulieren. Binnen vier Wochen war der Sonderbundskrieg vorbei, der insgesamt Verluste von kaum 500 Mann gekostet hatte.

Die Eidgenossen zeigten sich human und brummten den unterlegenen Kantonen nur die Kriegskosten in Höhe von 6 Millionen Franken auf. Lediglich in Freiburg kam es zu Ausschreitungen und Wahlmanipulationen. Der nach Österreich geflüchtete Konstantin Siegwart-Müller kehrte erst viele Jahre später in seine Heimat Luzern zurück.

1848 wurde die Schweiz vom Staatenbund in einen Bundesstaat mit republikanisch-demokratischer Kantonalverfassung umgewandelt. An die Stelle der Tagsatzung trat die Bundesversammlung, ein siebenköpfiger Bundesrat führte die Regierungsgeschäfte, an seiner Spitze stand ein jährlich neu zu wählender Bundespräsident. Diese Verfassung hat sich bis heute bewährt.

95. Dschungeltod in Paraguay

Am 14. Dezember 1864 sprach der Diktator von Paraguay, Francisco Solano Lopez zu seinen Soldaten: „Der Kaiser von Brasilien, der unseren Mut und unseren Enthusiasmus nicht kennt, hat uns einen Krieg aufgezwungen. Unsere Ehre und unsere Würde gebieten es uns, diese Herausforderung anzunehmen." Eine Woche später begann ein Feldzug, der sich über fünf Jahre hinziehen sollte. An seinem Ende war fast ein ganzes Staatsvolk ausgerottet. Dieser in Europa nahezu unbekannte „Krieg der Tripel-Allianz" ging als größter Völkermord neuerer Zeit in die Geschichte ein.

Als Carlos Antonio Lopez im September 1862 starb, war Paraguay das reichste und am besten organisierte Land Südamerikas. Dieser höchst moderne Diktator hatte zwei Jahrzehnte mit eiserner Hand regiert. Resultat waren eine prosperierende Wirtschaft, ein gut ausgebautes Eisenbahnnetz, üppig gefüllte Kassen und schlagkräftige Armeen. Wie in einer Monarchie vererbte er sein Präsidentenamt an den Sohn Francisco Solano Lopez. 35 Jahre alt, in Frankreich militärisch ausgebildet und mit leichtem Hang zum Größenwahn, wollte Lopez jr. sein kleines Land zur beherrschenden Macht in Lateinamerika machen.

Als Hauptfeind bot sich das mächtige Kaiserreich Brasilien an. Um diesen Gegner wirksam angreifen zu können, mußte man entweder durch den Dschungel marschieren oder ihn durch das Territorium Argentiniens umgehen. Lopez war tollkühn genug, beide Varianten zu wählen.

Die Ausgangsbedingungen sind günstig. Paraguays Armee (80.000 Mann) ist nach preußischem Vorbild gedrillt, das Land verfügt über eine eigene Rüstungsindustrie, ist also nicht von Waffenlieferungen Dritter abhängig. Im Nachbarland Argentinien kämpfen zwei politische Parteien gewaltsam um die Macht, der Staat steht kurz vor dem territorialen Zerfall. Lopez riskiert den Zweifrontenkrieg. Kurz zuvor bestellt er in Paris eine Kopie der Kaiserkrone Napoleons.

Anfang 1865 erobern paraguayische Truppen einige Dschungelfestungen im Westen Brasiliens. Doch die Hauptstreitmacht unter zwei völlig unfähigen Generalen erleidet im Mai eine schwere Niederlage. Lopez läßt die beiden Kommandeure hinrichten, ernennt sich selbst zum Marschall und übernimmt den Oberbefehl. Doch zum militärischen Pech gesellt sich politisches. In Argentinien hat General Bartolomé Mitre den Bürgerkrieg gewonnen und kann Truppen für die Front freimachen; in Uruguay gelangt eine Lopezfeindliche Partei ans Ruder. Die drei Länder schließen 1865 eine „Tripel-Allianz". Ihr Führer, Kaiser Pedro II. von Brasilien, ist fest entschlossen, den Störenfried an seiner Westgrenze zu liquidieren.

Im Januar 1866 überschreiten die Verbündeten Paraguays Grenze. Bei Paso de Patria erleiden Lopez' Truppen am 24. Mai 1866 eine weitere schwere Schlappe. Daraufhin verschanzt er sich in drei Festungen am Zusammenfluss von Rio Paraná und Rio Paraguay. Der Feind kämpft sich mühsam flussaufwärts, um die Hauptstadt Asunción zu erobern, seine Flotte stößt aber immer wieder auf Sperren aus Balken und Steinen. Völlig überraschend machen die Paraguayer am 22. September einen Ausfall. In dieser Schlacht von Curupaity erleiden die Truppen Brasiliens Verluste von 9.000 Mann. Durch Hunger und Krankheiten geschwächt, können Lopez' Soldaten ihren Sieg nicht ausnutzen.

Anfang November 1867 ist Lopez in seiner Hauptfestung Humaita hoffnungslos eingeschlossen. Brasilianische Panzerschiffe durchbrechen die letzte Flussbarriere und dampfen Richtung Asunción. Der Marschall, inzwischen an der Grenze zum Wahnsinn, befiehlt die Hauptstadt bis auf die Grundmauern niederzubrennen. Ihre Bevölkerung muß in den Dschungel fliehen, wo die meisten Seuchen oder wilden Tieren zum Opfer fallen. Brasiliens Kriegsschiffe werden von Indianerkanus aus angegriffen, weil die paraguayische Flotte längst vernichtet ist.

Mit den Resten seiner Armee (etwa 10.000 Mann) verlässt Lopez im Dezember 1867 Humaita, wird aber entdeckt und in der Schlacht bei Ypacarai am 25. Dezember vernichtend geschlagen. Er zieht sich in den Nordosten des Landes zurück und rekrutiert die letzten Kämpfer.

Paraguays Armee gleicht mittlerweile einem Bettlerhaufen. Manche Soldaten tragen als einziges Kleidungsstück einen Lendenschurz und kämpfen mit angespitzten Holzstöcken. Die meisten sind zum Skelett abgemagert. Doch sie folgen ihrem Führer fanatisch, weil sie an ihre Rolle als auserwählte Nation glauben. Die Brasilianer, in deren Reihen auch Schwarze kämpfen, werden von ihnen verächtlich „Los Apas" (die Affen) genannt.

Militärisch ist der Krieg längst entschieden. Aber die Soldaten der Tripel-Allianz werden ständig aus dem Hinterhalt überfallen, erleiden jeden Tag neue Verluste. Schließlich sind die Männer so erbittert, dass sie jeden Paraguayer, der ihnen über den Weg läuft, massakrieren. Kriegsgefangene werden schon seit Jahren nicht mehr gemacht.

Lopez ist nun wahnsinnig geworden. Er läßt seine Mutter vor versammelter Mannschaft auspeitschen, vergeudet letzte Metallreserven, um immer neue Orden anzufertigen. Während seine Soldaten vor Hunger sterben, frisst er die letzten Vorräte auf und wird immer dicker. Am 1. März 1870 wird er in seinem Schlupfwinkel bei Cerro Corá aufgespürt. Zu Pferd kann der unförmige Diktator nicht mehr fliehen, ein brasilianischer Lanzenreiter durchbohrt ihn.

Nach mehr als fünf Jahren Krieg ist Paraguay vernichtet, die Hälfte seines Territoriums fällt an die Nachbarländer. Von einer etwa 1,2 Millionen zählenden Bevölkerung sind nur noch 220.000 am Leben, darunter 29.000 Männer. Es ist das größte Völkersterben der neueren Geschichte.

Francisco Solano Lopez wird bis heute von vielen Paraguayern als großer Nationalheld verehrt. Als vor zehn Jahren neue Geldscheine ausgegeben wurden, schmückte sein Konterfei die hochwertigste Banknote.

96. Italiens Einheit im Bett erkämpft – Virginia di Castiglione

1859 brach ein Krieg zwischen Frankreich und Österreich aus. Schnell verloren ihn die Österreicher und mussten danach die Unabhängigkeit des bisher geteilten Italien zugestehen. Das Land erhielt seine bis heute existierende territoriale Gestalt. Hinter all diesen Ereignissen steckte eine außergewöhnlich schöne Frau.

Als die 18-jährige Gräfin Virginia di Castiglione im Winter 1855 den Ballsaal des Tuilerien-Palastes betrat, stockte allen anwesenden Männern der Atem. Kapellmeister Johann Strauß jr. ließ mitten im Walzer seinen Dirigentenstab fallen. Virginia erschien als Herzdame: Ein Streifen Gaze mit aufgenähten Herzchen bedeckte knapp ihre Brustwarzen, dazu trug sie einen durchsichtigen Rock mit einem weiteren Herzen zwischen den Beinen. Kaiser Napoleon III. mußte sich in Anwesenheit seiner Gemahlin Eugénie beherrschen, die bissig bemerkte: „Das Herz dieser Dame sitzt wohl etwas tief." Keiner ahnte, dass jener spektakuläre Auftritt einen eminent politischen Hintergrund besaß.

Die 1837 in Florenz geborene Virginia Oldoini wuchs unter luxuriösen Umständen im Palazzo Lamporecchi auf. Schon mit 16 Jahren hatte sie „das Aussehen einer Göttin". Ihre sexuellen Eskapaden waren stadtbekannt, so dass der Familienrat 1854 eine Zwangsheirat mit Graf Francesco di Castiglione, einem Adjutanten des sardinischen Königs Viktor Emanuel II., arrangierte. Bald konstatierte die stolze Virginia: „Ich bin mit einem Schwachsinnigen verheiratet." Sie schlief mit ihm, bis sie ein Kind bekam; danach weigerte sie sich, weiter mit ihm das Bett zu teilen.

Virginias Cousin, Graf Camillo Benso di Cavour, war seit 1852 Premierminister des Königreichs Sardinien-Piemont. Sein großes politisches Ziel bildete die Vereinigung ganz Italiens. Doch dem stand die Tatsache im Wege, dass große Gebiete des Landes (Venetien und die Lombardei) von Österreich besetzt waren. Für eine militärische Lösung wäre Sardinien allein zu schwach gewesen. Nach einem längeren Aufenthalt in Paris erkannte Cavour, dass nur mit Hilfe Frankreichs ein Krieg gegen Österreich zu gewinnen war. Kaiser Napoleon III. hatte sich allerdings wenig wohlwollend gegenüber den Plänen des Italieners gezeigt.

Nun griff Cavour zu einer abenteuerlichen List. Er kannte die Schwäche des Kaisers für junge hübsche Frauen und beschloss, seine Cousine als Lockvogel zu benutzen. Virginia ging freudig darauf ein.

In Paris sorgten ihre Auftritte schnell für Furore. Sie besaß langes kastanienfarbenes Haar, schrägstehende blaue Augen, leicht geöffnete Lippen („wie eine sich entfaltende blutrote Blume", schwärmte ein Zeitgenosse) und einen bemerkenswert großen Busen. Über Kaiserin Eugenies sehr ansehnliche Hofdamen sagte Virginia selbstbewusst: „Ich stelle mich ihnen gleich durch meine Herkunft, ich übertreffe sie durch meine Schönheit und beurteile sie mit meinem Verstand."

Ob es mit dem Verstand der Gräfin Castiglione wirklich weit her war, darüber gehen die Meinungen auseinander. Auf jeden Fall war sie raffiniert genug, den Franzosenkaiser in ihren Bann zu ziehen. Napoleon schenkte ihr ein Perlenhalsband im Wert von 440.000 Franc und einen Smaragdring, der 100.000 Franc kostete. Er kaufte ihr ein Haus in der Pariser Rue de Ponthieu. Doch Virginia spielte solange die spröde Tugend, bis der Kaiser alles tat, was sie verlangte. So schickte er ihr seidene

Unterwäsche mit seinem Monogramm. Darin ließ sie sich schließlich verführen.

Ganz offensichtlich erfüllte Virginia auch ihren politischen Auftrag. 1858 schlossen Frankreich und Sardinien-Piemont einen Beistandspakt und als im April 1859 Österreich ein Ultimatum stellte, marschierten Napoleons Armeen gemeinsam mit den Italienern. In der Schlacht bei Solferino erlitten die Österreicher am 24. Juni 1859 eine entscheidende Niederlage. Zwei Jahre später wurde das vereinigte Königreich Italien gegründet.

Napoleon war der kapriziösen Virginia inzwischen überdrüssig geworden. „Sie redet zuviel von sich selbst", beschwerte er sich bei einem Freund. Die Gräfin verlor ihren Status als bevorzugte Mätresse und klagte: „Ich habe kaum das Leben durchquert, und schon ist meine Rolle zu Ende."

Nach vielen wechselnden Männerbekanntschaften zog Virginia di Castiglione 1877 im Alter von 40 Jahren in eine bescheidene Pariser Parterrewohnung. Die Frau, der Italien letztlich seine Einheit zu verdanken hatte, verhüllte sämtliche Spiegel, schloss die Fensterläden und empfing weder Besucher noch Verwandte. Sie verbrachte ihre Zeit einsam mit mehreren Schoßhunden und ging nur nachts spazieren. Am 28. November 1899 starb die schöne Virginia am Gehirnschlag.

97. Maximilian von Mexiko – eine Habsburgertragödie

„Es lebe Mexiko! Es lebe die Unabhängigkeit!", rief der Mann mit dem langen blonden Bart. Dann krachten sieben Schüsse und er sank tot zu Boden. Hier, in der mexikanischen Stadt Querétaro, endete am 19. Juni 1867 das Leben des 35-jährigen Erzherzogs Maximilian von Habsburg, dem ersten und letzten Kaiser von Mexiko.

In Mexiko tobte seit 1859 ein Bürgerkrieg. Liberale und Klerikale bekämpften einander zwei Jahre lang. Dann errang Benito Juarez, Führer der Liberalen, das Übergewicht. Anfang 1861 eroberte er die mexikanische Hauptstadt und ließ sich im Juli zum unumschränkten Diktator ausrufen. Es folgten radikale Maßnahmen: Beschlagnahme von Kirchengütern, Aufhebung aller Klöster, Trennung von Kirche und Staat. Einerseits wurde vollständige Religionsfreiheit verkündet, andererseits der Erzbischof von Mexiko des Landes verwiesen.

Dann beging Juarez einen entscheidenden Fehler. Obwohl seine Regierung durch die Enteignung des Klerus reich geworden war, weigerte er sich, die immensen Staatsschulden zu bezahlen. Solcherart provoziert, befahl Kaiser Napoleon III. von Frankreich, Hauptgläubigerland Mexikos, eine militärische Intervention. Im Januar 1862 landete ein französisches Expeditionskorps. Nach harten Kämpfen mussten Juarez und seine Anhänger im Juni 1863 die Hauptstadt räumen und in den Norden des Landes fliehen.

Die klerikale Partei kehrte zurück und beschloss gemeinsam mit den Franzosen, Mexiko in eine Monarchie umzuwandeln und einem europäischen Fürsten die Krone anzubieten. Ihre Wahl fiel schnell auf den Erzherzog Maximilian von Österreich, einen jüngeren Bruder von Kaiser Franz Josef I. Er hatte als Admiral der kleinen österreichischen Kriegsmarine bereits Südamerika bereist und galt als tiefreligiöser Katholik.

Im Oktober 1863 erschien eine Delegation von Mexikanern, an ihrer Spitze die Politiker José Hidalgo und José Maria Gutierrez sowie der General Almonte, in Maximilians Schloss Miramar bei Triest und bot ihm die Kaiserkrone an. Der Habsburger weigerte sich zunächst, weil Mexiko damals zu recht als unberechenbarer Hexenkessel galt. Daraufhin mischte sich Napoleon III. ein. Er empfing Maximilian im März 1864 persönlich in Paris und versprach ihm: „Sie können sicher sein, dass Ihnen meine Unterstützung bei der Erfüllung der Aufgaben, die Sie mit so viel Mut auf sich nehmen, nicht fehlen wird." Schließlich akzeptierte der Erzherzog am 10. April die Kaiserkrone von Mexiko, nicht zuletzt unter dem Einfluss seiner ehrgeizigen Gattin Charlotte, einer belgischen Prinzessin.

Als das Kaiserpaar am 12. Juli 1864 in Mexiko-Stadt einzog, wurde es von der Bevölkerung kühl empfangen. Maximilian merkte bald, welch riesige Luftschlösser seine mexikanischen Berater gebaut hatten. Benito Juarez war wesentlich populärer als dieser fremdländische Kaiser, der von den Franzosen und einer österreichischen Leibgarde umgeben, im Palast von Chapultepec weitgehend isoliert von den Einheimischen regierte. Überdies mußte ihm der französische Befehlshaber Marschall Francois Bazaine gestehen, dass seine Truppen von den Juaristen allmählich in die Defensive gedrängt wurden.

Der Kaiser, ein weichherziger, wenig entschlussfreudiger Mensch, ließ sich im Oktober 1865 von seiner Entourage zu einem Dekret hinreißen, wonach alle Anhänger von Juarez als Räuber geächtet seien und ohne Gerichtsurteil getötet werden dürften. Das löste nicht nur in Mexiko Empörung aus. Die USA, bisher durch den Sezessionskrieg politisch gelähmt, erinnerte nun an ihre Monroe-Doktrin, wonach europäische Mächte in Amerika nichts zu suchen haben. Präsident Andrew Johnson ließ Truppen an der mexikanischen Grenze aufmarschieren und Waffen an Juarez liefern.

Die Lage wurde so bedrohlich, dass die Franzosen im Februar 1867 abzogen. Kaiser Maximilian stand nun mit wenigen einheimischen Regimentern und seiner Leibgarde allein. Er schickte seine Frau Charlotte nach Europa, um militärische Hilfe zu organisieren und harrte standhaft in seiner bedrohten Monarchie aus.

Nach Abzug der Franzosen begab sich Maximilian in die befestigte Stadt Querétaro, während Juarez, der sich immer mehr als blutiger Gewaltherrscher entpuppte, wieder in die Hauptstadt einzog. Durch Verrat wurde das kaiserliche Hauptquartier im Mai 1867 erobert und Maximilian fiel in die Hände des juaristischen Generals Mariano Escobedo. Dieser inszenierte einen Militärprozess, der mit dem von Juarez geforderten Todesurteil endete.

Als Maximilian davon erfuhr, reagierte er voller Würde. „Lassen Sie nur gute Schützen für die Hinrichtung auswählen", bat er. „Sie sollen nicht auf meinen Kopf schießen, sondern mein Herz gut und sicher treffen.

Denn es gehört sich nicht für einen Kaiser, sich in Todeszuckungen auf dem Boden herumzuwälzen."

Am 19. Juni 1867 wurde Kaiser Maximilian erschossen. Als seine Gemahlin Charlotte davon erfuhr, verfiel sie in Wahnsinn. Erst 1927 starb die Ex-Kaiserin als letztes Opfer der Tragödie von Querétaro 87-jährig bei Brüssel.

98. Kaiserdrama in Versailles

Anfang Dezember 1870 bekam König Wilhelm I. von Preußen ein Schreiben seines „freundlich lieben Bruders", dem Bayernkönig Ludwig II. Darin wurde ihm im Namen aller deutschen Fürsten der Titel eines Kaisers angetragen. Wilhelm reagierte darauf „außer sich vor Unwillen und ganz geknickt", so dessen Sohn Friedrich. Die berühmte Kaiserproklamation vom 18. Januar 1871 in Versailles, Geburtsstunde des zweiten Deutschen Reiches, besaß eine dramatische Vorgeschichte.

Im Herbst 1870 hatten deutsche Truppen das französische Kaiserreich besiegt, aber der Kampf gegen die nun bestehende Republik Frankreich ging weiter. Während der vergangenen Kriegsmonate fanden Soldaten aus sämtlichen deutschen Ländern kameradschaftlich zueinander. Preußens Kanzler Otto von Bismarck sah den Zeitpunkt für sein großes Ziel, die Einheit Deutschlands, gekommen.

Schon 1867 war in Gestalt des „Norddeutschen Bundes" ein erster Schritt unternommen worden. Diese Union aus 22 deutschen Staaten stand unter der Präsidentschaft des Königs von Preußen. Nun galt es, auch die süddeutschen Länder Bayern, Württemberg, Baden und Hessen in die Gemeinschaft eines Deutschen Reiches zu führen.

In Baden und Hessen waren Bevölkerung, Parlament und Monarchen schnell zur Einigung bereit. Der König von Württemberg feilschte mit den preußischen Diplomaten um einige Sonderrechte wie eigene Militärstruktur und gesondertes Postwesen. Anfang November 1870 waren die Verhandlungen erfolgreich abgeschlossen, allein Bayern machte Schwierigkeiten. König Ludwig II. verabscheute alles Preußische und ihm war der Gedanke unerträglich, sein Land unter die Fuchtel der Berliner Politik zu stellen.

Aber Bismarck nutzte den Schwachpunkt des Monarchen – seine ungezügelte Baulust, die kaum noch zu bezahlen war. Er versprach dem „Märchenkönig" eine jährliche Zahlung von 300.000 Goldmark zur freien Verfügung. Außerdem sicherte er dem Königreich Bayern erhebliche Sonderrechte im Post-, Telegrafen- und Eisenbahnwesen zu. Er zeigte sich auch bereit – eine typische Bismarcksche Ironie – für seine Berliner parlamentarischen Kneipabende das Bier nur aus bayerischen Brauereien zu beziehen. Ludwig erhielt ein vorgefertigtes Schreiben, in dem er König Wilhelm I. von Preußen die Kaiserkrone anbot. Auf Schloss Hohenschwangau schützte der Bayernherrscher drei Tage lang Zahnschmerzen vor, dann unterzeichnete er das Dokument.

Nachdem all diese Querelen bereinigt waren, erhob sich Widerstand von einer Seite, die niemand erwartet hatte: Wilhelm I. Der 73-jährige, eher unkomplizierte und friedfertige Herr war Preuße durch und durch. Der Idee eines vereinten Deutschlands konnte er nur wenig abgewinnen. Besonders empörte ihn, dass sein künftiger Titel nicht „Kaiser von Deutschland", sondern nur „Deutscher Kaiser" lauten sollte. In einer heute kaum verständlichen, aber treffenden Metapher fragte er ärgerlich: „Was soll mir der Charaktermajor?" Im preußischen Heer war es üblich, jene Offiziere, die es nur bis zum Hauptmann gebracht hatten, bei ihrer Verabschiedung aus dem aktiven Dienst den „Charakter" des nächsthöheren Dienstgrades Major zu verleihen. Wilhelm meinte mit „Charaktermajor" also eine nur formelle Beförderung ohne Machtbefugnisse.

Vergebens versuchten Bismarck und Preußens Kronprinz, ein enthusiastischer Fürsprecher der deutschen Einheit, Wilhelm umzustimmen. Er erinnerte daran, dass schon sein verstorbener Bruder Friedrich Wilhelm IV. 1849 die ihm angebotene Kaiserkrone abgelehnt hatte. Es spielten sich turbulente Szenen ab, bei denen Bismarck mehrfach von Weinkrämpfen geschüttelt wurde.

Mitten in diese enervierenden Debatten platzte eine Hiobspost aus München. Bayerns Kriegsminister ließ wissen, falls beabsichtigt sei, im künftigen deutschen Reichsheer die bayerischen Soldaten statt ihres traditionellen Raupenhelms mit der preußischen Pickelhaube zu uniformieren, werde König Ludwig seine Unterschrift zurückziehen. „Es ist eine Zeit, da der kalte Sumpf von Mißgunst und Haß einem allmählich höher und höher bis ans Herz steigt", notierte Bismarck.

Das Raupenhelmproblem wurde zügig gelöst (die Bayern durften ihn noch bis in die 80er Jahre behalten), nicht aber das mit König Wilhelm. Er drohte sogar mit Abdankung. Schließlich wandte sich Bismarck an den Großherzog Friedrich I. von Baden. Er war rangältester aller in Versailles anwesenden Fürsten und Schwiegersohn Wilhelms. Bei der bevorstehenden Proklamation sollte er das erste Hoch auf den neuen Kaiser ausbringen. Dem Badener gelang tatsächlich das Kunststück, Wilhelm I. zu überreden – überzeugen konnte er ihn nicht – die Krone anzunehmen.

Noch einen Tag vor der Zeremonie machte Wilhelm seinem Unmut Luft: „Morgen ist der unglücklichste Tag meines Lebens. Da tragen wir das preußische Königtum zu Grabe. Und daran sind Sie, Graf Bismarck, schuld."

Am 18. Januar 1871 waren 2.000 Personen im Spiegelsaal des Versailler Schlosses versammelt. Nach einigen Reden kam die Reihe an Friedrich von Baden. Jedermann wartete gespannt, ob er einen Kaiser von Deutschland oder einen Deutschen Kaiser proklamieren würde. Doch der Großherzog erwies sich als Meister der Diplomatie und rief: „Seine Kaiserliche und Königliche Majestät, Kaiser Wilhelm, lebe hoch!" Das Deutsche Reich war nun auch de facto gegründet und der 18. Januar wurde ab 1896 Nationalfeiertag.

99. Sieg der Indianer am Little Big Horn

Die Schlacht am Fluss Little Big Horn ist kriegsgeschichtlich gewertet nur ein wenig bedeutendes Vorhutgefecht, ausgetragen von allenfalls 2500 Kombattanten. Das Geschehen am 25. Juni 1876 änderte weder die politische noch die militärische Situation entscheidend. Aber als erster und einziger Sieg der nordamerikanischen Indianer in offener Feldschlacht besitzt dieser Kampf im Bundesstaat Montana ebenso nationale Symbolkraft wie die Gestalt des Siegers „Sitting Bull".

In den USA prallten Mitte des 19. Jahrhunderts Steinzeit und Frühkapitalismus zusammen. Die Indianerstämme, immer weiter von ihren Siedlungsgebieten im Osten verdrängt, standen vor dem Untergang. Im Friedensvertrag von Laramie erfolgte 1868 ein vorläufiger Aufschub. Die Regierung in Washington verbürgte den Indianern ein eigenes unantastbares Territorium westlich des Missouri-Flusses.

In den Jahrzehnten zuvor hatten die Indianer trotz großer persönlicher Tapferkeit immer wieder militärische Niederlagen erlitten. Wobei es „die Indianer" eigentlich nicht gab. Jagende Cheyennes im Norden unterschieden sich sehr von Ackerbau treibenden Pueblos im Süden. Überdies waren die einzelnen Stämme heftig verfeindet. Viele Indianer zogen es vor, lieber mit den Weißen zu kämpfen.

Gemeinsam war ihnen die wirtschaftliche und waffentechnische Unterlegenheit. Viele Krieger kämpften noch mit Lanze, Steinbeil oder Pfeil und Bogen. Auch ihr Kampfstil war altertümlich. In den zahllosen Stammesfehden ging es weniger darum, den Gegner aus der Ferne zu töten (das hielt man für feige und unwürdig), als vielmehr darum, einem Feind im Nahkampf möglichst viele Hiebe, sogenannte Coups, beizufügen. Je mehr Coups ein Krieger landete, desto größer sein Ansehen. Es dauerte lange, bis die Indianer begriffen, dass diese Angriffsmethode gegen Feuerwaffen meist tödlich endete.

Als 1874 in den Black Hills, mitten im Indianerterritorium zwischen Süddakota und Wyoming, Gold gefunden wurde, drangen immer mehr Glücksritter ins Land ein und verletzten den Vertrag von Laramie. Die Prärie-Indianer wehrten sich gegen diese Eindringlinge. Sie massakrierten Männer, Frauen und Kinder; die scheußliche Unsitte des Skalpierens nahm überhand.

1875 bot die Regierung den Indianerstämmen an, das Black Hills-Gebiet für sechs Millionen Dollar zu kaufen, was die Häuptlinge empört ablehnten. Ihr Wortführer war ein Mann vom Hunkpapa-Stamm der westlichen Dakotas: Tatanka Yotanka (Sitzender Büffelstier) besser bekannt unter seinem englischen Namen „Sitting Bull". Er wurde schon im Alter von 17 Jahren Medizinmann und sechs Jahre später Häuptling. Sorgfältig studierte er die Kriegführung der US-Army. Als charismatische Führerpersönlichkeit einte er viele Stämme der Prärie-Indianer, es gelang ihm sogar, eigensinnige Häuptlinge wie den berühmten „Regen im Gesicht" ein Mindestmaß an Disziplin einzuflößen.

Als Reaktion auf die Ablehnung ihrer Offerte ordnete die Regierung Ende 1875 an, sämtliche Indianer im Norden hätten sich in ghetto-ähnliche „Reservationen" zu begeben. Weder Sitting Bull, noch seine Verbündeten wie der Oglala-Häuptling „Wildes Pferd" folgten diesem Befehl. Im Frühjahr 1876 stießen deshalb mehrere Regimenter aus drei Richtungen nach Montana vor. Von Osten näherte sich General Alfred Terry. Seine Vorhut bildete das 7. US-Kavallerieregiment unter General George A. Custer.

Der 36-jährige war ebenso talentiert wie überheblich und ehrgeizig. Man munkelte, er wolle sich als Präsidentschaftskandidat aufstellen lassen und benötige dafür einen spektakulären kriegerischen Erfolg. „General" titulierten ihn seine Soldaten aus reiner Höflichkeit, tatsächlich bekleidete er nur den Rang eines Oberstleutnants. Im Bürgerkrieg 1861-1865 war er zwar zum Brigadegeneral befördert worden, wurde aber, wie in der US-Army üblich, nach Kriegsende wieder zurückgestuft. Custer, den die Indianer wegen seiner blonden Locken „General Langhaar" tauften, besaß für die Rothäute nur Verachtung.

Als am 22. Juni 1876 am Fluss Little Big Horn ein großes Indianerbiwak entdeckt wurde, rückte Custer sofort den Rosebud River entlang, um den Feind zu stellen. Den Rat seines Vorgesetzten: „Seien Sie nicht allzu gierig, sondern warten Sie auf uns" schlug er ebenso aus, wie die Warnung seines einheimischen Kundschafters, dem Kräheinindianer Curley, der mahnte das verdächtige Terrain um das Lager vorher zu sondieren. Am 25. Juni beging er auch noch den taktischen Fehler, seine geringe Streitmacht von kaum 600 Mann im Angesicht des Gegners zu teilen. Drei Schwadronen unter Major Marcus Reno sollten flussabwärts reiten und das Indianerlager von Süden angreifen, während Custer mit fünf Schwadronen aus der Gegenrichtung anrücken würde.

Diesem Vormarsch stellte Sitting Bull eine klassische Kriegslist entgegen: den vorgetäuschten Rückzug. Während ein Teil seiner ungefähr 2500 Indianer Renos Truppe am Flussufer unter Dauerbeschuss festnagelte, ergriffen seine berittenen Krieger in einer langgezogenen dünnen Linie die Flucht, als Custer auftauchte. Voll Kampfbegier setzten die Kavalleristen zur Verfolgung an und merkten nicht, wie die Flanken der indianischen Linie immer weiter zurückhingen. Plötzlich ließ Sitting Bull kehrtmachen und von drei Seiten stürmten seine Männer gegen Custers überraschte Truppe. Binnen weniger Minuten waren diese 225 Mann eingekesselt und rettungslos verloren. Keiner kam mit dem Leben davon. General Custer fiel nach einem Schläfenschuss tot zu Boden. Einziges überlebendes Wesen war das Pferd des Majors Myles Keogh, welches den sinnigen Namen „Comanche" trug.

Am Little Big Horn waren insgesamt 273 Mann gefallen und 60 verwundet worden. Die US-Army machte nun gnadenlos Jagd auf die Indianer, deren Einheit rasch zerfiel, Sitting Bull floh nach Kanada und kehrte Jahre später in eine Reservation zurück. 1890 wurde er ermordet, bezeichnenderweise von einem Indianer in Polizeiuniform.

100. Mayerling – Österreichs Thronfolger geht für immer

Am Morgen des 30. Januar 1889 brach der Kammerdiener Johann Loschek die Tür zum Schlafzimmer des Jagdschlosses Mayerling auf. Er fand zu seinem Entsetzen zwei blutüberströmte Leichen. Die Toten waren Österreichs Thronfolger Rudolf und seine junge Geliebte.

Jubelgesänge erschollen in ganz Österreich, als am 21. August 1858 dem Kaiser Franz Joseph I. ein Thronfolger geboren wurde. Rudolf verkörperte alle Hoffnungen der altehrwürdigen Habsburgermonarchie. Er gehörte mit Leib und Seele dem Staat. Seine Mutter, die egomanische Kaiserin Elisabeth alias „Sisi" musste zusehen, wie ihr Sohn gleich nach der Geburt fremden Menschen überlassen wurde. Wahrscheinlich war sie sogar froh darüber.

Rudolfs erster Erzieher Gondrecourt entpuppte sich als bigotter Sadist, der seinen Schützling physisch und psychisch so sehr quälte, dass man ihn 1865 entließ. Da hatte er freilich im Charakter des 7-jährigen Kronprinzen schon irreparable Schäden angerichtet. Bei verständnisvolleren Lehrern erwies sich Rudolf als sprachgewandtes, frühreifes Genie, ebenso impulsiv wie phantasiebegabt. Schon früh zeigte er ein befremdliches Interesse an Tod und Sterben; bereits mit neun Jahren verfasste er sein erstes Testament.

Als Rudolf 1877 eine separate Wohnung in Wien bezog, hatte er sich schon das erste Mal mit Gonorrhöe angesteckt. Die Schauspielerin Johanna Buska führte ihn 1874 in die Geheimnisse der körperlichen Liebe ein, und seither wurde sein rastloser Frauenkonsum sprichwörtlich. Er gab sich mit Prinzessinnen und Prostituierten gleichermaßen ab. Einzige Bedingung: sie mussten sehr jung sein, so wie die erst 15-jährige Mizzi Caspar, bei der er es vergleichsweise lange aushielt. Rudolf führte eine „Eroberungsliste", in der er u. a. diejenigen gesondert vermerkte, die als Jungfrauen in sein Bett stiegen und es nicht als solche wieder verließen. Für ihre Liebesdienste bekam jede Frau ein silbernes Zigarettenetui.

Doch das Wunder geschah: Rudolf verliebte sich. Bei einem Besuch in Belgien fiel ihm 1880 die 16-jährige Prinzessin Stephanie auf, die er zwei Tage später zu seiner Braut erkor. Eine höchst seltsame Wahl des Lebemannes, denn Stephanie war ein naiver Trampel „mit der Anmut eines Drachens". Die Romanze endete dann nach der Hochzeit Anfang Mai 1881 schnell im Katzenjammer. Über ihre erste gemeinsame Nacht notierte Stephanie: „Welche Qualen, welches Entsetzen…ich dachte, ich würde an meiner Desillusionierung sterben." Nun, Stephanie starb nicht, gebar 1883 sogar eine Tochter, steckte sich aber bei Rudolf mit Syphilis an und konnte keine Kinder mehr bekommen.

Der Kronprinz versuchte inzwischen, auch eine politische Rolle zu spielen. Er traf sich mit liberalen Parlamentariern, hielt Reden, in denen die Erneuerung der Monarchie gefordert wurde und bestärkte die Ungarn in ihren Forderungen nach mehr Autonomie im Staat.

Das führte bei Kaiser Franz Joseph, der seinen einzigen Sohn ohnehin nicht sonderlich schätzte, zu verstärktem Misstrauen. Rudolf wurde künftig von sämtlichen Bereichen der Politik ferngehalten und durfte seine Tätigkeit ausschließlich als Militär in diversen Kasernen verrichten. Also stürzte sich der Kronprinz wieder in zahlreiche Frauenaffären. Er war mittlerweile morphiumsüchtig und körperlich so hinfällig, dass er wesentlich älter aussah als 30 und bei einer Militärparade beinahe vor

Schwäche vom Pferd fiel. Auch Rudolfs Persönlichkeit veränderte sich. „Sein inneres Chaos führte zu schrecklichen Zornausbrüchen, zu unerträglichen und würdelosen Szenen. Es war, als hätte er mit dem Verlust der inneren Stabilität auch jeglichen Sinn für gute Formen verloren", klagte Ehefrau Stephanie.

Seit Ende der 80er Jahre sprach Rudolf öfter von Selbstmord. Im November 1888 lernte er seine Schicksalsgefährtin kennen. Die 17-jährige Diplomatentochter Maria von Vetsera (genannt „Mary") war ein Mädchen von orientalischem Typ, „verwirrend hübsch" und mit „liliengleichem Teint". Trotz ihrer Jugend hatte Mary schon etliche Männeraffären hinter sich. Als der portugiesische Herzog von Braganca um ihre Hand anhielt, erklärte sie selbstbewusst, nur ein König könne sie zur Heirat bewegen.

Der 30-jährige Kronprinz und Mary verliebten sich sofort. Schon am 14. Januar 1889 schrieb die Baroness: „Wir haben beide den Kopf verloren." Das war keineswegs symbolisch gemeint. Rudolf, der inzwischen aufgrund seiner Syphilis unter peinigenden Schmerzen litt, suchte am 28. Januar 1889 das Jagdschloss Mayerling im Wienerwald auf. Während der Nacht zum 30. Januar erschoss er zunächst Mary und dann sich selbst. In mehreren Abschiedsbriefen stellten beide klar, dass sie freiwillig in den Tod gegangen waren.

Rudolfs Ende rief einen Schock in ganz Europa hervor. Doch den Wiener Kaiserhof bewegten eher praktische Probleme. Einen Selbstmörder katholisch zu begraben schien schon schwierig genug – aber für einen Mörder war das unmöglich. Also lautete die offizielle Version, der Kronprinz sei einsam an einem Herzanfall gestorben. Mary Vetsera wurde heimlich auf einem entfernten Friedhof beigesetzt. Erst Jahre später bekam ihr Grabkreuz die Inschrift: „Wie eine Blume erblüht der Mensch und wird dann geschnitten."

101. Der kürzeste Krieg aller Zeiten

Konteradmiral Sir Harry Rowson schaute gespannt auf seinen Chronometer. Er zeigte exakt 8.55 Uhr, am 27. August 1896. Noch fünf Minuten, dann würde ein Geschwader britischer Panzerschiffe das Feuer auf die Inselfestung Sansibar eröffnen. Diese Kanonade bildete den Auftakt zum kürzesten Krieg der Weltgeschichte.

Die 1.600 Quadratkilometer große ostafrikanische Insel Sansibar vor der Somaliküste im Indischen Ozean wurde Anfang des 10. Jahrhunderts n. Chr. von arabischen Stämmen besiedelt. Sie unterstand lange Zeit dem Imam von Masqat (heute Oman). 1837 fiel sie an den örtlichen Statthalter Sayyed Said, der sich zum Sultan ernannte und eine neue Dynastie gründete.

In den 80er Jahren des 19. Jahrhunderts bildete Sansibar einen Zankapfel zwischen den rivalisierenden Kolonialmächten Großbritannien und Deutschland. Die Briten hatten sich im Gebiet von Kenia festgesetzt, während die Deutschen seit 1884 Stützpunkte in Deutsch-Ostafrika (heute Tansania und Uganda) besaßen. Im Küstenbereich dieser beiden Einflusszonen lagen Sansibar und die kleinere Nachbarinsel Pemba. 1884/85 schlossen einige sansibarische Häuptlinge Schutzabkommen mit dem Deutschen Reich, denen der regierende Sultan schließlich zustimmte und Ende 1885 einen Handelsvertrag mit Berlin unterzeichnete.

Großbritanniens Politiker zeigten sich nun bereit, für den Herrschaftswechsel in Sansibar einen hohen Preis zu zahlen. Sie boten Reichskanzler Otto von Bismarck die Rückgabe der seit 1807 besetzten Nordsee-Insel Helgoland an, wenn Deutschland im Gegenzug die britische Kolonialherrschaft auf Sansibar anerkennen würde. Ein dementsprechender Vertrag wurde 1890 geschlossen und am 4. November übernahm Großbritannien die Schutzherrschaft über Sansibar und Pemba.

THE HAREM AFTER THE BOMBARDMENT.

Allerdings waren damit die kolonialpolitischen Differenzen nur aufgeschoben. Als am 25. August 1896 der regierende Sultan Sayyed Hamed Ben Thuwain starb, brach der Streit offen aus. Sayyed Chalid Ben Bargash, ein Neffe des verstorbenen Herrschers, ergriff mit deutscher Rückendeckung im Staatsstreich die Macht und ernannte sich sofort zum Nachfolger. Statt dessen favorisierten die Briten Hamed Ben Mohammed, einen jüngeren Sohn Thuwains, als Regenten. Ein Geschwader aus Panzerschiffen unter Admiral Sir Harry Rowson kreuzte am 26. August drohend vor der Hafeneinfahrt von Sansibar.

Sultan Chalid mobilisierte in den nächsten zwei Tagen ein etwa 2 800 Mann zählendes Heer, das in die Festung der Hauptstadt einrückte. Am Morgen des 27. August 1896 stellte Rowson ein Ultimatum: Sollte Chalid nicht bis 9 Uhr die Flagge streichen und seinen usurpierten Thron räumen, so betrachte sich Großbritannien als im Krieg mit Sansibar befindlich. Der Sultan versuchte noch, unter Vermittlung des US-Gesandten einen Kompromiss zu erlangen, doch punkt 9 Uhr eröffneten Rowsons Panzerschiffe ein verheerendes Feuer auf Festung und Palast des Sultans. Es dauerte genau 38 Minuten, dann waren 500 Soldaten Sansibars gefallen; ihren Kanonen fielen knapp 70 britische Seeleute zum Opfer.

Sultan Chalid suchte Zuflucht im deutschen Konsulat und verbrachte die folgenden Jahre bis zu seinem Tod 1911 im Exil. Admiral Rowson setzte als britischen Strohmann Hamed Ben Mohammed auf den Sultansthron von Sansibar. 1902 folgte ihm sein Sohn Ali Ben Hamed, ein Oxford-Absolvent.

Sansibar blieb noch bis 1963 britische Kolonie.

102. Schauriges Ende eines Königspaares

Selten erlitt ein gekröntes Paar einen so grässlichen Tod wie König Alexander I. von Serbien und seine Gemahlin Draga. Am 11. Juni 1903 sah man ihre zerfetzten, von Pistolenkugeln durchsiebten Leichname vor dem Belgrader Königspalast liegen. Organisiert hatte diese Mordorgie Dragutin Dimitijevic, der auch hinter den Todesschüssen von Sarajevo 1914 steckte.

Serbien durchlebte im 19. Jahrhundert schwere Krisen. Zwar hatte das Land sich aus eigener Kraft von der türkischen Fremdherrschaft befreit, doch danach kam es zum jahrzehntelangen Stammeskrieg. Die Familien

Obrenovic und Karajordjevic befehdeten einander heftig mit wechselndem Erfolg, bis sich schließlich 1858 die Obrenovic durchsetzen konnten. Der erste serbische König aus ihren Reihen, Milan I., zog es 1889 nach einem unglücklichen Krieg mit Bulgarien vor, abzudanken und in Paris das Leben als freigiebiger Playboy zu genießen.

Milans Sohn Alexander I. Obrenovic wurde 1893 volljährig und änderte rasch die bisher recht liberale Verfassung Serbiens in ein autokratisches Regime. Außenpolitisch richtete er sich stark nach Österreich-Ungarn, was die rußlandfreundliche Partei im Lande verärgerte. Zündstoff verursachten auch die ungeheuren Summen, die der Staat für das Luxusleben des abgedankten Königs Milan aufbringen musste.

Doch zum Verhängnis wurde Alexander eine Frau – Draga Maschin. Diese Witwe eines tschechischen Ingenieurs war neun Jahre älter als der König, eine korpulente Erscheinung und hypernervös. 1897 wurde sie Hofdame der Königinmutter Natalja. Hier lernte sie Alexander kennen, der sich unsterblich in sie verliebte. Nun hätte sie der unverheiratete König ohne Probleme zur Mätresse wählen können, aber Alexander – schwach und wunderlich wie er war – bestand darauf, sie zu heiraten. Inzwischen berichteten mehrere Zeitungen davon, dass die bürgerliche Draga Maschin in Prag einst durch skandalösen Lebenswandel aufgefallen war.

Das gesamte serbische Kabinett drohte mit Rücktritt, falls Draga zur Königin ausgerufen würde. Alexander I. scherte sich nicht darum und ehelichte seine Geliebte am 5. August 1900, wonach tatsächlich Ministerpräsident Vladan Gjorgjevic und seine Minister ihre Ämter niederlegten. Schlimmer noch, im ganzen Land ertönten jetzt Morddrohungen, auch die Armee zeigte sich zunehmend feindselig. Abgeschirmt von einer Leibwache wagte sich das Königspaar kaum noch in die Öffentlichkeit.

Einzig die Geburt eines Thronfolgers hätte jetzt die Lage etwas beruhigt. Doch schon 1901 musste Alexander erklären, dass seine 34-jährige Gemahlin keine Kinder mehr bekommen könne. In dieser explosiven Lage beging das Paar einen haarsträubenden Fehler. Die ehrgeizige Draga bedrängte Alexander, ihren Bruder, den Oberst Nikodem Lunjevic, als Thronfolger zu proklamieren.

1903 sah es so aus, als wolle der König diesen Wunsch verwirklichen. Dies hatte eine Verschwörung hochrangiger Offiziere zur Folge. Ihr Plan ging dahin, das Königspaar und seine wenigen Vertrauten zu ermorden und den im Genfer Exil lebenden Petar Karajordjevic auf den Thron zu setzen. Organisator des Putsches war der 27-jährige Offizier Dragutin Dimitrijevic alias „Apis" (Biene), ein radikaler großserbischer Nationalist. Er leitete eine Terroristengruppe namens „Einheit oder Tod" (bekannt auch als „Schwarze Hand") und zog mit seinen Leuten im Hintergrund alle Fäden.

In der Nacht vom 10. zum 11. Juni 1903 dringen mehrere Dutzend Verschwörer in den Königspalast ein. Fast alle Wachmannschaften sympathisieren mit ihnen und nun beginnt ein Mordfeldzug. Der Zweite Generaladjutant wird niedergeschossen, eine Handgranate sprengt die Tür zum königlichen Schlafgemach. Doch Alexander und Draga haben sich rechtzeitig in eine muffige Kleiderkammer geflüchtet. Erst während der Morgendämmerung werden sie entdeckt und unter wüsten Beschimpfungen mit Säbeln attackiert, getreten, schließlich erschossen und aus dem Fenster geworfen. Auch Dragas Brüder Nikodem und Nikolai fallen dem Wüten zum Opfer, ebenso wie Ministerpräsident Cincar Markovic und zwei Minister.

Am 9. Oktober 1904 wurde Petar Karajordjevic als Peter I. zum König von Serbien gekrönt. Unter seiner Ägide durfte Dimitrijevic-Apis seine „Schwarze Hand" immer weiter ausbauen. Er setzte auch jene Mördertruppe in Marsch, die im Juni 1914 den österreichischen Erzherzog Franz Ferdinand und seine Gemahlin erschoss – der Auslöser zum 1. Weltkrieg.

Lange konnte Apis seine Untat allerdings nicht genießen. Als gefährlicher Mitwisser wurde er am 24. Juni 1917 nach einem Kriegsgerichtsverfahren von serbischen Truppen exekutiert.

103. Deutschlands Fels in Afrika – Paul von Lettow-Vorbeck

Der 1. Weltkrieg war bereits seit einer Woche beendet, da kapitulierte am 18. November 1918 in Nordrhodesien das Deutsche Ostafrika-Korps unter Paul von Lettow-Vorbeck. Das kleine Häuflein weißer und schwarzer Soldaten hatte einer erdrückenden feindlichen Übermacht mehr als vier Jahre erfolgreich standgehalten.

Paul von Lettow-Vorbeck wurde 1871 in Saarlouis als Sohn eines preußischen Generals geboren und trat 1881 in die renommierte Kadettenanstalt Potsdam ein, die er 1888 als Jahrgangsbester verließ. Seit 1899 war er für Kolonialfragen im Generalstab zuständig und kämpfte 1900 im deutschen Expeditionskorps bei der Niederwerfung des chinesischen Boxeraufstandes.

Seit 1904 hielt sich Lettow-Vorbeck in Deutsch-Südwestafrika (heute Namibia) auf. Hier kam es im selben Jahr zum Aufstand der Hereros und Hottentotten. Bei den schweren Kämpfen wurde Lettow-Vorbeck erheblich am linken Auge verwundet. Seine Erfahrungen im Kolonialkrieg führten dazu, dass man ihn 1909 zum Chef des 2. Seebataillons (vergleichbar der heutigen Marine-Infanterie) in Wilhelmshaven ernannte. 1913 ging der frischbeförderte Oberstleutnant als Kommandeur der Schutztruppe nach Deutsch-Ostafrika.

Diese ab 1885 erworbene Kolonie umfasste das Gebiet des heutigen Tansania sowie große Teile von Ruanda und Burundi. Das reguläre Militär bestand aus 215 deutschen Offizieren nebst 2540 einheimischen Soldaten und Unteroffizieren, die „Askari" (Kämpfer) genannt wurden. Letztere rekrutierte man vor allem aus den kriegerischen Massai-Stämmen. „Kämpferischer Geist, Stolz und Hingabe an die Sache", lobte Lettow-Vorbeck an seinen Askari, stellte aber auch fest: „Die geringere Intelligenz und auch der geringere Kulturzustand der Schwarzen machen eine längere Zeit der Ausbildung nötig."

Als im August 1914 der 1. Weltkrieg ausbrach, standen Deutschlands Afrika-Kolonien auf verlorenem Posten. Togo, militärisch nahezu wehrlos, kapitulierte nach wenigen Wochen; in Deutsch-Südwestafrika hielt sich eine kleine Schutztruppe noch bis Juli 1915; die letzten Verteidiger von Kamerun streckten Anfang 1916 ihre Waffen. Deutsch-Ostafrika sollte von See aus erobert werden. 8.000 Mann, großenteils indische Kolonialtruppen, wurden in Marsch gesetzt. Lettow-Vorbecks Streitmacht bestand aus 2.500 Askari, die allerdings im gesamten Land verstreut waren sowie 424 Matrosen des deutschen Kreuzers „Königsberg" und des Vermessungsschiffs „Möwe", das vor dem Hafen der Hauptstadt Daressalam versenkt wurde, um dem Feind eine Landung zu erschweren.

Als die britische Invasionsflotte sich dem Hafen von Tanga im äußersten Norden der Kolonie näherte, hatte Lettow-Vorbeck bereits fast 1.500

Mann per Schmalspurbahn antransportieren lassen. Am 4. November 1914 landeten die Briten unterhalb von Tanga. Auf einem Fahrrad fuhr Lettow-Vorbeck das Gelände noch vor Morgengrauen ab und als der Feind am 5. November Richtung Tanga vorrückte, erwartete ihn das mörderische Feuer der Askari, die es sich in den Wipfeln der dichtbelaubten Bäume bequem gemacht hatten. Auf dem linken Flügel stürmten deutsche Truppen unter Hurra-Geschrei mit Bajonetten auf die verwirrten Inder. Bald rannten sie in regelloser Flucht davon.

Neben ihrer schmählichen Flucht verzeichneten die Briten 800 Tote, 500 Verwundete und 250 Gefangene. Lettows Truppe verlor 69 Mann; ihr fielen riesige Vorräte in die Hände, welche der Feind zurücklassen musste: Lebensmittel, Mäntel, Motorräder, Maschinengewehre, Funkgeräte. Der Sieg bei Tanga war auch von enormer moralischer Bedeutung. „Von heute ab stehen wir anders zueinander, unüberwindlich scheinende Hindernisse in unseren Reihen und besonders hinter der Front sind hinweggeräumt", resümierte Lettow-Vorbeck. Das alles ermöglichte dem Deutschen Ostafrika-Korps einen effektiven Widerstand. Denn jetzt fielen belgische Regimenter aus dem Kongo, Briten aus Kenia, Portugiesen aus Mocambique und Südafrikaner in die Kolonie ein. Bis zu 300.000 Mann jagen die deutsche Schutztruppe. Lettow-Vorbeck verfolgt eine Taktik der Nadelstiche. Im Landessüden bei Mahiwa marschiert er kreuz und quer; als britische Truppen ihn hier im Oktober 1917 angreifen, erleiden sie eine schwere Niederlage.

Doch die Versorgung der Deutschen wird kritisch, man muss immer öfter improvisieren. Einheimische Frauen fertigen aus Baumwolle Uniformtuch, das mit dem Saft einer Baumwurzel feldbraun gefärbt wird. Aus Kokos gewinnt man ein benzolähnliches Treibmittel für Kfz-Motoren, aus Elefantenleder entstehen Stiefel, aus Baumrinde Chinintabletten.

In der Heimat ist Lettow-Vorbeck zur Legende geworden. Der Kaiser befördert ihn zum Generalmajor und verleiht ihm den höchsten preußischen Tapferkeitsorden „Pour le mérite". Ende 1917 weicht die deutsche Schutztruppe nach Mocambique aus, stürmt dort eine Zuckerfabrik und erbeutet einen portugiesischen Munitionsdampfer. Während zehntausende Soldaten Lettow-Vorbeck suchen, hat er mit seinen noch 1700 Mann schon wieder den Grenzfluss Rowuma überschritten und marschiert Ende September 1918 im Zickzack über Deutsch-Ostafrika in die britische Kolonie Nordrhodesien ein. Hier erfährt man vom Kriegsende. Lettow und seine Männer dürfen ihre Waffen behalten und werden in Ehren aus der kurzen Gefangenschaft entlassen, „in Anbetracht der Tapferkeit, mit der sie fochten".

Nach dem Krieg arbeitete Lettow-Vorbeck als Großhandelskaufmann in Bremen und saß zwei Jahre für die Deutschnationale Volkspartei im Reichstag. Seine drei Söhne fielen im 2. Weltkrieg. Der Ex-General starb kurz vor dem 93. Geburtstag 1964 in Hamburg. Die Londoner „Times" schrieb in einem Nachruf: „Bei seinen Gegnern galt er als geschickter, großherziger und ritterlicher Soldat."

104. Rasputin – Die Prophezeiung des Wundermönchs

Als Zarin Alexandra von Russland am 31. Dezember 1916 von der Ermordung des Grigori Rasputin hörte, sprach sie hellsichtige Worte: „Sein Segen wird mich auf dem schmerzvollen Weg begleiten, den ich hienieden noch zu wandeln habe." In der Tat wurde dieser Weg schmerzvoll. Nur zehn Wochen nach Rasputins Tod brach die Revolution aus, mußte der Zar abdanken. Anderthalb Jahre später wurde die gesamte Zarenfamilie von den Bolschewisten ermordet.

Die Gestalt des Grigori Rasputin ist von Legenden und Gerüchten umwoben. Lange Zeit kannte man noch nicht einmal sein Geburtsjahr. Erst eine unlängst aufgefundene Urkunde weist nach, dass er am 10.

Januar 1869 im sibirischen Pokrowskoje geboren wurde. Er hieß auch tatsächlich Rasputin. Viele Historiker vermuteten darin nur einen Alias-Namen, denn im Russischen heißt „rasputnij" ausschweifend und „Rasputnik" bedeutet Wüstling.

Über seine Jugendjahre ist wenig bekannt. Aus den erhaltenen Akten geht hervor, dass der Bauernsohn ausgeprägte kriminelle Neigungen besaß und mehrfach wegen Diebstahls, Meineids und sogar wegen einer Vergewaltigung vor Gericht stand. 1895 heiratete er und unternahm ein Jahr später eine Pilgerreise zum Kloster Werchoturje. Hier müssen ihn mehrere religiöse Schlüsselerlebnisse bekehrt haben. Rasputin änderte sein Leben und zog als „Strannik" (Wandermönch) durch Sibirien.

1901 verließ der Vater zweier Töchter seine Familie, um als Wunderheiler unterwegs zu sein. Mit Hilfe seiner suggestiven Kräfte befreite er etliche Menschen von ihren tatsächlichen und eingebildeten Leiden. Eine dieser Patientinnen, Olga Baschmakowa, vermittelte ihm einen Wohnsitz in Sankt Petersburg. Russlands Hauptstadt wimmelte damals von Scharlatanen, Geisterheilern und Mystikern. Selbst eine so außergewöhnliche Gestalt wie Grigori Rasputin fiel da nicht weiter auf. Er bekam Zutritt in die Salons überspannter Damen und wurde im Oktober 1906 sogar dem Zaren Nikolaus II. vorgestellt.

Im Jahre 1904 hatte die deutschstämmige Zarin Alexandra nach vier Töchtern endlich den ersehnten Thronfolger geboren. Doch die Freude über den kleinen Alexej wandelte sich in pures Entsetzen, als man feststellte, dass der Junge an der Bluterkrankheit Hämophilie litt, die als unheilbar galt. Jede kleine Verletzung konnte zum Tode führen. Die ohnehin zu Hysterie und Mystizismus neigende Zarin verfiel nun vollends in Panik. Tag und Nacht wurde der Thronfolger von Leibwächtern behütet, er durfte keinerlei körperliche Anstrengungen unternehmen, selbst Schwimmen wurde verboten.

Das Unglück war dennoch nicht zu verhüten. Im Juli 1907 verletzte sich Alexej beim Spielen und fiel wenig später in Ohnmacht. Die Ärzte konnten nur seine Schmerzen lindern und gaben den Dreijährigen auf. In ihrer Seelenpein ließ Zarin Alexandra den Wundermönch Rasputin holen, von dem ihr mehrere Hofdamen berichtet hatten. Am 18. Juli geschah das Unglaubliche: Allein durch Handauflegen und beruhigende Worte gelang es ihm, die Blutung zu stoppen. Alexej wurde wieder gesund. Bis heute streiten Mediziner und Historiker über Rasputins Methode. Zumindest der Zufall scheidet aus, denn die Suggestivheilung geschah mehrmals, zuletzt im Herbst 1915.

Bald wurde Rasputin der einflussreichste Mann am Zarenhof. Das Kaiserpaar vertraute ihm bedingungslos. Das rief Neider auf den Plan – sowohl die medizinische wie die kirchliche Konkurrenz. Im Oktober 1910 wurde sogar ein Mordanschlag auf Rasputin verübt, den der bärenstarke Mann indes überlebte.

Im korrupten System des Zarismus lief bald nichts mehr ohne die Protektion des Grigori Rasputin. Ein hingekritzelter Handzettel konnte Karrieren fördern oder vernichten. Ende 1911 setzte der Zar Rasputins Wunschkandidaten als Ministerpräsidenten ein. Die Saufgelage und Weibergeschichten des Sibiriers erregten öffentliches Ärgernis. Seine Anhängerschaft bestand vorrangig aus exaltierten Frauen des Adels und des Großbürgertums, die sich nur zu gerne von ihm „hypnotisieren" ließen. Seine Wohnung in der Gororchowaja-Straße galt als Nachrichtenbörse und Lasterhöhle gleichermaßen.

Dabei blieb Rasputin sein gesunder Verstand erhalten. Häufig warnte er den Zaren vor einem kommenden Krieg. Für großrussische Nationalisten war er die Reizfigur schlechthin. Kurz vor Ausbruch des 1. Weltkriegs wurde wieder ein Mordanschlag auf ihn verübt. Diesmal schwer verletzt, war er ausgerechnet im Sommer 1914 handlungsunfähig. Es gibt Historiker, die der Meinung sind, Russland hätte nicht in den Krieg eingegriffen, wenn Rasputin während der kritischen Julitage am Zarenhof präsent gewesen wäre.

So nahm das Verhängnis seinen Lauf. Wenn er nüchtern war, was freilich immer seltener vorkam, beeinflusste Rasputin weiter die russische Innenpolitik. Im Februar 1916 favorisierte er den Politiker Boris Stürmer, den der Zar prompt zum Premierminister ernannte. Ein halbes Jahr später legte er Nikolaus II. einen Plan vor, wie das total erschöpfte Russland zu einem Sonderfrieden mit dem Deutschen Reich gelangen könnte.

Für die Nationalisten war damit das Maß voll. Eine ihrer Schlüsselfiguren, der steinreiche Fürst Felix Jussupow, sowie Großfürst Dmitri Pawlowitsch organisierten eine Verschwörung, um Rasputin zu ermorden. Unter Vorwänden lockten sie ihn am Abend des 30. Dezember 1916 in das Petersburger Jussupow-Palais. Dort kredenzten sie ihm mit Zyankali vergifteten Wein und ebenso verseuchtes Gebäck. Zum Entsetzen der Mörder zeigte das Gift keinerlei Wirkung. In Panik feuerte Jussupow mehrere Pistolenschüssen auf ihn ab. Doch auch das überlebte Rasputin und floh auf den Innenhof. Erst dort erlag er mehreren Pistolenschüssen. Die Attentäter schafften ihn mit einem Auto fort und warfen ihn in ein Eisloch des Newa-Flusses. Dort wurde sein Leichnam am folgenden Morgen entdeckt.

Grigori Rasputins oft geäußerte Prophezeiung, mit ihm würde auch das russische Zarenreich untergehen, sollte sich bewahrheiten.

105. Mata Hari – die schönste Spionin aller Zeiten

Casernes de Vincennes, 15. Oktober 1917, 5.30 Uhr. Das Exekutionskommando bestand aus zwölf marokkanischen Soldaten, hinter ihnen ein Offizier mit gezogenem Säbel. Die Todeskandidatin empfing eine weiße Augenbinde. „Muss ich sie nehmen?", fragte sie. „Wenn Madame sie nicht wünschen, ist es auch gut", entgegnete ein Offizier. Die Frau wurde nicht gefesselt, stand aufrecht und blickte die Stahlhelm-Soldaten unerschrocken an. Im selben Moment krachte eine Salve. Nachdem die Frau zusammengesunken war, gab ihr ein Feldwebel den obligatorischen Kopfschuss. So endete Mata Hari – die schönste und rätselhafteste Spionin aller Zeiten.

Margaretha Gertruida Zelle war ein einfaches holländisches Provinzmädchen, geboren 1876 als Tochter eines Hutmachers in Leeuwarden. Sie versuchte früh, ihrem zerrütteten Elternhaus zu entkommen und heiratete 1895 den mehr als 20 Jahre älteren Rudolph MacLeod, einen Kolonialoffizier mit schottischen Vorfahren. Er nahm sie mit nach Niederländisch-Ostindien (heute Indonesien). Während ihres fünfjährigen Daseins auf den Inseln Java und Sumatra lernte Margaretha viele Sitten und Gebräuche der Einheimischen kennen.

Nachdem eines ihrer beiden Kinder früh gestorben war, ging die Ehe der MacLeods in die Brüche. 1902 wurden sie geschieden und kehrten nach Europa zurück. Margaretha zog im Frühjahr 1903 nach Paris, dem Mekka der damaligen Unterhaltungsindustrie, versuchte ein Debüt am Theater, wurde aber wegen mangelnden Talentes abgewiesen. Da verband sie ihr sehr exotisches Aussehen mit den Erfahrungen aus Fernost und trat auf Kleinkunstbühnen unter dem Namen „Lady MacLeod" als indische Tempeltänzerin auf.

Im März 1905 lernte sie den reichen Fabrikanten Emile Guimet kennen. Er gab ihr den Rat, einen Künstlernamen zu wählen, der besser zu ihren Auftritten passte. Fortan nannte sich Margaretha „Mata Hari" (Auge der Morgenröte). Obwohl sie nie Tanzunterricht genommen hatte, bewegte sich die 1,78 Meter große Frau auf der Bühne äußerst gekonnt. Ihre Auftritte endeten meist damit, dass sie alle Hüllen fallen ließ und nur noch mit (allerdings sehr großflächigem) Schmuck dastand. Das Publikum tobte vor Begeisterung und selbst die spottlustige Pariser Presse zollte ihr Respekt.

Mata Hari 1907

Mata Hari feierte Triumphe in Paris, Wien, Mailand und Madrid. Sie strickte fleißig an ihrem Mythos und behauptete, Tochter einer indischen Brahmanen-Familie zu sein. 1906 hielt sie sich in Berlin auf und bezauberte dort den Großgrundbesitzer Alfred Kiepert. Er nahm sie mit zu den Herbstmanövern in Schlesien, wo ihr auch der deutsche Kronprinz begegnete.

Als 1914 der 1. Weltkrieg ausbricht, ist Mata Haris Ruhm verblasst. Jüngere Konkurrentinnen haben der 38-jährigen den Rang abgelaufen. Sie lebt im holländischen Den Haag und befindet sich in großen Geldverlegenheiten. Über ihren alten Bekannten Kiepert aus Berlin kommt sie in Kontakt mit dem Baron von der Capellen, einem holländischen Offizier, der für den deutschen Geheimdienst arbeitet. Er bezahlt alle ihre Rechnungen und verlangt eine Gegenleistung. Im September 1915 wird Mata Hari unter dem Decknamen „H 21" als Agentin für den deutschen Nachrichtendienst IIIb angeworben. Ihr Führungsoffizier Major von Roepell weiht sie in das Einmaleins der Spionage ein. Sie soll gegen fürstliche Belohnung alten Pariser Bekannten Geheimnisse entlocken.

1915/16 leistet Mata Hari ganze Arbeit. Sie horcht Jules Cambon aus, den Generalsekretär des Außenministeriums, ebenso den ehemaligen Kriegsminister Adolphe Messimy und Jean Hallaure, einen Offizier aus dem Kriegsministerium. Im Dezember 1915 meldet sie, „dass vorläufig, insbesondere jetzt, nicht an eine französische Offensive gedacht wird". Die deutsche Heeresleitung kann in aller Ruhe ihren Überraschungsangriff auf Verdun vorbereiten.

1916 unternimmt Mata Hari eine Reise nach Südfrankreich. Sie erkundet dort Militärtransporte und Truppenansammlungen an großen Bahnknotenpunkten. In Madrid berichtet sie dem dortigen deutschen Militärattaché detailliert, was sie auf ihren langen Reisen gesehen und gehört hat. Zu dieser Zeit ist „H 21" bereits im Visier des britischen Geheimdienstes M I 6. Er liefert den Franzosen aufgefangene Funksprüche, die Mata Hari als deutsche Spionin verdächtig machen. Der französische Geheimdienst versucht daraufhin, sie als Doppelagentin zu gewinnen, merkt aber bald, dass er nur Falschinformationen bekommt.

Am 13. Februar 1917 wird Mata Hari im Pariser „Elysées Palace Hotel" verhaftet und im Gefängnis Saint Lazare interniert. Vier Monate lange Verhöre folgen. Da die Beweise erdrückend sind, behauptet die Delinquentin hartnäckig, sie habe als Doppelagentin für Frankreich gearbeitet. Doch der Pariser Führung kommt der Fall Mata Hari sehr gelegen. Nach mehreren militärischen Niederlagen ist die Moral der Armee am Boden. Da liegt es nahe, die ganze Misere auf das Treiben einer geheimnisumwitterten Meisterspionin zu reduzieren.

Von einem Kriegsgericht wird Mata Hari nach zweitägigem Prozess am 25. Juli 1917 wegen Hochverrats zum Tode verurteilt und am 15. Oktober erschossen. Ihre Leiche stellt man dem Pathologischen Institut zur Verfügung. Dort verschwindet sie Jahre später auf mysteriöse Weise.

106. Ein Sturm, der nie stattfand – Winterpalais 1917

Der Panzerkreuzer „Aurora" gab in der Nacht zum 8. November 1917 mit einem Kanonenschuss das Signal. Dann stürmten tausende Rotgardisten auf den Zarenpalast zu. Nach opferreichen Kämpfen eroberten sie das Gebäude und sicherten so den Sieg der Revolution. Keine kommunistische Legende hat sich hartnäckiger gehalten als der „Sturm auf das Winterpalais".

Nach dem Sturz des Zaren im März 1917 hatte sich in Russland eine Doppelherrschaft gebildet: die bürgerlich-demokratische Provisorische Regierung einerseits und die sozialistisch-kommunistisch dominierten Sowjets (Räte). Der seit Juli amtierende Ministerpräsident Alexander Kerenski versuchte vergeblich, die linksradikalen Bolschewiki (Maximalisten) unter Führung von Wladimir I. Lenin in die Regierungsarbeit einzubinden. Statt dessen zettelten die Bolschewisten in der Hauptstadt Petrograd (St. Petersburg) einen Aufstand an, der blutig scheiterte. Lenin musste in die Emigration nach Finnland gehen.

Auch von rechtsradikalen, zarentreuen Kräften war die junge Republik Russland bedroht. Doch Kerenski weigerte sich beharrlich, sein Land aus dem 1. Weltkrieg herauszunehmen, was ihn viele Sympathien im Volk kostete. Die Bolschewisten begannen unter Führung des redegewandten jüdischen Intellektuellen Leo Trotzki (eigentlich Leib Bronstein) eine Kampagne aus dem Untergrund; sie versprachen, nach ihrer Machtübernahme sofort Frieden mit Deutschland zu schließen. Obwohl die Lenin-Partei offiziell verboten war, besaß sie im Petrograder Sowjet großen Einfluss.

Ende Oktober 1917 erkannte Trotzki, dass seine Anhänger zunehmend zu den Anarchisten und Rechtsradikalen abwanderten. Er beschloss, durch einen Staatsstreich vollendete Tatsachen zu schaffen. Lenin, der illegal wieder in Petrograd hauste, stimmte zu, während in der Parteiführung Josef Stalin (eigentlich Jossif Dshugashwili) zahlreiche Einwände erhob und sich während der folgenden Tage von allen Geschehnissen fernhielt.

Trotzki war im Gegensatz zum Nur-Ideologen Lenin ein begabter Organisator. Er bereitete alles für einen möglichst geräuschlosen Umsturz vor. Dennoch blieb der Provisorischen Regierung die bolschewistische Verschwörung nicht verborgen. Aber die unerfahrenen Demokraten wussten keinen Ausweg. Wladimir Nabokow, damals Kanzleichef der Regierung, schrieb: „Es herrschte völlige Ratlosigkeit, das übliche, unter den gegebenen Umständen in seiner Erbärmlichkeit besonders erschütternde Schauspiel der Suche nach Kompromissformeln, die eine Mehrheit finden könnten."

Am 4. November unterstellte sich der Petrograder Sowjet widerrechtlich sämtliche Soldaten des nördlichen Militärbezirks. Auf diese Provokation reagierte die Regierung lediglich mit der Schließung eines bolschewistischen Zeitungsverlags. Trotzki nutzte dieses Schwächezeichen. In den Nacht vom 6. zum 7. November 1917 besetzten Rotgardisten und bewaffnete Arbeitertrupps ohne jedes Aufsehen strategische Punkte der Hauptstadt: Telegrafenamt, sämtliche Newa-Brücken, die fünf Bahnhöfe, Staatsbank und Hauptpost. Am nächsten Tag erkannte Ministerpräsident Kerenski den Ernst der Lage und setzte sich zu den loyalen Truppen der Nordfront ab. Dass er in Frauenkleidern geflohen sei, zählt zum kommunistischen Legendenkanon.

Im Winterpalais tagte derweil die Provisorische Regierung unter Vorsitz des 31-jährigen parteilosen Außenministers Michail Terestschenko. Er mußte konstatieren, dass zur Verteidigung des Gebäudes nur noch ein Dutzend Offiziersschüler, einige Kosaken sowie ein Trupp kahlgeschorener, bewaffneter Frauen, das „Todesbataillon", bereitstand. Angesichts solcher Unterlegenheit, gab die Regierung auf. Als in der Nacht zum 8.

November die ersten Rotgardisten und Matrosen durch das Hauptportal marschierten, fielen vereinzelte Schüsse, während die Minister in einem Kabinett der 2. Etage apathisch auf ihre Verhaftung warteten.

Nach dem Signalschuss der „Aurora" brach unter den Frauen des Todesbataillons Hysterie aus und man musste sie hinter den Türen einer Kammer einschließen. Binnen weniger Minuten streckten die restlichen Verteidiger im Erdgeschoss ihre Waffen. Sechs Gefallene waren zu beklagen, zwei Fensterscheiben gingen zu Bruch – ein „Sturm" hatte nie stattgefunden. Ihn inszenierte erst zehn Jahre später Stalins Lieblingsregisseur Sergej Eisenstein im Film „Oktober". Dessen nachgestellte Szenen wurden ungeniert zum Dokumentarfilm verfälscht und auch im Westen gläubig bestaunt, teilweise bis heute. Gleichzeitig heroisierte man Stalins erbärmliche Rolle während der Revolutionstage.

Am Morgen des 7. November erfuhr Russlands verblüffte Bevölkerung: „Die staatliche Gewalt ist in die Hände des Organs des Petrograder Sowjets der Arbeiter und Soldaten gefallen." Niemand ahnte, dass diesem lapidaren Satz sieben Jahrzehnte kommunistischen Staatsterrors folgen sollten.

Wladimir Nabokow bekam schnell einen Vorgeschmack davon. Das demokratisch gewählte Vorparlament wurde noch im November 1917 auseinandergejagt mit den Worten, die Delegierten mögen sich „auf den Dreckhaufen der Geschichte scheren". Verkünder dieser Botschaft war der spätere Tscheka-General Moishe Urizki. Nabokow berichtet fünf Jahre später aus dem Exil: „Wie heute erinnere ich mich an diese abstoßende Figur, diesen unansehnlichen kleinen Kerl mit einem Hut auf dem Kopf und frecher jüdischer Physiognomie. Er forderte, dass wir auseinandergingen, anderenfalls werde er Waffengewalt anwenden."

107. Manfred von Richthofen – der „Rote Baron"

Im Oktober 1915 fuhr der 23-jährige Leutnant Manfred von Richthofen per Sonderzug nach Metz (Lothringen). Im Speisewagen begegnete er einem Offizier, der das Flugzeugführerabzeichen trug. Es war Oswald Boelcke, der bis dato erfolgreichste Jagdflieger des 1. Weltkriegs. Seine

Schilderungen von Luftkämpfen beeindruckten Richthofen so sehr, dass er beschloss: Ich will auch Jagdflieger werden.

Manfred Freiherr von Richthofen wurde 1892 in Breslau als Sohn eines preußischen Kavallerieoffiziers geboren. Die Familie zog später ins schlesische Schweidnitz. Als Absolvent einer Kadettenanstalt trat der begeisterte Reiter und Jäger 1911 ins 1. westpreußische Ulanen-Regiment ein.

Nach Ausbruch des Weltkriegs war er zunächst Patrouillenführer. Als 1914/15 die Front im Grabenkampf erstarrte, bat der junge Leutnant um Versetzung zur Fliegertruppe. Ab 6. Juni 1915 begann seine Ausbildung, aber nicht zum Piloten, sondern zum Beobachter.

Die Militärfliegerei steckte damals noch in den Kinderschuhen. Namentlich die deutsche Führung bevorzugte große Luftschiffe, die als mobile Bombenabwurfstellen dienten. Gegenüber Flugzeugen herrschte das Vorurteil: „Wenn sie zu hoch fliegen, sehen sie nichts und wenn sie zu niedrig fliegen, werden sie abgeschossen." Es wurden jedoch zu Kriegsbeginn vor allem die trägen und windanfälligen Luftschiffe abgeschossen, so dass man schnell auf leistungsfähige Flugzeuge umstellen mußte.

Zunächst trugen diese Maschinen kaum eine Bewaffnung und wurden vor allem zur Beobachtung feindlicher Frontlinien eingesetzt. Die ersten Bomber nutzen als Waffe sogenannte Fliegerpfeile, kurze angespitzte Metallstangen, die per Hand abgeworfen wurden und naturgemäß kaum Schaden anrichteten. Anfang 1915 wurden die ersten Flugzeuge der Fokker- und Albatros-Werke mit starr montierten Maschinengewehren ausgerüstet. Der klassische Luftkrieg begann.

Richthofen wurde ab Oktober 1915 im belgischen Ostende als Beobachter eingesetzt – eine Verwendung, die ihn schnell langweilte. Er nutzte seine Bekanntschaft mit dem Flieger-As Oswald Boelcke, der ihn Anfang September 1916 zu seiner bei Cambrai stationierten Jagdstaffel 2 holte. Am 17. September erzielte Richthofen seinen ersten Luftsieg.

Richtig ernst wurde es am 23. November 1916. Boelckes Staffel traf über Bapaume auf den erfolgreichsten britischen Jagdflieger Major George Lanoe Hawker. Auf seiner Albatros-Maschine verwickelte Richthofen den Gegner in ein Gefecht und schoss Hawker ab. Nach seinem 18. Luftsieg erhielt er im Januar 1917 den Orden „Pour le Mérite", die höchste preußische Tapferkeitsauszeichnung. Gleichzeitig übernahm er die Führung der bisher erfolglosen Jagdstaffel 11 in Douai. Drei Monate später verzeichnete diese Einheit bereits 125 Abschüsse bei nur zwei eigenen Verlusten. Beim Gegner war Richthofens Staffel genauso gefürchtet wie angesehen. „Fliegender Zirkus" nannte man seine Truppe wegen der farbenfrohen Bemalung ihrer Flugzeuge. Richthofen war mittlerweile auf einen Fokker DR-I-Dreidecker umgestiegen, den er signalrot anstreichen ließ und weswegen ihn die Briten „Roter Baron" tauften.

Im April 1917 bereitete die Jagdstaffel 11 dem Royal Flying Corps eine desaströse Niederlage. Richthofen schoss an einem einzigen Tag, dem 29. April 1917, vier gegnerische Flugzeuge vom Himmel. Bei den Briten wurde er nun so gefürchtet, dass man für seinen Abschuss das „Victoria-Cross", die höchste englische Kriegsauszeichnung, sowie eine Prämie von 5.000 Pfund auslobte.

Richthofens Erfolge beruhten auf Jagdinstinkt gepaart mit eiserner Disziplin. Fliegerische Tollheiten wie Loopings oder Kopfüberflüge lehnte er als „Blödsinn, der in einem Luftkampf nichts zu suchen hat" ab. Er griff seine Kontrahenten nur an, wenn er sich in eine taktisch überlegene Position gebracht und möglichst die Sonne im Rücken hatte. Er nannte es, „den Gegner taktisch zurechtlegen".

Im Juni 1917 übernahm Richthofen die Führung des aus vier Staffeln bestehenden Jagdgeschwaders I. Hier wurde der inzwischen zum Rittmeister (Hauptmann) Beförderte im Luftkampf schwer am Kopf verwundet und mußte, nahezu erblindet, notlanden. Kaum wieder genesen, stieg er in seine rote Maschine und errang insgesamt 80 Luftsiege, mehr als jeder andere Pilot im 1. Weltkrieg.

Am 21. April 1918 führte der „Rote Baron" sein letztes Gefecht. Im Luftkampf mit dem kanadischen Jagdflieger Arthur Brown ging er über Vaux-sur-Somme zum Tiefflug über und wurde vom Boden aus von einem MG-Geschoss tödlich getroffen. Er konnte noch hinter den feindlichen Linien landen und verstarb dort sofort. Am 22. April wurde der tapfere Flieger von den Briten mit allen militärischen Ehren in Bertangles bei Amiens beigesetzt.

108. Fürstendrama in Mecklenburg

Anfang November 1918 sturzen in Deutschland die Throne des regierenden Hochadels. Binnen weniger Tage müssen sämtliche Könige, Herzöge und Fürsten abdanken. Nur in Mecklenburg-Strelitz ist das überflüssig. Der Monarch des kleinen Landes ist bereits acht Monate vor dem Ausbruch der Novemberrevolution unter mysteriösen Umständen gestorben.

Am Sonnabend, dem 23. Februar 1918, gegen 16 Uhr verlässt Adolf Friedrich VI., regierender Großherzog von Mecklenburg-Strelitz, mit seinem Hund die Villa Parkhaus in Neustrelitz zu einem Spaziergang. Als er bei Einbruch der Dunkelheit noch nicht zurück ist, wird die Dienerschaft unruhig. Die ganze Nacht sucht man den Schlosspark samt Umgebung ab, vergeblich. Einziger Fund ist die im eisigen Kanal des Schlossgartens treibende Feldmütze des Großherzogs.

Erst am nächsten Morgen wird zunächst der winselnde Hund und wenig später der im Kanal treibende Leichnam des Fürsten gefunden. Seine Brust weist den Einschuss einer Pistolenkugel auf. Mehrere Gerichtsmediziner konstatieren Selbstmord, obwohl die Methode – ein aufgesetzter Rumpfschuss – eher ungewöhnlich ist. In einem Schreiben an seine Mutter regelt der 35-jährige seine Erbfolge; über das Motiv des Freitodes verliert er kein Wort, es bleibt für die nächsten Jahre im Dunkel.

Als während der Weimarer Republik eine hitzige Debatte über die Entschädigung der 1918 enteigneten Fürsten entbrannte, griff die Linkspresse den Fall wieder auf. Um zu zeigen, wie moralisch verkommen und unpatriotisch Deutschlands Hochadel gewesen sei, wurde eine abenteuerliche Version aufgetischt. Demnach habe der seit Juni 1914 regierende Adolf Friedrich VI. einer guten Freundin ausländischer Herkunft, der Fürstin Daisy von Pleß, militärische und Staatsgeheimnisse anvertraut. Diese Dame sei eine Spionin der Engländer gewesen und habe seine Informationen an den Feind weitergeleitet. Als Kaiser Wilhelm II. davon erfuhr, soll er einen anklagenden Brief nach Neustrelitz geschickt haben. Der Großherzog, nunmehr als leichtfertiger Landesverräter entlarvt, habe deshalb Selbstmord begangen.

Diese Behauptungen sind nahezu alle falsch. Adolf Friedrich hatte zwar einige Monate an der Westfront gekämpft und war 1917 zum Generalmajor, dem niedrigsten Generalsrang, befördert worden. Doch von militärischen Geheimnissen oder vertraulichen Plänen besaß er keinerlei Kenntnis.

Daisy von Pleß zählte tatsächlich zu seinen guten Freundinnen. Sie war als Mary-Theresa Cornwallis-West in England geboren und hatte 1890 den steinreichen schlesischen Industriemagnaten Fürst Hans Heinrich von Pleß geheiratet. Als die bildhübsche Daisy nach Deutschland kam, war sie erst 17 Jahre alt und handelte danach immer wie eine Patriotin. Während des Ersten Weltkriegs pflegte sie als Krankenschwester des Roten Kreuzes verwundete deutsche und österreichische Soldaten in Lazarettzügen. Eine Spionin ist sie gewiss nicht gewesen.

Die Ursachen für Adolf Friedrichs Freitod liegen vielmehr im Privaten. Er war der Typ des lebenslustigen Junggesellen, mit 35 Jahren noch unverheiratet, der sich nicht für immer an dieselbe Frau binden mochte. Doch langsam wurde es Zeit für eine standesgemäße Heirat, um einen Thronerben zu zeugen. Ende 1917 fiel seine Wahl auf eine Prinzessin von Anhalt.

Die Verlobungsvorbereitungen hatten kaum begonnen, da erhielt Adolf Friedrich Post aus Berlin. Eine ehemalige Intimfreundin, Schauspielerin und Opernsängerin Mafalda Salvatini, forderte ihn auf, die geplante Heirat zu unterlassen. Anderenfalls werde sie ihre Liaison öffentlich machen, einschließlich der daraus entsprossenen zwei unehelichen Söhne. Auch einige höchst kompromittierende Liebesbriefe aus seiner Feder werde sie der Presse übergeben. Weiterhin war von Geldforderungen für ihr Schweigen die Rede.

Adolf Friedrich stand vor dem Dilemma, entweder die geplante Hochzeit unter Vorwänden abzusagen oder einen Riesenskandal wegen seines Liebeslebens zu entfachen. Vieles spricht dafür, dass er als einzigen ehrenhaften Ausweg den Freitod sah.

Auch hier bewahrheitet sich wohl wieder der alte Spruch: „Cherchez la femme!"

109. Mussolinis Marsch auf Rom

König Viktor Emmanuel III. von Italien sprach prophetische Worte am 30. Oktober 1922: „Das ist wirklich ein handfester Mann und ich sage Ihnen, dass der nicht allzu bald wieder geht." Benito Mussolini, der an diesem Tag nach dem „Marsch auf Rom" Regierungschef wurde, ging tatsächlich nicht allzu bald, genauer gesagt, beherrschte sein System des Faschismus' Italien die nächsten zwei Jahrzehnte.

Italien befand sich nach dem Ende des 1. Weltkriegs nominell auf der Gewinnerseite. Doch die Wirklichkeit sah anders aus. Keine seiner territorialen Forderungen (u.a. Dalmatien, Albanien und mehrere ionische Inselgruppen) wurde erfüllt. Statt dessen musste das Land 500.000 Kriegstote beklagen und stand vor dem wirtschaftlichen Kollaps. Eine außerordentlich radikale Sozialistische Partei stürzte das Land gemeinsam mit den weniger bedeutenden Kommunisten ins Chaos. Fast jeder Bereich des öffentlichen Lebens wurde bestreikt. Binnen dreieinhalb

Jahren wechselten sich acht Regierungen ab; Italien wurde nahezu unregierbar.

1922 drohte ein Bürgerkrieg zwischen Sozialisten und Faschisten. Letztere wurden von Benito Mussolini geführt. Dieser 1883 geborene Sohn eines armen Dorfschmieds hatte sich auf autodidaktischem Weg das Studium ermöglicht, als Lehrer gearbeitet und wurde schließlich Chefredakteur der sozialistischen Tageszeitung „Avanti" in Mailand. Als Italien 1915 in den Weltkrieg eintrat, wandelte sich Mussolini vom Sozialisten zum glühenden Nationalisten. Er diente als einfacher Soldat im Heer und wurde Anfang 1917 schwer verwundet.

Nach dem Krieg stellte sich Mussolini an die Spitze all jener, die mit Italiens Politik haderten. Der charismatische Redner und energische Organisator gründete im November 1919 die „Fasci di combattimento". Dabei griff er ganz bewusst auf altrömische Traditionen zurück. Die „Fasci" (fasces) waren Rutenbündel, die bei den Römern die höchste Amts- und Strafgewalt verkörperten. Wenn in diese fasces ein Beil gesteckt wurde, dessen Klinge herausragte, symbolisierte das den militärischen Oberbefehl. Mussolini verwies immer wieder auf das Vorbild des Römischen Imperiums und verfocht die Einheit aller Italiener. Wobei es „die Italiener" erst seit 1861 gab. Ebenso wie Deutschland war das Land zuvor in mehrere Kleinstaaten zersplittert. Symbol der Einheit bildete das Königshaus Savoyen, an dessen Spitze ab 1900 Viktor Emmanuel III. stand.

Mussolinis Bewegung, die seit November 1921 zur Partei (Partito Nazionale Fascista – PNF) umgewandelt war, erhielt zunächst Zulauf von kleinen Beamten, Angestellten und vor allem demobilisierten, enttäuschten Soldaten. Zu ihnen zählte der junge Italo Balbo, ein rotbärtiger Kriegsheld und Italiens bester Jagdflieger im Weltkrieg. Leute wie Balbo, genannt „Eiserner Vogel", setzten auf gewaltsame Methoden und bald waren die faschistischen Schlägerkolonnen berüchtigt. Als im August 1922 die Sozialisten wieder einmal den Generalstreik ausriefen, besetzten PNF-Stoßtrupps fast alle öffentlichen Verkehrsmittel Italiens, stellten die Ordnung wieder her und ließen die Passagiere zum Nulltarif mitfahren. Das bescherte Mussolinis Partei einen ungeheuren Popularitätsgewinn auch unter der Arbeiterschaft. 1922 zählte die PNF 320.000 Mitglieder und schickte 34 Abgeordnete ins Parlament.

Im Herbst 1922 steuerte die Krise auf einen Höhepunkt zu. Der seit Februar 1922 amtierende Ministerpräsident Luigi Facta schlug dem König die Proklamierung des Ausnahmezustands vor. Am 24. Oktober hatten die Faschisten auf ihrem Parteitag in Neapel einen „Marcia su Roma" (Marsch auf Rom) angekündigt, um notfalls mit Gewalt die Macht im Lande zu übernehmen. Doch Viktor Emmanuel befand sich in der Klemme. Zwar waren ihm die rabiaten Faschisten nicht sympathisch, aber seit Mussolini im September 1922 erklärt hatte: „Wir müssen den Mut zur Monarchie haben", schien eine Aussöhnung möglich. Anders die Sozialisten, deren Repräsentanten beim Erscheinen des Monarchen im Parlament unablässig „Nieder mit dem König!" gebrüllt hatten.

Auf das Militär schien kein Verlass. Dessen Oberbefehlshaber General Armando Diaz erklärte dem König zweideutig: „Die Armee wird ihre Pflicht erfüllen – aber es wäre besser, sie nicht auf die Probe zu stellten." Immerhin zählten neun pensionierte Generale zur Führungsriege der Faschisten und zwei von ihnen, Emilio de Bono und Cesare Maria de Vecchi, gehörten sogar zu den Organisatoren des Marsches auf Rom.

Der begann am 27. Oktober 1922. In mehreren Städten, darunter Florenz, Ferrara und Cremona, besetzten faschistische Milizen strategische Punkte wie Rathäuser, Bahnhöfe, Telegrafenstationen. Im Morgengrauen des 28. Oktober näherten sich 60.000 abenteuerlich bewaffnete Faschisten auf Lkw, Pferdekarren und Fahrrädern der Hauptstadt. Sie alle trugen das Zeichen der Bewegung, ein schwarzes Hemd. Von Norden rückte Italo Balbo mit 13.000 Mann an. 4.000 Schwarzhemden standen bei Tivoli und blockierten die Stromversorgung Roms. Überall, von Monterotondo bis Civitavecchia, kampierten die Faschisten in Scheunen, Ställen, Ziegeleien und Weingärten. Am 28. Oktober standen sie am Stadtrand und skandierten: „Rom oder Tod!"

Der erschrockene Premier Facta ließ Mussolini einen Ministerposten anbieten. Doch der antwortete von seinem Hauptquartier Mailand: „Ich werde nicht durch den Dienstboteneingang zur Macht gelangen." Der König gab schließlich nach. Am Vormittag des 30. Oktober empfing er Mussolini im Palazzo del Quirinale und ernannte ihn zum Ministerpräsidenten und gleichzeitig zum Innen- und Außenminister. Er wurde damit faktisch Diktator in einem noch parlamentarisch verfassten System. Hinfort wollte er Italiens Einheit um den Preis seiner Freiheiten wiederherstellen.

In Italien wehte nun ein anderer Wind. Der Leiter des Hauptbahnhofes von Rom bekam am 1. November 1922 einen ersten Vorgeschmack. Als er klagte, es sei unmöglich, die 60.000 siegestrunkenen Faschisten innerhalb von 24 Stunden aus der Hauptstadt abzutransportieren, entgegnete Mussolini: „Streichen Sie das Wort unmöglich aus ihrem Vokabular."

110. Pearl Harbor – die kalkulierte Katastrophe

Ein Überfall japanischer Flugzeuge auf die Inselfestung Pearl Harbor am 7. Dezember 1941 kostete 2403 amerikanische Soldaten das Leben. Diese Katastrophe hätte verhindert werden können, denn die US-Regierung war über den Angriff genau informiert. Doch es geschah nichts, weil Präsident Roosevelt unbedingt einen Vorwand zum Eingreifen in den 2. Weltkrieg brauchte.

Im Herbst 1941 herrschte zwischen den USA und Deutschland ein unerklärter Krieg. Amerikanische Streitkräfte hatten durch die Besetzung von Island im Juli 1941 erstmals aktiv in den europäischen Konflikt eingegriffen. US-Präsident Franklin Roosevelt tat seit 1939 alles nur Mögliche, um Großbritannien wirtschaftlich zu unterstützen. Nach seiner Wiederwahl 1940, die er mit dem Versprechen gewann, Amerika vom Krieg fernzuhalten, ergriff er verfassungswidrig auch militärische Maßnahmen gegen Deutschland.

Seit August 1941 schützten US-Kriegsschiffe alle britischen Geleitzüge über den Nordatlantik, den Roosevelt zum „amerikanischen Interessengebiet" deklarierte. Dabei musste es zwangsläufig zu Auseinandersetzungen kommen, so am 4. September 1941, als der US-Zerstörer *Greer* und ein deutsches U-Boot aufeinander schossen. Am 11. September erließ Roosevelt die *Shoot-on-sight-order*, wonach die US-Navy sämtliche deutschen Kriegsschiffe auf den Atlantikrouten angreifen sollte. Einen Monat später gab es die ersten Toten, als der Zerstörer *Kearney*, den man für ein englisches Schiff hielt, torpediert wurde. Am 31. Oktober schließlich wurde der Zerstörer *Reuben James* versenkt und im Gegenzug ein deutsches Marinetroßschiff vor Brasilien gekapert.

Doch Roosevelt und sein keinem Parlament verantwortliche Beraterstab („braintrust") erreichten ihr Ziel nicht. Weder ließ sich die deutsche Führung zur Kriegserklärung provozieren, noch waren die US-Bürger konfliktbereit. Umfragen ergaben, dass fast 85 Prozent einen Kriegseintritt ihres Landes strikt ablehnten. Nun spielte Roosevelt die japanische

Karte. Er verhängte gegen den importabhängigen Inselstaat mehrere Wirtschaftsembargos, vor allem Erdöl stand auf der Liste.

Die Führung in Tokio musste feststellen, dass ihre Kriegsmarine spätestens nach zwei Jahren keinen Tropfen Benzin mehr besitzen würde und damit Japan wehrlos wäre. Also verfolgten die japanischen Militärs den Plan, sich aus der US-amerikanischen Umklammerung zu befreien und gleichzeitig die Erdölquellen in Fernost zu besetzen. Das konnte nur durch einen militärischen Erstschlag erfolgen, der Amerikas Angriffspotential so nachhaltig wie möglich schädigte.

Die Regierung in Washington hätte spätestens seit dem 27. Januar 1941 gewarnt sein müssen, als der US-Botschafter in Tokio Joseph Grew berichtete, dass Japan „einen Überraschungsangriff auf Pearl Harbor mit aller Kraft und mit allen zu Gebote stehenden Mitteln durchzuführen beabsichtigt". Die Festung Pearl Harbor auf Hawaii war seit 1919 zentraler Pazifik-Stützpunkt der US-Navy. Im Zeitalter des Luftkrieges und der Flugzeugträger verlor er aber an Wert, wenn man ihn nicht ausreichend schützte. Schon Ende 1940 wies der Kommandierende Admiral im Pazifik John Richardson den Präsidenten persönlich auf die Gefahr hin. „Unsere Schiffe in Pearl Harbor kann ein Feind aus der Luft wie brütende Enten herauspicken", warnte er und wurde wenig später abgesetzt.

Dennoch meldeten sich weitere verantwortungsbewusste Militärs zu Wort. So die beiden Luftwaffenkommandeure aus Fernost, Frederik Martin und Patrick Bellinger im März 1941. Sie werteten Manöver aus, wonach Pearl Harbor einem japanischen Flugzeugträgerangriff weitgehend schutzlos ausgeliefert wäre. Am 20. August belegte Oberst William Farthing, Chef der Fliegertruppen auf Hawaii, fast deckungsgleich, welch verheerende Folgen eine feindliche Attacke gegen Pearl Harbor hätte, wenn Washington nicht endlich für genügend Schutz durch Langstreckenbomber sorgte.

Beide Denkschriften verschwanden in der Versenkung. Statt dessen zog die Marineführung auf Befehl Roosevelts ein Großteil der Flugzeugträger (vier von sieben) aus Pearl Harbor in den Atlantik ab, um dort Deutschland noch massiver zu bedrohen.

Den Geheimdiensten von US-Army und Navy war es mittlerweile gelungen, die entscheidenden Codes der Japaner zu entschlüsseln. Der komplizierteste von ihnen, Deckname *Purple*, konnte seit dem 15. September 1940 mit geringer zeitlicher Verzögerung gelesen werden. Außerdem fing man die Meldungen eines japanischen Spions ab, der seit März 1941 direkt von Hawaii aus detailliert über die Lagepläne der dort stationierten Luft- und Marineeinheiten berichtete.

Als sich die Hinweise auf eine japanische Aktion gegen Pearl Harbor im Herbst 1941 immer mehr verdichteten, erließ das Marineministerium am 27. November eine „Allgemeine Kriegswarnung" für das Gebiet von Borneo, Guam, Samoa und die Philippinen. Nur Hawaii kam nicht darin vor, so dass der Kommandierende Admiral in Pearl Harbor, Husband Kimmel, es bei der niedrigsten Alarmstufe beließ.

Inzwischen besaß Kimmel nur noch zwei Flugzeugträger, weil die *Saratoga* sich zur Werftüberholung befand. Am 28. November musste er auch noch die *Enterprise* zum Wake-Atoll und die *Lexington* nach Midway abgeben. Dass der Admiral gegen diese eklatante Entblößung seiner Streitmacht nicht protestierte, liegt allein an den systematischen Desinformationen, die er aus Washington erhielt.

Die japanische Invasionsflotte war seit dem 1. Dezember von den Kurilen-Inseln Richtung Hawaii unterwegs. Der Angriff sollte am Morgen des 7. Dezember erfolgen. Auf seinem 8.500 km langen Anmarschweg in den Weiten des Pazifiks wurde der Verband am 4. Dezember eher zufällig von einem holländischen Zerstörer geortet. Von ihm erfuhr der australische Geheimdienst, dass eine große Flotte mit Höchstgeschwindigkeit nach Süden im Anmarsch sei. 24 Stunden später war klar, dass der Stoß auf Pearl Harbor zielte. So suchte Australiens Botschafter in Washington Robert Casey am 6. Dezember gegen 16 Uhr Präsident Roosevelt auf und warnte ihn vor der drohenden Gefahr. Doch es geschah nichts.

Wenig später entschlüsselte der Marinegeheimdienst ein alarmierendes Dokument, wonach am Morgen des 7. Dezember ein japanischer Angriff bevorstand. Roosevelts stellvertretender Marineadjutant Lester Schulz lieferte dieses Schreiben kurz nach 21 Uhr im Weißen Haus persönlich ab. Zu jener Zeit wäre noch Gelegenheit gewesen, in Pearl Harbor alle geeigneten Maßnahmen, insbesondere zur Luftverteidigung, zu ergreifen. Roosevelts Reaktion auf das Dokument bestand aus dem Satz: „Das bedeutet Krieg!" Er saß im Oval Office mit seinem engsten Berater Harry Hopkins, der bedauerte, „dass wir die Überraschung nicht verhindern können". Zu Lester Schulz grenzensloser Verblüffung herrschte daraufhin völlige Tatenlosigkeit. „Während ich meine Tasche verschloss, klappte Roosevelt wieder sein Briefmarkenalbum auf und betrachtete den Inhalt höchst interessiert mit Hilfe einer großen Lupe. Hopkins schien vor sich hinzuträumen."

Erst am Morgen des 7. Dezember, wenige Stunden vor dem Angriff, erfuhr in Washington Flottenchef Harold Stark von dem Geheimdienstdossier, das Roosevelt bereits kannte. Auch er sagte: „Das bedeutet Krieg", unternahm aber ebenso wenig wie George Marshall, Kommandeur der US-Army. Der zog es vor, zunächst einen Reitausflug zu absolvieren und dann ausgiebig zu duschen. Als er um 10.20 Uhr in seinem Büro auftauchte, machten die Japaner bereits ihre Flugzeuge auf den Trägerschiffen startklar. Stark und Marshall beschlossen endlich, Pearl Harbor zu warnen, aber nicht über die abhörsichere transpazifische Leitung, sondern per Telegramm mit der niedrigsten Dringlichkeitsstufe.

Als Admiral Kimmel in Hawaii diese Botschaft empfing, brannte Pearl Harbor bereits seit zwei Stunden lichterloh, lagen Dutzende Kreuzer und Schlachtschiffe explodiert, verbrannt, versenkt im Hafenbecken, waren 3.600 Menschen tot oder verwundet.

Roosevelt bekam endlich seinen heißersehnten Krieg, denn das mit Japan verbündete Deutschland trat nun auch offiziell in den Konflikt ein. Amerikas Bevölkerung glaubte an die Version eines völlig überraschenden japanischen Überfalls und stand voller Kriegsbegeisterung hinter ihrem Präsidenten. Als zynischer Abschluss der Pearl Harbor-Affäre wurden Admiral Kimmel und der Heereschef auf Hawaii General Walter Short, die man absichtlich völlig im Unklaren gelassen hatte, wegen schwerer Pflichtversäumnisse verurteilt und aus dem Militär ausgestoßen.

Die US-Journalistin Clare Booth Luce, 1953 erste Botschafterin ihres Landes, kam zu dem Schluss: „Es besteht überhaupt kein Zweifel daran, dass Präsident Roosevelt uns in den Krieg hineingelogen hat."

Weitere detaillierte Hinweise in: Jan von Flocken „Die Pearl Harbor-Lüge", Kai Homilius Verlag Berlin, 200 S., 9,90 Euro.

111. Argentiniens unsterbliche Ikone – Eva Perón

1935 kam ein 16-jähriges Mädchen aus Argentiniens tiefster Provinz in die Hauptstadt Buenos Aires. Es war ein uneheliches Kind, bitter arm und nicht sonderlich hübsch. Nur elf Jahre später hatte diese Eva Maria Ibarguren Duarte den Gipfel erreicht: Gemahlin des Staatspräsidenten, Mutter ihres Volkes und Identifikationsfigur der argentinischen Nation. Es ist eine der erstaunlichsten Karrieren neuerer Geschichte.

Die später vergötterte Evita, geboren 1919 als illegitimes Kind eines Grundbesitzers, wuchs in dem Pampa-Dorf Los Toldos unter ärmlichen Umständen auf. Das magere, immer hungrige Mädchen interessierte sich von klein auf für Schauspielerei und träumte von einer großen Karriere. Doch ihr Debüt in Buenos Aires fiel ernüchternd aus. Sie hielt sich mit kleinen Theaterrollen über Wasser und ergatterte 1937 ihren ersten Filmvertrag – für eine unbedeutende Nebenrolle.

Erst die Bekanntschaft mit Emilio Kartulovic, dem Herausgeber der populären Zeitschrift „Sintonia", gibt ihrer Laufbahn den entscheidenden Schub. Die inzwischen sehr attraktive Eva Duarte erscheint im Oktober 1939 zum ersten Mal auf der Titelseite des Magazins. Viele weitere Fotos folgen. 1942 beginnt sie eine Tätigkeit als Sprecherin bei den Radiosendern „El Mundo" und „Belgrano" – ihre glockenhelle Stimme wird in ganz Argentinien bekannt. Außerdem versteht sie es immer besser, Männerbekanntschaften ganz gezielt auszunutzen.

Am 4. Juni 1943 putscht das Militär in Buenos Aires. Eine Regierung aus Offizieren wird gebildet, als deren Graue Eminenz Oberst Juan Domingo Perón gilt, der den unauffälligen Posten eines Ministers für Arbeit bekleidet. Die Militärjunta stellt alle Radioprogramme unter Kontrolle; zuständig dafür ist Oberst Aníbal Imbert, der Eva sehr schätzt und sie Anfang 1944 Perón vorstellt. Dieser ehrgeizige Offizier und die ambitionierte Schauspielerin sind wie füreinander geschaffen und beginnen eine heimliche Liebesaffäre.

Eva bekommt durch Peróns Einfluss immer größere Spielfilmrollen. Anfang 1945 muß sie sich für den Streifen „La Cabalgata del Circo" (Der Zirkusritt) ihre dunklen Haare blondieren, diese Verwandlung ist so gelungen, dass sie für den Rest ihres Lebens gefärbte Haare trägt. Am 12. Oktober 1945 wird sie jäh in die Politik gerissen. Perón ist verhaftet worden, weil die Militärs seinen ständig wachsenden Einfluss und seine Popularität bei den einfachen Arbeitern nicht akzeptieren wollen. Ihm droht das Kriegsgericht.

Die verzweifelte Eva mobilisiert das Volk. „Ich lief auf die Straße und suchte nach den Freunden, die noch etwas für ihn tun konnten. Ich hastete von Tür zu Tür. Niemals fühlte ich mich so klein und gering wie in jenen entscheidenden Tagen", erinnerte sie sich später. Am 17. Oktober 1945 stromen Hunderttausende auf die *Plaza del Mayo*, den zentralen Platz von Buenos Aires. Es sind Fabrikarbeiter, Lkw-Fahrer, Hausfrauen, Kleinbauern und Arbeitslose. Zu ihnen spricht Eva Duarte voller Suggestivkraft und Pathos. Danach stellt sie sich an die Spitze eines Demonstrationszuges, während die Massen schwören, ihr Blut für Perón zu opfern. Die Militärs müssen nachgeben und lassen ihn frei. Am 22. Oktober heiratet Perón seine mutige Geliebte und wird vier Monate später mit knapper Mehrheit zum Präsidenten Argentiniens gewählt.

Eva Perón widmet sich nun voller Eifer der Politik. Sie setzt bei ihrem Mann am 9. September 1946 das Frauenwahlrecht durch und fördert überhaupt auf spektakuläre Weise die Integration der Frauen ins öffentliche Leben. Im Juli 1949 gründet sie eine „Partido Peronista Femenino" (Peronistische Frauenpartei), die für Emanzipation des weiblichen Teils der Bevölkerung eintritt. Ihr Mitgefühl gilt vor allem den Ärmsten im Land, den *Descamisados* (Hemdlosen). Für sie stiftet die inzwischen nur noch Evita genannte Präsidentengattin 1949 eine „Fundación Eva Perón", welche der Regierung als Finanzinstitut für weitreichende soziale Maßnahmen zugunsten der wirtschaftlich Benachteiligten dient.

Im Sommer 1947 besucht Eva Perón Europa. Die schöne, fremde Frau wird in Madrid, Lissabon, Paris, Rom und Mailand bejubelt, schließt Staatsverträge und macht Werbung für ihr Heimatland. Einige neiden ihr, dass sie dabei sündhaft teuren Schmuck und erlesene Garderoben trägt. Die einst so arme Frau mit dem sozialen Gewissen will ihre neue Stellung auch genießen. In Argentinien wird sie wie eine Heilige verehrt.

Anfang 1950 treten bei der erst 30-jährigen Evita erste Symptome einer Krebserkrankung auf. Trotzdem bleibt sie weiter politisch tätig, denn im nächsten Jahr beginnen die Wahlen und sie will das Amt einer Vizepräsidentin bekleiden. Doch Ende August 1951 muß sie verzichten – ihre Krankheit erweist sich als unheilbar.

Ohne Rücksicht auf ihre Gesundheit stürzt sich Evita in den Wahlkampf, den Perón im November 1951 bravourös gewinnt. Am 4. Juni 1952, zur Eröffnung der zweiten Amtszeit, wiegt sie noch 33 Kilo. Nur ein Stützkorsett aus Draht und Gips ermöglicht ihre Teilnahme an diesem feierlichen Akt.

Im Alter von 33 Jahren stirbt Evita am 26. Juli 1952. In einem pompösen Trauerzug wird sie zu Grabe getragen. Putschende Militärs lassen ihren Leichnam 1955 aus dem Mausoleum entfernen. Seit 1974 ruht er wieder auf dem Friedhof *La Recoleta*.

Jan von Flocken

**KRIEGERSCHICKSAL. Von Hannibal bis Manstein –
Große Feldherren der Weltgeschichte BAND 1**

„Es gibt nichts, was der Allmacht des lieben Gottes näher kommt, als ein General auf dem Schlachtfeld", sagte US-Colonel Lawrence Chamberlain 1863 im amerikanischen Bürgerkrieg. In der Tat, Feldherren entschieden das Schicksal von Armeen und Staaten, beeinflussten den Gang der Historie und setzten Maßstäbe für die Kunst der Kriegführung. Unter größtem mentalen und physischen Druck schlugen Heerführer wie Gustav Adolf von Schweden oder Robert E. Lee ihre Schlachten.

Zehn biografische Skizzen beschreiben Persönlichkeit, kriegerisches Umfeld und militärische Entscheidungen bedeutender Feldherren von der Antike bis zum 2. Weltkrieg. Der Leser begleitet Hannibal auf seinem Kriegselefanten, Georg von Frundsberg inmitten buntscheckiger Söldner, Admiral Nelson auf gefährlichen Seefahrten und Erich von Manstein mit seinen Panzerkolonnen.

ISBN 978-3-89706-906-7; 216 S., Hardcover m. Schutzumschlag; € 16,90

Jan von Flocken

**KRIEGERLEBEN. Von Caesar bis Patton –
Große Feldherren der Weltgeschichte BAND 2**

Ein kleinwüchsiger Kastrat, ein 17jähriges Bürschlein, ein Landwirt ohne jegliche militärische Erfahrung und ein alternder Stabsoffizier, der in 50 Dienstjahren nicht mehr als eine Kompanie geführt hat - niemand besaß Anlaß, in diesen Männern ein überragendes Feldherrentalent zu erblicken. Und doch erwiesen sich Narses, König Karl XII. von Schweden, Oliver Cromwell und Helmuth von Moltke schließlich als großartige Strategen. Selbst ein Mann wie Caesar, der bis zu seinem 42. Lebensjahr mehr durch politische und sexuelle Affären aufgefallen war, wuchs in den Stunden der Bewährung über sich hinaus.

Meist mußten die in diesem Buch beschriebenen Feldherren mit weit unterlegenen Kräften angreifen, wie etwa Admiral Reinhard Scheer 1916 in der Seeschlacht beim Skagerrak. Doch strategischer Weitblick, taktisches Geschick und hoher persönlicher Einsatz verschafften ihnen von der römischen Antike bis zum 2. Weltkrieg den Sieg.

ISBN 978-3-89706-909-1; 252 S., Hardcover m. Schutzumschlag; € 16,90

Jan von Flocken

**KRIEGERTATEN Von Alexander bis Rommel –
Große Feldherren der Weltgeschichte BAND 3**

In diesem Band vereinigen sich zwischen Alexander dem Großen und dem „Wüstenfuchs" Erwin Rommel solch illustre Feldherren wie Marcus Agrippa, George Washington und Friedrich der Große. Unter der Überschrift „Austerlitz – Versuch einer Annäherung" widmet sich der Autor diesmal auch dem Wirken Napoleons. Komplettiert wird dieser Band mit Heinrich V., Blücher, Hindenburg und Karl Dönitz, dem Virtuosen des U-Boot-Krieges.

ISBN 978-3-89706-910-7; 190 S., Hardcover m. Schutzumschlag; € 16,90